4차 산업혁명시대의

스마트 비즈니스 경영

| 이론과 사례 |

4차 산업혁명시대의
스마트 비즈니스 경영 이론과 사례

초판 1쇄 인쇄 2019년 2월 22일
초판 1쇄 발행 2019년 2월 27일

지 은 이 최무진
펴 낸 이 신일희
펴 낸 곳 계명대학교 출판부
출판등록 제347-1998-1호(1970. 9. 1)
주 소 대구광역시 달서구 달구벌대로 1095
대표전화 053-580-6233
팩 스 053-580-6235
홈페이지 www.kmupress.com

ISBN 979-11-89468-70-5 93320 정가 17,000원

이 도서의 국립중앙도서관 출판예정도서목록(CIP)은 서지정보유통지원시스템 홈페이지(http://seoji.nl.go.kr)와 국가자료종합목록시스템(http://www.nl.go.kr/kolisnet)에서 이용하실 수 있습니다. (CIP제어번호 : CIP2019006505)

4차 산업혁명시대의

스마트 비즈니스 경영

| 이론과 사례 |

최 무 진

계명대학교 출판부

머리말

스마트 비즈니스의 정의와 범위 그리고 내용은 학자와 IT전문업체에 따라 다양하다. 특히 많이 하는 오해들 중에 하나는 스마트 비즈니스를 단순히 전자상거래와 동일시 한다는 점이다. 그러나 스마트 비즈니스는 기업의 모든 경영활동에 인터넷 기반기술, 전통적 디지털 정보기술(IT) 그리고 4차 산업혁명 신기술을 전자적으로 통합 적용함으로써 경영의 효율성과 효과성을 극대화하고 다양한 비즈니스 가치를 광범위하고 편리하게 실현하고자 하는 혁신적 경영방식이다.

네트워크의 영역에 따라 스마트 비즈니스는 크게 인트라넷, 엑스트라넷, 인터넷으로 나눌 수 있다. 일반적으로 MIS/ERP는 내부망(인트라넷)에, SCM 및 전자상거래는 외부망(엑스트라넷)에, 불특정 다수를 위한 웹사이트(기본 보안절차를 요구하지 않는 영역)는 인터넷에 속한다. 특히 스마트 비즈니스는 표준화된 개방형 웹기술을 기반으로 이러한 모든 부분들을 통합함으로써 중단 없는(seamless) 정보의 흐름과 사용자 참여와 공유를 가능하게 하는 Web 2.0 환경을 추구한다. 이러한 관점에서 이 책은 유무선 인터넷이라는 새로운 정보처리환경에서 빛의 속도로 진행되는 거래와 업무처리, 신속한 의사결정, 지속적인 경영혁신, 혁신적인 전자상거래, 창조적 비즈니스 모델을 이해하는데 필요한 신 개념의 정보시스템, 이를 구성하는 IT/IS, 스마트 비즈니스 구축 전략, 각종 스마트 비즈니스 모델, 풍부한 현장사례와 전문가인터뷰들을 제공할 것이다.

저자는 특히 외국대학에서 많이 사용되고 있는 다수의 교재와 저자의 경험을 중심으로 스마트 비즈니스가 반드시 다뤄야 하는 주제들을 선정하였다. 아울러 창업이 장려되고 있는 오늘날, 이론과 사례들이 IT벤처창업 준비와 창업 후 관리와 연계되도록 서술하였다. 학생들이 스마트 비즈니스 이론을 가장 잘 이해할 수 있는 방편은 사례이므로 신문과 IT 잡지 등에서 소개되는 풍부한 현장사례, 전문가인터뷰를 매 장의 중간 또는 마지막에 편성하였다.

이 책은 다음과 같은 목적을 가지고 쓰여졌다.

1. 스마트 비즈니스의 개념과 범위는 때로 혼란스럽고 광범위하며 다양한 측면이 있다. 그렇지만 이 책은 학생들이 꼭 습득해야 하는 주제와 교육내용을 다루었기 때문에 야기될 수 있는 혼란과 오해를 최소화하였다.
2. 인터넷, IT벤처 관련 창업을 시작하는 사람들이 알아야 하는 지식과 기본적인 가이드를 제공한다.
3. 인터넷 기반기술, 전통적 정보기술, 4차 산업혁명 선도 기술을 융합한 경영혁신, 시스템 통합, 전자상거래 시스템을 비롯한 각종 스마트 비즈니스 시스템을 기획하고 실현하고자 하는 현장 실무자들에게 유익한 지침서가 될 수 있다.

끝으로 이 책은 다음의 독자들에게 추천하고 싶다.

1. 경영정보학(MIS) 관련 학과가 개설하는 「스마트 비즈니스」 또는 「e-비즈니스」과목에서 교재로 사용할 수 있으며, 인터넷 및 IT벤처 관련 창업과 IT/IS를 활용한 혁신전략

을 가르치는 강좌에서 주·부교재로 활용될 수 있다.

2. 지식서비스창업 전공 학생들에게 수업교재 및 참고자료로 활용될 수 있다.
3. 경영대학원 MBA의 과정에서 개설되는 「스마트 비즈니스」 또는 「e-비즈니스」과목에서 교재로 활용될 수 있다.
4. 기타 스마트 비즈니스, 인터넷 창업, 경영혁신, 스마트 비즈니스 시스템의 계획과 구축에 관심이 있는 사람들에게 유용한 참고도서가 될 수 있다.

모쪼록 이 책을 통하여 독자들이 스마트 비즈니스 경영의 개념과 구성요소들 그리고 구성요소들 간의 관계에 대한 확실한 이해를 바탕으로 디지털 경제 및 경영을 지지하고 있는 각종 스마트 비즈니스 시스템의 설계, 구축, 통합, 운영 그리고 이러한 것들을 통한 경영혁신을 공부하는데 일 보 진전이 있기를 소망한다.

2019년 2월

성서캠퍼스 연구실에서 저자

차 례

CHAPTER

01

4차 산업혁명과 경영환경

경영환경 변화 및 정보기술 동향의 변화를
왜 이해해야 하는가?

제1장
4차 산업혁명과 경영환경

Key Point

- 경영환경 변화 및 정보기술 동향의 변화를 왜 이해해야 하는가?

주요 내용

- 경영환경의 변화와 기업의 대응 – 4차 산업혁명이란 무엇인가?
- [사례: 인터뷰] '디지털 금융' 전도사 위성호 신한은행장
- 주요 정보기술 변화 동향
- [사례: 인터뷰] 소유의 시대서 공유의 시대로… 이젠 모든 걸 오픈하라. MIT 미디어 랩 소장 조이 이토

제1절 경영환경의 변화와 기업의 대응

변화는 과거와의 단절이 결코 아니다. 과거의 축적된 결과에서 현재의 모습을 발견할 수 있으며, 현재의 특징과 과거로부터 변화된 흐름을 분석해서 미래를 조명할 수 있는 것이다. 특히 최근의 경영환경은 완만하기보다는 급격한 형태로 진행되고 있다는 점에 주목해야 할 필요가 있다. 경영환경의 변화에 적응하는 것이 기업생존의 핵심일 뿐만 아니라 경쟁에서 승리할 수 있는 원동력이다. 기업은 변화의 방향을 예측하고 이에 대한 사전 준비를 해야 한다. 변화의 특징과 트렌드를 분석해서 조직에 미치는 영향을 파악하고 이에 대비하기 위해서 조직의 역량을 재조직하는 것이 중요하다.

최근 변화의 가장 큰 축은 4차 산업혁명으로 요약될 수 있다. 이전의 1차 산업혁명(1760~1840년)은 철도·증기기관의 발명으로 기계에 의한 생산으로 촉발되었으며, 2차 산업혁명(19세기 말~20세기 초)은 전기와 생산 조립라인 등의 출현으로 대량 생산이 시작된

시기이며, 3차 산업혁명은 반도체와 메인프레임 컴퓨팅(1960년대), PC(1970~1980년대), 인터넷(1990년대)의 발달을 거치면서 ICT에 의한 산업혁명으로 정리될 수 있다. WEF 회장인 클라우스 슈밥은 자신의 책 〈4차 산업혁명〉에서 4차 산업혁명을 '3차 산업혁명을 기반으로 한 디지털과 바이오산업, 물리학 등 3개 분야의 융합된 기술들이 경제체제와 사회구조를 급격히 변화시키는 기술혁명'으로 정의했다(Schwab, 2016). 구체적으로 4차 산업혁명은 '초연결성(Hyper-Connected)', '초지능화(Hyper-Intelligent)의 특성을 띠고 있다. 사물인터넷(IoT), 클라우드 등 정보통신기술(ICT)을 통해 인간과 인간, 사물과 사물, 인간과 사물이 상호 연결되고 빅데이터, 인공지능(AI) 등으로 보다 지능화된 스마트 사회로 변화될 것으로 예측된다. 이 변화는 속도를 예측할 수 없을 정도로 빠르게 진행되고 있으며 영향을 받을 영역과 그 파급효과를 짐작하기가 쉽지 않다.

1.1 현재의 경영환경의 변화

▸ 경영환경 변화의 주요 흐름을 다음 6 분야로 나누어 이해할 필요가 있다.

1) 세계화 경영의 확대
2) 경쟁의 심화
3) 비즈니스의 스마트화
4) 제품생명주기(Product Life Cycle)의 단축
5) 정보/지식의 중요성 증가
6) 고객의 중요성 증가

1) 세계화 경영의 확대

자본주의 사회의 자유경쟁 환경에서 국가와 국경의 의미는 점점 쇠퇴하고 있다. 한 때 사회주의 국가들이 민주화된 후 자본주의가 유입되면 제일 먼저 입성하는 미국 기업들이 코카콜라나 맥도날드 회사였다. 이제 코카콜라는 전 세계인이 찾는 청량음료로 자리를 잡았으며, 햄버거는 국가 또는 민족에 상관없이 즐겨먹는 음식이 되었다. 물론 그 나라에 맞

도록 재료와 레시피를 조금 바꾸는 경우는 있지만 햄버거라는 기본적인 형태는 그대로 유지되고 있다.

자본시장이 개방되면서 이제 거대기업의 지분은 글로벌화 되어 자국 기업이라는 개념이 점점 약해지고 있다. 삼성전자(50% 이상), POSCO(약 67%) 등은 외국인 지분이 매우 높아 더 이상 한국 기업이라 하기에 힘들며 그것으로 인해 경영권 방어를 걱정할 정도이다(2017년 기준).

세계화 경영은 커뮤니케이션 기술의 발달과도 매우 밀접하다. 초고속 인터넷(LTE, 5G), 스마트폰, 인공위성, 스마트 TV와 같은 커뮤니케이션 및 멀티미디어 기술의 발달은 새로운 소식을 쉼 없이 전 세계에 전달한다. 따라서 음악, 영화, 게임, 패션 등의 유행은 전 세계에 동시적으로 진행하므로 세계가 한울타리가 되고 시장은 점점 단일화되고 있다. 따라서 기업은 이제 생존과 발전을 위해서, 전 세계를 단일시장으로 보고 경쟁에서 승리하기 위한 전략수립과 경영활동을 수행할 필요가 있다. 삼성전자 등 글로벌 기업은 이렇게 단일화된 거대 시장(스마트폰, 반도체 등)을 대상으로 엄청난 R&D투자를 매년 할 수 있으며, 규모의 경제의 혜택을 톡톡히 누리는 것이다. 따라서 한번 기회를 놓치거나 잘못된 판단으로 투자를 하면 회복하기 어려운 위기를 맞을 수도 있다. 핀란드의 노키아는 2011년까지 휴대전화 분야에서 세계시장점유율 1위였지만 스마트폰 시장의 도래에 적절하게 대응하지 못한 후 옛날의 영광을 되찾지 못하고 있다.

유투브, 페이스북, 인스타그램과 같은 SNS 등은 한국의 문화콘텐츠를 전 세계에 확산하는데 큰 역할을 하고 있다. 가수 싸이의 '오빤, 강남스타일'이나 방탄소년단(BTS)의 노래와 춤이 전 세계적으로 대히트를 칠 수 있었던 것도 이러한 네트워크 기술의 발달에 힘을 입었다하지 않을 수 없다.

2) 경쟁의 심화

기업들의 경쟁해야 하는 범위는 더욱 확대되고 심화되어가고 있다. 세계화 경영이 확대되는 환경에서 경쟁은 자국 내에서만 발생하는 것이 아니라 전 세계 기업을 대상으로 발생하고 있다. 경쟁이 심화되는 환경에서 기업들이 경쟁적 우위를 확보하기 위한 노력은 끊임없이 계속하지 않는다면 시장에서 도태될 수밖에 없을 것이다.

외부환경이 변화함에 따라 기업이 보유하고 있는 경영자원 및 능력의 차이와 대응경험의 차이에 따라 경쟁에서 살아남을 수도 도태될 수도 있다. 따라서 기업이 얼마나 내부 혁신을 잘 추진하느냐에 따라 경쟁우위가 판가름 난다.

경쟁에서 이기기 위해 기업들은 제 자리에 머물러 있어서는 안된다. 각고의 노력을 통해 성취한 핵심 기술, 발명 특허, 우수 인력 등이 영원한 승리를 보장해주지 않기 때문이다. 따라서 기업은 계속적으로 혁신하고 변화해서 경쟁 우위를 지킬 수 있는 핵심역량 보유 필요할 필요가 있다.

노키아의 사례처럼 한순간의 방심과 의사결정의 잘못으로 경쟁에서 완전히 낙오될 수 있다. 따라서 기업은 계속해서 긴장하고 지속적인 혁신 노력을 해야 한다. 한 때 삼성그룹 이건희 회장이 끝없는 개혁을 촉구하기 위해 "마누라와 자식만 빼고 모두 바꿔라", "10년 후 먹고 살 것 걱정하면 등에 식은땀이 난다" 등 위기의식을 자극하는 발언을 하였던 것이다.

3) 비즈니스의 스마트화

현대 기업 경영에서 컴퓨터와 인터넷이 없다고 가정해보자. 그 피해와 손실의 정도가 점점 더 심해지는 환경이 되고 있다. 컴퓨터와 인터넷이 없으면 업무가 마비되는 기업들이 대부분이다. 현대 경영에서 거의 모든 기업들이 정보시스템과 네트워크에 의존하지 않고는 기업 본연의 거래 및 경영활동을 수행하기가 어려운 것이 사실이다.

정보통신기술(ICT) 활용도는 계속 증가하고 있으며, 그 의존도는 계속 증가할 것이다. 이는 즉 비즈니스의 스마트화와 경영활동의 디지털화를 의미하는 것이다. 비즈니스의 스마트화는 경영활동전반에 경영활동 전반에서 정보통신기술(ICT)이 차지하는 비중이 높아진 상태를 말하며, 기업경영(비즈니스)이 디지털 기반에서 수행되는 환경을 의미한다.

e-트랜스포메이션는 스마트 비즈니스의 또 다른 용어이다. 모든 거래와 경영활동을 전자적으로 수행할 수 있도록 ICT를 조직의 모든 프로세스에 적용하는 경영혁신 방법이며 이는 스마트 비즈니스 경영과 동의어로 쓰인다.

스마트 비즈니스 경영이 수행되는 환경의 특징은 다음과 같이 요약될 수 있다.

구분	전통적 비즈니스 경영	스마트 비즈니스 경영
시장	오프라인 중심의 전통시장	온라인 중심의 전자상거래
프로세스	제품 및 생산 중심	고객(서비스) 중심
주요기술	아날로그 기술(팩스, 전화, 복사기)	디지털 정보기술 인터넷 기술 스마트 기술(AI, IoT, 센서, 3D프린팅)
전달수단	아날로그 매체(TV, 전화 등) 오프라인 채널	디지털 컨버전스(스마트폰) On–Offline 채널 병행 e–채널(웹사이트, SNS, 블로그 등)
제품	물리적 제품	디지털 제품 및 웹 서비스

[사례: 인터뷰] '디지털 금융' 전도사 위성호 신한은행장

위성호(59) 신한은행장은 보수적인 국내 금융계에서 보기 드문 'IT 친화형(型) CEO'로 정평이 나 있다. 신한카드 사장 시절부터 IT에 밝았다. 2013년에 공인인증서 없이 비밀번호 등으로 간편하게 결제하는 간편결제 서비스가 네이버·카카오 등 IT 업체를 중심으로 등장, 기존 카드사를 집어 삼킬 것이라는 공포가 최고조에 이르자, 그는 모바일 카드 결제 서비스를 내놓으며 위기를 기회로 바꾸었다. 이 서비스는 현재 고객 수 700만명, 취급액 5조6000억원(2016년 기준)에 이르는 '신한FAN(판)'이란 모바일 플랫폼으로 성장했다. 결제 서비스를 통틀어 국내에서 최대 규모이다.

그는 빅데이터(big data)에도 일찌감치 주목했다. 신한카드 사장 취임 5개월 만인 2013년 12월 업계 최초로 고객 2200만명의 카드 사용 내용을 분석하는 빅데이터 센터를 만든 것이다. 고객의 성별·연령·소득·지역·소비 패턴 등의 빅데이터를 분석해 고객 맞춤형 서비스를 제공하는 '코드나인(Code9) 카드'는 출시 2년 만에 500만개가 판매돼 단일 시리즈로 업계 최단(最短) 기록을 세웠다.

신한은행이 국내 은행 최초로 선보인 모바일 자산관리 로보어드바이저(robo-advisor) 서비스 엠폴리오(M-Folio)는 올해 7월 말 현재 회원수 3만4100명, 납입 금액 252억6000만 원에 달한다. 엠폴리오 도입 후 신한은행의 모바일 펀드 판매액은 전년 동기 대비 46% 증가했다. 한국 금융계에서 '디지털 경영' 전도사이자 실행자로 뛰고 있는 위성호 행장을 지난달 28일 서울 중구 태평로 신한은행 본사 6층 집무실에서 만났다.

금융도 고객 맞춤형(on demand) 시대

—디지털 경영에 올인하는 이유가 궁금하다.

"이유는 단순하다. 고객이 원하는 것이기 때문이다. 이미 고객은 일상생활 속에서 디지털로 인한 편리함을 향유하고 있다. 고객이 원하는 것은 디지털 그 자체, 기술이 아니라 이러한 디지털을 통한 시공간적 제약이 없는 편리함이다. 쇼핑, 동영상, 교통, 커뮤니케이션, 배달 등 고객이 일상생활 속에서 소비하는 대부분의 콘텐츠가 디지털화돼 제공되고 있다. 이런 측면에서 보면 금융은 그동안 규제 등 제약으로 늦은 감이 있다. 고객에게 디지털을 통한 가장 편리한 금융, 뱅킹을 제공하지 못한다면 앞으로 은행은 살아남을 수 없을 것이라는 절박함을 기반으로 디지털 경영을 추진해가고 있다."

—미국이나 유럽, 일본 등 선진국 은행들과 비교해 국내 은행권의 디지털화는 어느 수준인가.

"은행권만 따져보면 인터넷 뱅킹, 모바일 뱅킹 등 국내 은행권의 디지털화 수준은 세계 최고 수준이다. 미국, 일본, 유럽 등을 통틀어봐도 모바일 뱅킹 이용고객 비율, 모바일 뱅킹에서의 상품 및 서비스 커버리지에서 국내 은행들이 우위에 있다. 예를 들어 디지털화를 가장 잘하고 있다는 스페인의 BBVA만해도 최근 모바일 고객 수가 300만명을 넘긴 수준이다. 하지만 핀테크 등 혁신기업에 대한 지분투자, 핀테크업체 인수합병(M&A)이나 합작벤처 설립 등 다양한 방법으로 디지털 생태계를 구축하는 측면에서는 미국, 유럽은행 등이 조금 앞서가고 있는 것으로 판단된다."

—금융권의 디지털화는 필연적인가.

"그렇다. 불가역(irreversible)한 흐름이다. 이에 맞춰 금융권의 변화도 불가피하다. 구체적으로 지금까지 금융 서비스는 일반 대중을 대상으로 한 공급자 중심의 대량생산 체계였다면 앞으로는 고객마다 정확한 니즈(needs)를 즉각 반영하는 온 디맨드(on demand) 형태가 될 것이다."

—금융 종사자들은 어떻게 달라져야 하나.

"온 디맨드 서비스를 구현하려면 은행은 모바일 기기와 소셜미디어, 사물인터넷(IoT), 위치 기반 정보, 빅데이터 등을 통해 고객의 삶과 연결돼 있어야 한다. 무엇보다 시대 흐름에 능동적으로 대응하고자 하는 자세가 필요하다."

위 행장은 "IT에 익숙하지 않은 40~50대 금융인들도 변화가 필요하다"며 "스마트 기기 앞에서 작아지는 40~60대가 있다면 좀 더 적극적인 자세로 용기를 내보길 바란다"고 했다.

디지털 경영=속도+연결

—디지털 경영에 뛰어든 것은 위기의식 때문이었나.

"그런 측면이 강하다. 2013년 초 간편결제 서비스가 등장하면서 카드사들의 영역을 잠식하기 시작했다. 당시 '간편결제가 보편화되면 카드사들이 모두 망하는 것 아닌가'하는 생각이 하루에도 수십 차례 들었다. 앞으로 카드사의 비전을 어떻게 가져가야 할지 고민을 많이 했고 그 해결책이 디지털 경영이었다."

—디지털 경영의 요체는 무엇인가.

"'속도(speed)'와 '연결(connect)'이 핵심이다. 실행해보고 아니다 싶으면 빨리 방향을 트는 것이 디지털 경영에 필수적이다. 올해 하반기 경영전략회의에서 '리디파인 3·3·3(Redefine3·3·3)룰'을 제시했다. 3일간 아이디어를 집중 고민하고, 3주간 구체적인 계획을 수립하고 3개월간 강력히 실행한다는 의미다. 과거에는 '깜짝 아이디어'가 중요했지만 디지털 시대에는 아이디어가 곳곳에 널려 있다. 아이디어를 연결해 실행하는 능력이 가장 중요하다."

그는 인터뷰 도중 집무실 책상 위에 있던 연필꽂이와 화분을 차례로 가리켰다. 그러면서 "화분과 연필꽂이는 절대 연결되지 않을 것 같지만, 연결하면 완전히 새로운 것이 탄생한다"며 "금융업도 완전 해체해 분석하고 다른 업종과 연결해야 새로운 산업이 탄생한다"고 했다.

—올 7월 조직 개편을 단행했는데.

"디지털 경영을 본격화하기 위해서였다. 디지털 그룹 안에 연구조직인 랩(Lab) 7개를 신설했다. 랩은 업무와 프로젝트에 따라 인력이 구성되는 TF(태스크포스) 성격을 갖고 있는데 인공지능(AI)과 블록체인, 디지털 제휴, 로보어드바이저 등으로 구성했다. 랩장(長)은 연공서열과 상관없이 해당 분야에 가장 뛰어난 직원이 맡는다. 채용도 랩장이 전권을 갖고 필요한 인재를 직접 뽑도록 했다."

그는 "부서에서 필요한 인재는 해당 부서가 가장 잘 알고 있는 만큼 내부 직원은 물론 외부 전문가들을 대상으로 잡 포스팅(job posting)을 강화하고 있다"고 말했다. 잡 포스팅은 직원이 희망하는 부서에 지원하거나 부서가 직접 외부 인력을 채용하는 제도이다.

"카카오뱅크 해보니 배울 점 많아"

—K뱅크, 카카오뱅크 같은 인터넷 은행이 국내에 돌풍을 일으키고 있다.

"최근 카카오뱅크 출시 첫날 직원들과 함께 직접 이용해 봤다. 낮은 수수료나 높은 수신금리 등은 시장에 파급력이 분명 있다. 카카오뱅크는 카카오라는 강력한 플랫폼과 사용자 인터페이스·경험(UI·UX) 개발 능력이 강점이다. 고객 중심의 프로세스 및 UI·UX 측면의 혁신은 우리도 배울 것이 많다고 판단한다."

—행원에서 국내 1위 은행의 최고 수장까지 오른 비결을 꼽는다면.

"집중과 끈기의 힘이라고 생각한다. 일례로 어떤 문제가 있으면 해결될 때까지 끝까지 집중해 고민하는 습관이 있다. 그리고 절대 포기하지 않는다. 문제점을 고민하고 실행하면서 방향을 전환하거나 문제점을 수정한다."

—CEO로서 경영 철학은.

"CEO의 가장 큰 사명(使命)은 비전 제시와 자원 배분이라고 본다. 임직원들에게 분명한 비전을 제시하는 한편 통찰력을 바탕으로 자원을 효과적으로 분배해야 한다. 인력과 자본이라는 조직 자원을 제대로 배분하려면 과감한 결단성도 필수적이다."

[자료원] 조선일보 Chosun Biz 2017년 9월 5일

4) 제품 및 기술생명주기(Product Life Cycle)의 단축

과거의 경영환경 변화는 완만하게 진행되는 추세였지만, 최근의 흐름은 변화의 물결이 급격히 다가오는 추세이다. 전 세계적으로 동시에 진행되는 유행도 점점 짧아지는 추세이다. 음악 방송을 보면 음악의 장르, 음악을 소개하는 프로그램, 그리고 아이돌 가수들의 수명이 매우 짧다는 것을 어렵지 않게 감지할 수 있다. 디지털 전자기기들은 계속적으로 컨버전스(convergence, 융복합) 되면서 하루가 다르게 신제품이 출시되고 있다. 스마트폰의 경우, 삼성전자와 애플은 매년 신제품을 출시하고 있고, 하루가 멀다고 스마트폰의 운영체제와 앱(app)을 업그레이드해준다. 결국 모든 상품, 지식, 기술의 생명주기가 짧아지는 것이다.

인터넷 기술과 속도도 점점 빠르게 변화하고 있다. 전화 모뎀을 이용하는 인터넷에서 초고속 통신망을 이용한 인터넷으로 바뀐 지 얼마 되지 않은 것 같은데 무선인터넷 서비스가 확산되고 그 속도도 점점 빨라지고 있다. 현재 4세대 통신(LTE)시대지만 2019년이 되면 5세대 통신서비스가 시작된다. 따라서 인터넷 서비스를 제공하는 기업 입장에서는 발전하는 인터넷 기술에 투자하지 않을 경우 경쟁에서 낙오할 수밖에 없을 것이다.

실제로 새로운 기술이 나오기까지 걸리는 시간은 점점 더 짧아지는 것이 현실이다. 길더의 법칙에 의하면 향후 10년 동안 통신시스템의 대역폭이 12개월마다 3배씩 증가한다고 하였다. 따라서 인터넷사용자와 멀티미디어 콘텐츠가 계속 증가하더라도 인터넷 속도는

저하하지 않을 것이며 오히려 관련 사업이 더욱 발달하는 계기가 될 수 있다. 5세대 통신 서비스가 시작되면 사람들은 완전히 새로운 모바일환경을 경험할 수 있을 것이다.

세상의 모든 것은 변화한다는 것이 진리이고, 기업 경영도 변화하고 있으며, 변화하는 내용의 주기 또한 점점 빨라지고 있다는 것도 진리이다. 고객의 취향이 빠르게 변하고 있기 때문에 기업의 사업 내용도 새롭게 변경되어야 한다. 신제품과 서비스를 경쟁사보다 빠르게 시장에 내 놓아야 고객의 눈길을 끌 수 있다. 즉 제품 개발에서 시장 출시까지 걸리는 시간 즉 Time-to-market을 계속 줄여나가지 않으면 경쟁적 시장에서 살아남을 수 없을 것이다. 때로 무리하게 이 시간을 단축하려다 기업들은 예기치 않은 사고를 겪기도 한다. 2016년 삼성전자는 갤럭시 노트7을 무리하게 일찍 출시하려다 배터리의 결함으로 인해 연이은 화재사고로 곤혹을 치르기도 하였다.

5) 정보/지식의 중요성 증가

21세기는 지식, 정보화 사회이다. 우리는 지식과 정보가 국가 및 사회의 경쟁력을 결정하는 시대에 살고 있다. 지식과 정보가 경쟁력의 원천이 되며, 지식과 정보를 활용하여 새로운 부가가치와 상품 및 서비스를 창출하는 능력이 요구되는 현실에 살고 있다. 특히 기업의 경쟁력을 결정하는 고부가치의 무형자산(아이디어, 지적재산, 특허 등)이 희소하므로 이것들을 만들어내는 창의적 인재를 관리하는 일이 더욱 중요해졌다.

지식, 정보화 사회의 특징은 웹 2.0정신, 즉 참여와 공유의 시대이다. 이 참여와 공유는 ICT기술의 발달로 더욱 활발해졌다. 컴퓨터와 통신기술의 발달, 인터넷의 등장과 그에 따른 인터넷 중심사회로의 이행에서 지식 및 정보화 사회는 성숙되고 있다. 이러한 사회에서 개인 및 조직은 끊임없이 등장하는 새로운 지식과 기술을 습득하고 활용할 수 있는 창의적인 능력을 개발해야 한다.

기업 경영방식이 변화되고 있다. 노동이 아닌 기술, 정보 및 지식 집약적 분야에 경영자원을 집중적으로 배치해야 경쟁력을 확보할 수 있는 시대가 되었다. 지식과 정보 자원의 효율적인 공유와 유통을 위해서는 정보통신 인프라를 기반으로 지식과 정보의 생산과 유통, 소비가 원활히 이루어져야 한다.

오래 전 미래학자 앨빈 토플러(A. Toffler)는 정보와 지식을 권력의 원천이자 권력이동(Power Shift)의 핵심이라고 주장하였다. 따라서 오늘날 경쟁적 환경의 승리자는 지식과 정보의 자원화에 따른 두뇌경쟁력에 의하여 결정될 것이다. 오늘날 전 세계 스마트폰 시장에서 각축을 벌이고 있는 삼성전자, 애플, 화웨이, 샤오미 등의 회사들은 최고급 기술인력을 확보하고 자신들의 지적재산과 특허를 보호하기 위해 매일 사투와 같은 전쟁을 벌이고 있다고 해도 과언이 아니다.

6) 고객의 중요성 증가

미국의 경영 패러다임 발전은 생산우선시대, 판매우선시대, 마케팅우선시대로 나눌 수 있다. 각 시대의 특징은 다음과 같다.

① 1925년 이전의 시대 : 생산 우선시대(Production Era)

- 수요보다 공급이 부족하여 제품을 만들어 내기만 하면 판매가 이루어지던 시절이다. 시장을 선도하는 기업 또는 우량 기업의 성공요인은 표준화된 제품의 대량 생산하는 것이어서 고객은 경영활동의 주요 고려대상으로 상상도 할 수 없던 시기였다.

② 1925년부터 1950년 초반의 시기 : 판매 우선시대(Sales Era)

- 생산기술의 발전과 이에 따른 생산성 향상과 생산량의 증대로 인해 소비자의 욕구가 어느 정도 충족된 시기이다. 어떻게 하면 영업을 잘해서 판매량을 늘릴 것인가가 시장점유율을 향상시킬 수 있는 관건이었고 우량기업의 성공요인이었다. 따라서 고객을 중심에 놓고 경영활동을 수행한 것은 아니었다.

③ 1950년부터 1960년 이후 : 마케팅 우선시대(Marketing Era)

- 생산기술의 발달이 급격하게 진전되어 공급이 수요를 초과하는 불균형 현상 발생하였다. 즉 구매자가 상품 및 서비스에서 선택할 수 있는 범위가 확대되고 소비자 주권 시대로 이어졌다. 이 후 고객의 중요성이 기업 경영에 차지하는 비중은 계속적으로 증가해 왔다. 오늘날 인터넷이 발달되어 있고 대중소비의 시대를 겪고 있는 대부분의 나라에서 고객은 제품과 서비스의 설계와 주문에까지 참여하는 등 기업 경영의 핵심이 되어 있다.

④ 1970년 이후 : 사회복지 지향시대(Social Benefit Era)

- 소비자는 건강, 환경문제 등에 민감하므로 사회적 책임을 강조하는 윤리적 기업의 상품과 서비스를 더 선호한다. 따라서 기업은 쾌적한 생활여건을 조성하고 인간지향적인 사고와 함께 사회적 책임을 다하는 방향으로 마케팅활동을 수행해야 한다.

고객이 그 가치를 인정받던 초기에 기업들은 이벤트 행사를 통해 고객의 마음을 유인하려고 노력하였다. 즉 구호나 슬로건 중심으로 고객만족 실현을 추구하려 하였지만 진정한 고객가치, 즉 고객이 진정 원하고 필요로 하는 것들이 존중되지 못했기 때문에 고객으로부터 외면을 당하는 경우가 많았다.

오늘날 기업들은 고객의 충족되지 않은 욕구를 찾아서 감동을 실현시키는, 진정한 고객만족 방향으로 노력하고 있다. 그 일환으로 추구되는 CRM(Customer Relationship Management)은 대량의 내부 및 외부 자료를 최대한 분석하고 활용하여 충족되지 않은 고객의 필요가 어디에 있으며 불만족이 어디에 있는 지를 찾는 스마트 비즈니스의 한 영역이다.

1.2 경영환경변화에 대한 기업의 대응

경영환경변화에 대한 대응방안 찾기

경영환경변화의 주요 내용이 과거와 유사하다 할지라도 두드러지는 특징은 시기별로 달라질 수 있으며, 기업에 미치는 영향에서도 차이가 있다. 따라서 경영환경 변화의 시사점을 파악하고 적절히 분석해서 향후 경영활동에 적용하는 것이 중요하다. 경영환경변화에 대한 기업들의 대응방식을 다음 5가지로 정리할 수 있다.

1) 변화하는 환경을 예측하고 자사에 미치는 영향을 분석한다.
2) 변화에 맞는 조직을 준비시킨다. 즉 시스템을 갖추어야 한다.
3) 기회를 찾아 선점한다.
4) 인터넷을 경영의 핵심 도구로 활용 : 스마트비즈니스의 전면화

5) 지속적으로 경영혁신을 추진 : 스마트비즈니스 패러다임 추진

1) 변화하는 환경을 예측하고 자사에 미치는 영향을 분석하라.

경영환경 변화를 현재 시각으로 볼 것이 아니라 미래 시각으로 보는 것이 중요하다. 앞서 설명한 경영환경의 주요 변화 방향과 그 특징에 대해 이해하는 수준으로 끝난다면 아무 의미도 없으며, 현재 경영환경 특징만을 이해한다해도 여전히 한계가 있다.

미래 경영은 여전히 불확실하고, 미래의 시장은 불투명하고 경영성과도 장담할 수 없다. 따라서 미래의 경영을 성공적으로 이끌기 위해서는 현재의 경영환경 변화만을 볼 것이 아니라 미래에 변화가 예상되는 분야를 파악하는 일에 집중해야 한다. 예를 들면, 스마트폰 이용자의 확산으로 모바일 비즈니스의 증가와 업무처리방식의 변화가 예상되며, 고령화 사회로 진입하므로 첨단 의료서비스, 특히 원격진료서비스 수요가 확대될 것이며, 여성취업자 비율이 증가하는 현상은 재택근무환경(스마트워크)과 유연근무제 등이 필요해짐을 의미한다. 인공지능(AI)의 발전은 예사롭지 않다. 사람이 하면 부정확하고 비효율적이고 위험한 많은 일들을 AI프로그램과 로봇이 대체해갈 것이다. 불필요해지는 직업(직무)에 대해 개인도 준비해야 하지만 기업에게 AI는 위협인 동시에 기회이기도 하다.

미래에 닥쳐올 경영환경의 변화가 자사에 미치는 영향을 어떻게 파악해야 할까? 환경변화 요인 가운데에는 새롭게 시장을 제공하거나 기업이 획기적으로 성장할 수 있는 기회 요인을 분석해야 한다. 즉 자사에 긍정적 영향을 미치고 발전적으로 활용할 수 있는 영역을 선택해서 이를 집중적으로 부각해야 할 것이다.

반면에 기업의 존폐에 영향을 미칠 만큼, 심각한 위기가 되는 위협요인에도 대비해야 한다. 치명적인 문제를 야기 시킬 가능성이 높은 영역에 관해서는 사전에 철저한 준비가 필요하다. 이를 위해서 경쟁기업이나 선진 우량기업이 취할 행동을 미리 예측하거나 문제발생시 쓸 수 있는 시나리오를 작성할 필요도 있다. AI, 로봇, 사물인터넷, 드론, 3D프린팅 등 이 모든 기술들이 기업들에게는 기회이면서 위협이 될 수 있을 것이다.

〈그림 1-1〉은 기업이 경영환경 변화요인을 파악해서 조직에 미치는 영향을 분석하는 과정을 요약해서 보여주고 있다. 미래의 변화에 대해 조직이 어느 정도 준비되었느냐에 따라 변화를 창조적으로 수용할 수 있고 미래지향적 대안을 설계할 수도 있다.

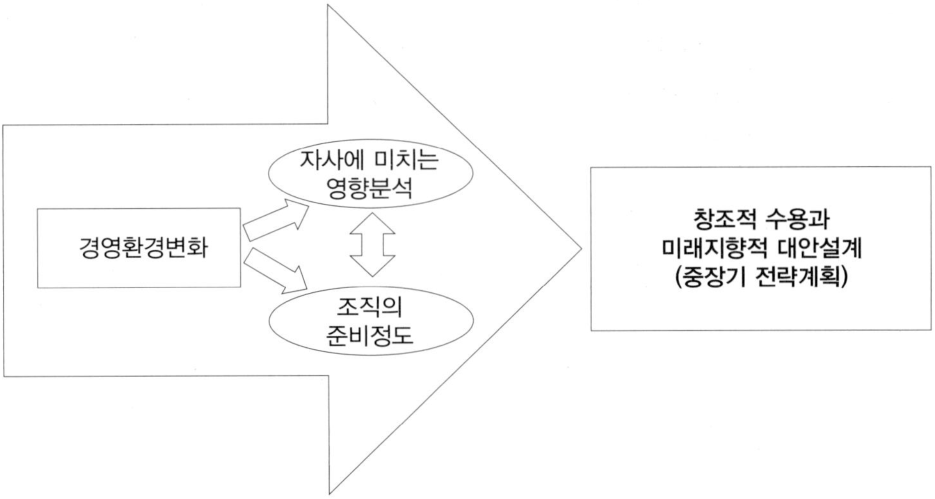

〈그림 1-1〉 경영환경 변화와 조직의 준비

2) 변화에 맞는 조직을 준비시킨다. 즉 시스템을 갖춘다

조직의 준비는 경영시스템으로 나타난다. 경영환경 변화에 대한 분석은 분석으로 끝나는 것이 아니라 그 내용을 자사의 전략과 경영활동(예산, 인력, 조직, 규정과 절차 등)에 반영하는 것이 중요하다.

시스템은 다음과 같은 특징을 가진다. 그래서 효과적인 경영활동을 위해 시스템이 필요한 것이다. 시스템은 하나의 목적을 달성하기 위해 관련된 요소들이 유기적으로 결합된 것을 의미한다. 조직 역량의 강화는 어떤 특정 요소만이 월등하다고 해서 가능한 것이 아니다. 따라서 확보하고 있는 기술이 아무리 우수하다 할지라도, 이를 사용하는 인력의 능력이 뒷받침되지 못하면 성과는 기대하기 곤란하다. 따라서 조직 역량의 강화는 경영시스템의 완벽한 준비가 이루어질 때 가능하며, 이 시스템과 조직구성원은 상호보완적이다. 즉 시스템의 취약성을 조직구성원의 역량으로 메울 수 있고, 조직구성원의 취약성을 강력한 시스템으로 어느 정도 극복할 수 있기 때문이다.

환경변화는 창조적으로 해석해야하고 이를 수용해서 미래지향적 대안설계에 적용해야 한다. 경영환경 변화를 자사에 적용하는 방식도 획일적이어서는 곤란하다. 현재의 환경변화의 특성이 과거와 유사하다 할지라도 자사의 준비 상태에 따라 미치는 영향은 다르다. 맥락지능(contextual intelligence)에 의하면 미국 기업에서는 성공적인 것으로 증명된 경영방식이라 할지라도 다른 지역의 기업에 그대로 적용하기는 어렵다. 해당 지역의 기업마다 경영환경이 다르고 준비 상태와 여건이 모두 차이가 있기 때문이다.[1] 예를 들면 비즈니스의 스마트화는 사전에 IT인프라(하드웨어, 소프트웨어, 네트워크 등)를 충분하게 갖춘 기업 입장에서는 새로운 시장과 고객을 창출하고, 이를 경영성과로 쉽게 연결할 수 있는 기회이지만 반면에 최고경영자의 무관심과 전략적 마인드가 결여되고 조직역량도 부족한 기업 입장에서는 치명적인 위협요인이 될 수도 있다.

3) 기회를 선점하라.

기회는 누구에게나 오지만 그것을 선점하는 조직은 많지 않다. 기회를 선점해야 경쟁에서 승리할 수 있게 된다. 치열한 경쟁의 시대에 현재의 위치에 만족하고 안심할 수 있는 기업은 없다. 현재 시장에서 독보적 위치에 있는 기업조차도 안심하고 있으면 위기에 직면할 수 있다. 안심은 자만이고 자만은 곧 시장에서의 퇴출 또는 사세위축과 직결되므로 경쟁에서 이기기 위해서는 남들보다 앞서야 하고 또 달라야 한다.

기회가 왔을 때 물적자원, 시스템, 인적자원이 확보되어 있지 않으면 그 기회를 포착할 수 없다. 한 때 휴대폰 시장에서 한국 기업의 상품은 고급 제품분야에서 독보적 위치를 점하고 있었다. 그러나 애플의 i-phone의 등장으로 스마트폰 시장에서는 한 때 주도권을 잃었다가 현재 삼성전자는 대응하게 전 세계 시장에서 경쟁하고 있다. 분명 삼성전자는 스마트폰의 기회를 선점하지 못했으나 신속하게 따라 잡을 수 있었던 인프라(인적, 물적자원, 시스템 등)를 갖추고 있었기 가능했다.

반도체, 스마트폰, 온라인게임, 무선 인터넷, TV과 냉장고와 같은 가전 등에서 한국 기업들은 독보적 기술력을 자랑하고 있다. 국내 반도체 기업(삼성전자, SK하이닉스)들은 반도체 시장에서도 새롭게 창출될 시장을 예상하여 경쟁사에 비해 압도적으로 발 빠른 투자를 함으로써 가격 경쟁력이 있는 새로운 메모리와 비메모리 칩을 계속해서 출시하고 있다. 이는 새로운 기능을 요구하는 시장의 요구를 반영해서 기회를 선점한 결과라 할 수 있다.

---

1) Harvard Business Review 2014년 9월호

4) 인터넷을 경영의 핵심도구로 활용 : 스마트 비즈니스의 전면화

인터넷과 그 환경은 기업 입장에서는 새로운 시장과 고객을 창출하고 이를 경영성과로 연결할 수 있는 귀중한 기회이다. 그 중에 대표적인 것이 인터넷 기술을 적용한 전자상거래이다. 전자상거래는 가상공간을 통한 직접 거래, 복잡한 중간 유통단계 생략, 시간적, 지역적, 공간적 제약을 극복한 실시간 거래가 가능하다는 점에서 전통적 상거래와 많은 차이점이 있다. 전자상거래를 통해 고객이 얻을 수 있는 이점은 검색엔진 등을 이용해 다양한 상품비교가 가능하고, 시간적, 지리적 제약을 극복한 상태에서 가격혜택을 얻을 수 있고 상품정보를 지속적으로 얻을 수 있다는 등의 이점으로 그 비중이 날로 증가하고 있다.

기업에서 인터넷 기술을 활용하는 범주는 전자상거래에만 끝나지 않는다. 인터넷을 기반으로 한 비즈니스 모델은 무한하다고 해도 과언이 아닐 정도로 다양하다. 홈페이지, 전자책과 전자카탈로그, 전자결제, 전자화폐, 인터넷뱅킹, 암호화와 보안, 물류, 유통, 마케팅과 고객관리, 회계처리, 경영자원 관리 등 다양한 분야에서 근간이 되고 있다. 즉 인터넷을 경영의 주요한 도구로 활용할 수 있는 여지는 광범위하다.

인터넷은 스마트 비즈니스의 전면적 추진을 가능하게 한다. 스마트 비즈니스의 전면적 추진은 경영활동의 모든 분야에 인터넷을 활용함으로써 새로운 시장과 고객을 창출하고, 이를 경영성과로 연결할 수 있는 계기로 삼는 것이다. 즉 인터넷 기술이 기업경영에서 핵심수단으로 활용되는 것이 바로 스마트 비즈니스의 전면화라 할 수 있다.

5) 지속적으로 경영혁신을 추진 : 스마트 비즈니스 패러다임 추진

변화하지 않고 현실에 안주하는 기업은 실패할 수밖에 없다. 컴팩(Compaq)은 PC시장의 지각변동에 적절히 대처하지 못하고 시장 점유율이 감소되면서 휴렛팩커드(Hewlett Packard)와 합병되고 말았다. 한 때 똑 같은 PC제조사였던 IBM이 위기에서 회생할 수 있었던 것은 루 거스너 회장의 경영리더십 때문이었다. 1993년 IBM의 최고경영자가 된 루 거스너 회장은 빈사상태에 빠진 빅블루(Big Blue ; IBM의 애칭)를 하드웨어 제조회사에서 소프트웨어 개발 및 IT서비스 업체로 변모시켰고 그로 인해 기사회생할 수 있었다.

경영학 구루 피터 드러커(P. F. Drucker)는 경영자가 갖춰야 할 직무 특성 가운데 하나를 혁신(Innovation)이라고 말하였다. 경영혁신은 급격한 환경의 변화에 적극적이고 능동적인 대처와 경쟁력 강화를 목적으로 채택하여 실행하는 조직내부 전체의 체질을 변화시키는 것이다. 경영혁신은 환경변화에 따른 대응전략의 필요성에 따라, 조직의 경쟁력 확보와 경영성과를 보장하기 위한 방안으로 지속적으로 추진되어야 한다.

오늘날 경영혁신은 인터넷과 다양한 IT를 기업의 경영활동과 제품 및 서비스의 핵심수단으로 활용하는 스마트 비즈니스 패러다임으로 변화하는 방향으로 진행되고 있다.

제2절
주요 정보기술 변화 동향

정보기술은 기업의 요구, 사용자의 요구에 따라 지속적으로 발전하고 있다. 때로 이 정보기술은 기업의 업무프로세스와 비즈니스 방식을 바꾸기도 하며, 혁신적 제품과 서비스가 되기도 한다. 정보기술의 발전은 기업의 업무 및 조직에 영향을 미쳐 생산성 향상과 고객만족 증진에 기여하기도 한다. 즉 정보기술이 조직의 목표를 달성하고 전략수행을 지원하는 방향으로 잘 활용될 때 그 역할을 다하는 것이다.

2.1 최근 정보기술

1946년 세계 최초의 전기식 컴퓨터로 ENIAC이 나온 이래 정보기술과 통신 분야는 지속적으로 발전하여 사회, 문화, 경영, 경제 전반에 큰 영향을 미쳤다. 현재 관심의 대상이 되고 있는 정보기술 및 통신 네트워크의 변화 방향은 다음과 같이 요약될 수 있다.

1) 인터넷 응용 기술의 보편화
2) 무선 기술 활용의 보편화
3) 멀티미디어 활용의 보편화
4) 사용자 편의성 중시
5) 시스템 통합 보편화
6) 자료관리 기술의 고도화

1) 인터넷 응용 기술의 보편화

1991년에 탄생한 World Wide Web 인터넷은 급격한 속도로 확산되었다. 하이퍼링크 인터페이스에 따른 사용자 접근의 편의성 향상, 텍스트 및 멀티미디어 등 정보제공 형태의 다양성과 화려함 등이 WWW의 큰 장점이었다. 소위 웹의 확장은 사회, 문화, 경제 등 각 분야 역시 급격한 변화와 발전을 가져왔으며, 개인과 가정생활에도 변화의 물결을 동반하였다.

인터넷을 이용할 수 있는 단말기도 전통적 PC나 노트북 컴퓨터에만 국한되지 않고 스마트TV, 테블릿 PC, 스마트폰, 키오스크 등 다양한 유무선 기기들이 등장하였다. 통신수단도 전화선에서부터 시작해서, 전용선, ADSL(Asymmetric Digital Subscriber Line), VDSL(Very high bit rate Digital Subscriber Line), 무선통신(WiFi, 블루투스, LTE, 5G 등), 인공위성 등 다양하게 발전해 왔다.

기업의 입장에서 볼 때 이러한 인터넷 기술의 발전은 매우 귀중한 사업적 기회와 경영혁신의 기회를 제공했다. 기업들은 경영성과를 향상시키기 위해 이 인터넷 기술과 무선통신을 활용하는 방안을 계속 고민했다. 그 결과 오늘날 인터넷은 신문, 방송, 여행, 광고, 음악 및 영화 등 대부분의 분야에서 서비스 제공을 위한 편리한 플랫폼이 되어 주었다. 뿐만 아니라 기업-기업(B2B), 기업-소비자(B2C), 정부-기업(G2B), 소비자-소비자(C2C)간 비즈니스 하는 방식도 획기적으로 바꾸어놓았다.

오늘날 인터넷(네트워크)는 모든 사물을 연결하도록 진화하고 있다. 사물인터넷(IoT)은 스마트폰, PC를 넘어 자동차, 냉장고, 세탁기, 시계 등 모든 사물이 인터넷에 연결되는 것이다. 각종 기기에 통신, 센서 기능을 장착해 스스로 데이터를 주고 받고 이를 처리해 사람의 개입없이 자동으로 작동되는 일이 가능해진다.

이러한 초연결 인터넷 기술은 산업사회가 100년 동안 유지해온 전통적 경영 패러다임을 근본적으로 변화시키고 기업들이 새로운 패러다임에 적응할 것을 요구하고 있다. 즉 인터넷 기술은 경영활동의 핵심도구로 사회와 경제 및 경영 체제를 모두 변화시키고 있는 것이다.

2) 무선기술 활용의 보편화

인터넷 다음으로 오늘날 기업들이 비즈니스 하는 방식과 사람들의 생활을 획기적으로 바꾼 기술은 무선기술 분야(무선인터넷, RFID/USN)이다. 세상은 가볍고 간편하고 이동에 편리한 컴퓨팅 환경을 제공하는 모바일 컴퓨팅(Mobile Computing) 기술에 즉각 반응하였다. 선이 없는 소형의 모바일기기의 출현은 세상 어느 곳과도 연결될 수 있는 정보시대의 새로운 시대, 유비쿼터스 컴퓨팅을 가능하게 하였다(〈그림 1-2〉 참조).

무선통신은 2GL - 3GL - 4GL(LTE, LTE-A) - 5G(2019년 상용화 예정)로 변천하면서 그 속도를 계속 향상시켜 왔다. 주요 통신기업들도 이 무선기술의 중요성을 잘 알기에 통신서비스에 유리한 좋은 주파수(대역)를 확보하기 위해 1조원대의 비용을 정부에 지불하고 있다.

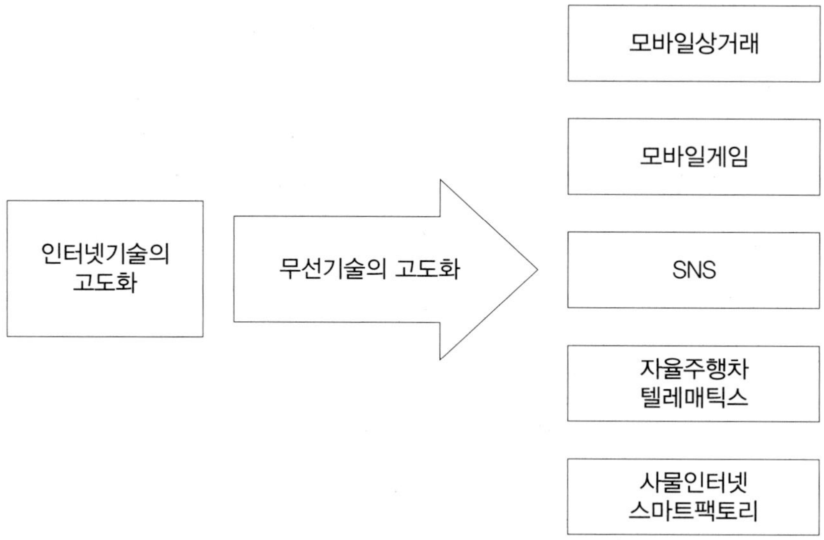

〈그림 1-2〉 무선기술의 고도화가 영향을 미치는 분야

3) 멀티미디어 활용의 보편화

사람들은 평범한 구성에는 싫증을 내고 좀 더 화려하고 동적인 출력물을 보고 싶어 한다. 글이나 표 보다는 그래프를, 단색보다는 컬러풀한 이미지를, 정지된 이미지 보다는 움직이는 멀티미디어 콘텐츠에 더욱 열광한다. 이러한 사람의 소비욕구에 정확하게 부응한 사이트가 유튜브(YouTube)였다. 유튜브에는 음악과 동영상으로 가득 차 있다. 영상도 단순한 영상보다는 동영상, 음성, 적절한 자막이 결합되었을 때 만족도는 더욱 높아진다. 무엇보다도 멀티미디어는 의사결정의 질과 속도를 높일 수 있다는 이점이 있다. 오늘날 영상기술은 계속 발전하여 가상현실(VR), 증강현실(AR), 홀로그램 등으로 2D에서 3-4D로 발전해 가고 있다. 특히 데이터시각화 도구와 뛰어난 영상편집도구들이 이러한 발전을 더욱 가능하게 하였다.

멀티미디어와 같은 대용량 자료의 신속한 처리와 송신이 가능한 컴퓨팅 및 인터넷 환경이 조성되지 않았다면 멀티미디어 활용은 매우 제한되었을 것이다. 인터넷이 보편화되고, 또 국가차원에서 적은 비용으로 가정 및 사무실에서 이용할 수 있는 초고속 통신망이 확대되면서 대용량 자료를 처리하기가 매우 용이해졌다. 멀티미디어 자료는 대용량이기 때문에 초고속 통신망이 확대되기 전에는 전송속도의 한계로 인해 사용자 불만이 매우 높았다. 그렇지만 사용자의 멀티미디어 요구가 늘어나고 이를 처리할 수 있는 초고속 통신망이 갖추어져 있기 때문에 현재의 정보서비스를 멀티미디어 중심 환경이라고 말할 수 있다. 앞으로 이 통신 속도가 빨라지면 질수록 더욱 실생활에 편리하고 유용한 정보서비스를 제공받게 될 것이다.

4) 사용자 편의성 중시

처음 컴퓨터가 나왔을 때 컴퓨터를 배우기도 사용하기도 쉽지 않았다. 특히 명령어를 직접 입력하여 컴퓨터를 실행해야 했던 방식은 매우 번거로웠다. 그랬던 컴퓨터를 일반 사용자가 쉽게 쓸 수 있게 된 계기는 GUI(graphic user interface)와 마우스와 같은 편리한 입력기의 출현이다. 애플의 메킨토시 PC가 처음으로 GUI를 도입한 이후 MS사의 Windows의 등장과 함께 GUI환경은 보편화되기 시작하였다. 적응하기 쉬운 GUI 인터페이스는 더욱 발전해서 hyper text, hyper media 환경으로 진화하였다. 인터넷 웹 환경에서 클릭만으로 원하는 사이트로 이동할 수 있고 필요한 문서를 다운하고 동영상을 실행할 수 있게 된 것이다.

그렇지만 IT기업과 사용자가 현재의 인터페이스에 만족할 수 있겠는가? IT업계는 사용자의 편의성을 확대하기 위해 끊임없이 노력하고 있다. 펜인식, 음성인식, 동작인식, 터치스크린과 햅틱기능, 시멘틱 웹(semantic web), 신경망컴퓨터 등이 이러한 노력의 결과라 할 수 있다.

5) 시스템 통합 보편화

오늘날 단일 시스템으로 고객서비스에 부응하기는 어려운 경우가 많다. 따라서 여러 이질적 시스템의 상호 통합과 통신이 필요하다. 기업이 성장하면서 시스템의 통합이 불가피하다. 시스템 통합이 필요한 이유는 다음과 같다.

- 서로 다른 시기에 독자적으로 개발된 단일 시스템들은 나중에 통합하기가 힘들 정도로 이질적인 부분(이질적인 인터페이스, 데이터의 호환문제, 상이한 운영체제 등)들이 많아졌기 때문이다.
- 서로 다른 시스템에 이질적인 형태로 분산 저장되어 있는 자료 및 정보의 양이 기하급수적으로 증가하기 때문이다.
- 정보의 내용과 품질 수준에 대한 사용자나 고객의 요구가 계속 상승하기 때문 통합되지 않은 시스템으로 그 욕구를 맞추어내기가 힘들어지기 때문이다.

고객정보가 확보되고 활용되는 과정을 살펴보면 시스템 통합이 왜 필요한지 알 수 있다. 예를 들어 고객에 관한 정보는 영업부서에서만 산출되거나 사용되는 것이 아니라 회계, 연구개발, 생산, 마케팅 등에서 각기 다른 용도로 사용될 수 있다. 영업부서가 알게 된 고객의 불만정보는 생산부서가 제품의 품질향상을 위해 활용할 수 있으며, 연구개발부서는 제품의 재설계를 위해 활용할 수 있을 것이다. 따라서 여러 부서의 정보처리의 상호연계와 통합은 매우 중요하다.

현업 부서들이 부서별 시스템 간 통합 및 정보처리 통합요구가 존재한다 할지라도 이를 뒷받침할 수 있는 기술이 없다면 사실 불가능할 것이다. 그래서 시스템 간 상호운용성, 호환성, 이식성, 유연성 등이 보장되는 기술 표준화의 진전으로 인해 시스템 통합이 용이해 졌다. 특히 개방형의 인터넷과 표준화된 관련기술은 이러한 통합을 더욱 쉽게 만들었다. TCP/IP(Transmission Control Protocol/Internet Protocol)는 대표적인 개방형 통신 규약으로 자리를 잡았다.

오늘날 스마트비즈니스 환경에서는 인터넷 웹 기반 기술을 기반으로 시스템들이 상호 연계되어 업무를 협조처리하고 있다. 각 단위 시스템은 독립적으로 운영될 때보다, 다른 시스템과 통합적으로 운영될 때 더 큰 상승효과(Synergy Effect)를 기대할 수 있으므로 기업들은 시스템 통합을 강력하게 원하고 있다.

6) 자료관리 기술의 고도화

앞서 언급한 시스템 통합을 위해서는 데이터베이스의 통합이 필수적이다. 산업의 고도화 및 지식/정보화 사회가 심화됨에 따라 조직들이 처리해야하는 자료의 양과 서로 주고받아야 하는 데이터의 양은 기하급수적으로 증가하는 빅데이터 시대에 살고 있다. 예를 들어, 사람들이 SNS를 통해 주고 받는 수많은 메시지만을 분석하더라도 사회의 현재 트렌드와 주요 이슈를 포착할 수 있으며, 자동차 내 수 많은 부품들에 장착된 센서를 통해 수집되는 데이터를 분석하여 자동차의 문제를 사전에 예측하는 일에 활용될 수도 있다.

한편 사용자나 고객의 신속하고 정확한 의사소통 및 정보처리에 대한 요구수준도 계속 증가하고 있으며, 그와 동시에 정보품질의 중요성도 더욱 강조되고 있다. 이러한 요구에 부응하여 자료관리에 관한 기술의 발전은 컴퓨터의 발전과 거의 맥을 같이하고 있다.

첫째, 관계형 DB인 R-DBMS에서 객체지향 DBMS, 비관계형 DB로 발전함으로써 다양한 정형적, 비정형적 데이터를 보다 효율적으로 저장하고 가공할 수 있게 되었다.

둘째, 데이터웨어하우스 및 데이터마이닝 기술의 출현으로 자료관리는 더욱 선진화되었다. 경영활동을 하다 보면 생성되는 다년간의 내부데이터와 외부데이터를 주제별로 통합하여 별도의 프로그램 없이도 다차원분석을 가능하게 하는 신개념의 DB기술이 데이터 웨어하우스 및 데이터 마이닝 기술이다. 이는 오늘날 초대형 DB와 첨단분석도구를 결합한 빅데이터 분석(Big Data Analysis)으로 발전하고 있다. 그렇지만 아직도 많은 기업들이 자신들이 가지고 있는 많은 데이터를 어떻게 전략적으로 활용할 지를 잘 모르고 있으며, 실제로 저장하고 있는 데이터의 1%도 제대로 활용하지 못하고 있는 실정이다.

셋째, 아울러 이러한 많은 양의 데이터를 효율적으로 저장하기 위해서 대용량 스토리지 기술이 발전하고 있으며 아울러 저장단가도 계속 하락하는 추세이다.

2.2 정보기술변화에 대한 기업의 대응

기업들은 현재 관심의 대상이 되는 정보기술의 실제 내용과 기술변화의 내용을 파악하고 그 시사점을 발견해서 대응전략을 수립해야 한다. 기업의 주요 대응방안은 다음과 같이 5가지로 나누어 생각해 볼 수 있다.

1) 경영환경변화와 정보기술 환경변화를 연계해서 적용하라.
2) 새로운 정보기술의 적용방안을 설계하라.

1) 경영환경변화와 정보기술 환경변화의 연계

경영환경변화의 주요 내용을 정보기술변화의 주요 내용과 연관지어 분석해야 한다. 예를 들어 스마트폰 사용자(고객, 내부직원)가 증가한다는 것은 기업에게 스마트폰 앱(애플리케이션)을 개발할지 여부를 판단해야 할 것이다. 스마트 폰을 이용해 주문 처리 조회를 원하는 고객을 위한 앱이 필요한가? 출장 직원을 위한 메일 확인과 결제 시스템 제공이 필요한가? 등을 물어봐야 할 것이다. 또 다른 예로써, 물류경쟁력(재고 및 배송관리 등)을 제고할 필요가 있다면 SCM을 구축하거나, 재고 및 창고관리에 무선기술(RFID/USN)의 응용가능성을 탐색해 보아야 할 것이다.

2) 새로운 정보기술의 조직에의 적용방안 설계

제품·기술 발전주기는 점점 빨라지고 있다. 새로운 기술이 확산되고 보편화되기까지 소요되는 시간도 점점 단축되고 있는 것이 현실이다. 예를 들어 전 세계적으로 5,000 만 명의 사용자를 확보하는데 소요된 기간을 비교해 보면 라디오가 38년, TV가 13년, PC가 16년 걸린 데 비해, 인터넷은 4년, 스마트 폰은 2년이 걸렸다. 스마트 TV는 소비자들의 대세 가전으로 자리 잡을 수 있을까? 있다면 어느 정도의 시간이 걸릴까? 드론과 3D프린팅 기술은 기업의 제품개발과 서비스에 어떻게 활용되어갈까?

이러한 새롭게 등장하는 정보기술에 지속적으로 관심을 갖고 분석할 필요가 있다. 경쟁

기업이 신규 정보기술을 응용해서 획기적 성과를 거둘 때까지 신규 정보기술 동향을 모르고 있다면 경쟁에서 필패할 수밖에 없을 것이다.

새로운 정보기술과 기존 정보기술의 변화가 자사에 미치는 긍정적, 부정적 영향을 분석하고 이를 활용하는 방안을 추구해야 한다. 그런 다음 현재 기술 활용수준에 따른 구체적 적용방안을 설계해야 한다. 즉 신규 정보기술을 업무프로세스의 생산성 향상과 고객 및 시장 분석, 신제품 개발, 정보가공 분야 등에 적용할 수 있는 방안을 설계해야 한다.

인터넷 기술, 무선통신, 사물인터넷의 중요성이 확인되면 이를 경영활동 전반에 확대시켜야 할 것이다. TV홈쇼핑은 스마트폰을 활용하여 주문하는 고객이 늘어난다는 사실이 파악되면 스마트폰의 앱을 고도화하고 편리한 결제시스템을 함께 탑재하여 고객의 편리를 도모해야 할 것이다. 앱을 통한 주문과 콜센터를 통한 주문 추세를 면밀히 관찰하며 어느 주문시스템에 더 많은 투자를 해야 할지도 결정해야 할 것이다.

새로운 정보기술을 도입할 때 내부·외부사용자(고객)가 이를 편리하게 사용할 수 있도록 사용자 인터페이스를 편리하게 설계하여야 한다. 앞에서 '사용자 편의성 중시'에서 설명하였듯이 GUI 환경은 기본이며 하이퍼링크 방식의 편리한 웹사이트의 구축 그리고 3D, 4D 멀티미디어 기술을 적극 도입하여 콘텐츠의 매력도를 높여야 할 것이다.

[사례: 전문가 인터뷰] 소유의 시대에서 공유의 시대로… 이젠 모든 걸 오픈하라 MIT 미디어 랩 소장 조이 이토

- 인터넷을 근간으로 한 융합과 개방의 시대에 맞는 인재형은?
- 공유와 개방의 시대가 경영자에게 주는 의미는? 이에 맞는 혁신적 비즈니스 모델은?
- 생명공학과 IT의 융합이 추구하는 것은?

내로라하는 이공계 천재들이 모여 있는 미국 매사추세츠 공과대학(MIT), 이곳에서 '꿈의 연구소'로 불리는 미디어 랩(Media Lab)은 컴퓨터·전자·바이오 기술을 디자인·건축·예술과 융합해 첨단 미래 기술을 창조하는 본산이다. 1985년 미디어학(學)의 대가인 니콜라스 네그로폰테 교수가 세운 후 최근 27년 동안 전자책(e-book)을 탄생시킨 전자잉크(E-Ink), 표정 짓는 로봇, 동작에 반응하는 유저인터페이스(UI) 같은 여러 신기술을 선보였다.

이 '꿈의 연구소'는 지난해 4월, 4대 소장을 임명하면서 다시 꿈같은 일을 벌였다. 흔한 학사 학위도, 한편의 논문도, 영어로 된 저서도 한 권 없는 일본계 대학 중퇴자를 고른 것이다. 인터넷 벤처사업가인 이토 조이치(45·伊藤穰一)다. 미국에선 '조이 이토(Joi Ito·사진)'로 불리는 그는 미국 대학을 두 번 다녔지만 모두 중퇴했다. 대신 클럽의 DJ(디스크자키), 스쿠버다이빙, 인터넷 게임 같은 '하고 싶은 일'에 빠져 있던 괴짜였다. 1990년대 중반, 인터넷의 무한한 가능성에 심취해 각종 사업을 시도하며 벤처사업가의 길로 들어선 그는 트위터(twitter), 플리커(flicker), 위키아(Wikia) 같은 회사에 초기 투자로 대박을 내면서 나름 유명해졌다. 그런 그가 지난해 4월 150여명의 경쟁 후보자들을 제치고 미디어 랩 소장에 발탁됐다. 미디어 랩의 융합과 연결의 정신에 제대로 부합하는 인물이었기 때문이다. 이토 소장은 "혁신은 공유와 소통에서 나온다"고 믿는 인터넷 자유론자다.

그는 자신의 블로그와 각종 언론에 기술 혁신이나 리더십에 관한 수많은 칼럼을 쓰고 있는데, 트위터로 자신이 어디서 무엇을 하는지 실시간(實時間)으로 알리며 전 세계인들과의 소통을 즐긴다. '열린 마음'과 '자유'를 24시간, 365일 내내 실천하고 있는 것이다. 또 '저작권'이란 자물쇠에 갇혀 있던 각종 인터넷 소스(source)를 저작권자 스스로 공개해 공유하도록 하는 활동을 수년 전부터 앞장서 펼치고 있다. 공유를 주창하는 비영리단체인 '크리에이티브 커먼스'(Creative Commons)의 최고 책임자로 2008년부터 활동했고 지난해부터 이사회 의장을 맡고 있는 게 그 증거이다.

그가 책임자로 있는 보스턴 MIT대 캠퍼스에 있는 미디어 랩은 건물 외관부터 '열림과 융합' 정신이 물씬 묻어나 보였다. 저명한 일본 건축가인 후미히코 마키가 2009년 지은 이 건물은 외관과 내부 대부분을 유리로 채웠다. 1층에 도착해 위를 둘러보니 청바지에 와이셔츠를 입은 이토 소장이 2층 복도를 걸어가고 있는 모습이 유리 벽면을 통해 보였다. 3층에서는 2층이, 4층에서는 3층이 보였고, 그의 사무실 역시 유리벽을 통해 훤하게 볼 수 있었다. 그는 책상 맞은 편 벽면의 대형 모니터 화면에 이달 일정을 빼곡하게 표시한 구글 스케줄러를 띄워놓고 있었다. 손님이 유심히 들여다보는 것도 신경 쓰지 않았다. 칠판에는 미디어 랩을 위한 모금(募金) 방법부터 새로 추진할 도시과학 프로젝트나 관심을 쏟을 외부활동까지 머릿속에 든 생각들이 낱낱이 적혀 있었다. '있는 그대로 모두 보여주기'가 모토인 듯했다.

그는 이달 중순 Weekly BIZ와의 인터뷰에서 "인터넷은 열고 맺고 소통하지 않으면 살아남기 힘든 '생태계'다. 인터넷뿐 아니라 모든 것은 열리면서 생명력을 더 얻는다. 소프트웨어가 이미 열렸고, 하드웨어는 지금 빠르게 열리고 있으며 앞으로는 바이오 기술이 열릴 것이다"라고 말했다. 미래학자 제러미 리프킨(Rifkin)은 화석 연료를 중심으로 한 1·2

차 산업혁명에선 '소유'가 중시됐지만, 재생 에너지와 네트워크 중심의 3차 산업혁명 시대엔 '공유'가 주요 경제 모델이라고 주장했다. 조이 이토 소장도 "지금은 '공유(共有) 혁명'의 시대"라고 거듭 강조했다.

조이 이토 MIT 미디어 랩 소장은 미래학자 제러미 리프킨이 말한 3차 산업혁명 시대에 어울리는 전형(典型)이다. 리프킨은 1·2차 산업혁명 시대에 엄격한 규율과 근면한 노동, 상명하달식 권위주의가 중요했지만, 3차 혁명 시대에는 창의적인 놀이, 동료 간의 상호작용, 사회적 자본, 개방형 공유제, 글로벌 네트워크가 더 중요해진다고 봤다. 이토 소장은 월드오브워크래프트 같은 온라인 게임을 즐기고, 한 달에 한 번 이상 여행을 다니며, 스쿠버 다이빙 강사 자격증이 있으며, 블로그와 트위터를 통해 전 세계 누구하고나 스스럼없이 소통한다. 그는 인터넷 공간에서 자기의 지적 자산을 오픈해 서로 창작을 도울 수 있다고 믿는다. 그는 "20대에 DJ로 일한 경험이 있는데 DJ와 미디어 랩 소장의 역할이 비슷하다"고 했다. "미디어 랩 소장은 학생이나 교수 위에 군림하는 리더가 아니라, 그들의 표정과 움직임을 살피며 그에 적합한 분위기를 만들어주고 원활하게 소통할 수 있게 돕는 역할을 한다"는 것이다.

"공유하지 않으면 '표준'이 될 수 없다."

—공유와 소통을 끊임없이 강조하는 이유가 무엇인가?

"세상은 공유하는 사람들에게 점점 유리해지고 있다. 모든 상품이 연결돼있고, 나를 도와줄 수 있는 사람이 나를 아는 것이 더 중요해지고 있다. 내가 블로그에 내 생각과 내가 하는 일, 연구 중인 것을 올려놓으면 그에 관심 있는 사람들이 구글로 검색해서 나를 찾아온다. 그럼 서로 협력해서 시너지를 낼 수 있다. 비밀로 하면 내가 뭘 하는지 아무도 모른다. 감춰봤자 소용이 없다. 그냥 네트워크에 접속만 하면 공유할 수 있는 시대다. 새로운 것을 창조하는 비용이 확 줄어드는 것이다."

—공유하는 것이 세상을 이롭게 만든다고 보나?

"소프트웨어를 보자. 이것은 마치 언어와 같다. 언어는 사람들과 공유할수록 더 나아지고 발전한다. 공개된 소프트웨어는 누구나 고치고 개선할 수 있다. 누구도 잃는 것이 없다. 이것은 매우 경제적이면서 사회적인 활동이다. 이런 오픈 소스, 오픈 소프트웨어 시장은 계속 성장할 것이다."

—공유는 공짜를 의미할 수 있고, 수익성에 해가 될 수 있다.

"모든 것을 다 공유할 필요는 없다. 산업별로 다르겠지만, 인터넷 생태계에선 표준이 되고자 한다면 공유해야 한다. 몇 년 전 마이크로소프트(이하 MS)가 CD 형태로 내놓은 백과사전인 엔카타(Encarta)는 전 세계 네티즌의 집단 지성이 만들어내는 위키피디아에 무릎을 꿇었다. 검색 엔진도 모두 무료 엔진만 살아남았고, 인터넷 브라우저도 마찬가지다. 공유하지 않으면 표준이 될 수 없다. MS는 자기들의 핵심 기술을 보호하려 했지만 더 이상 통하지 않았다. 구글 조차 안드로이드 운영체제 코드 소스(code source)를 오픈함으로써 저변을 확대하고 있다. 이제 고객들이 프로그래머가 됐고, 소프트웨어 회사는 필요가 없어지고 있다. MS가 태플릿 PC를 만드는 것도 이제 소프트웨어보다 하드웨어로 통제할 필요를 느꼈기 때문이다."

소프트웨어처럼 하드웨어도 '오픈 혁명' 중

—공유 혁명은 소프트웨어에만 한정되는 것인가?

"하드웨어 분야에서도 '오픈 혁명'이 이미 시작됐다. 수년 내에 하드웨어와 관련된 빅뱅이 일어날 것이다. 중국은 비슷한 기술 수준의 제품을 더 싼 값에 생산하고 있다. 디스플레이, 가전제품, 스마트폰, 자동차까지 중국은 아마 몇 년 내에 한국 제품을 따라잡을 것이다."

—아직 중국 제품은 품질에 대한 신뢰도가 낮지 않은가?

"한 예로 LCD를 들어보자. 지금은 삼성전자가 마케팅이나 브랜딩, 영업, 디자인 면에서 우월하기 때문에 앞서고 있다. 하지만 얼마나 오래갈지 의문스럽다. 중국 기업들이 끊임없이 인재 영입과 해외 기업 인수를 통해 기술과 디자인을 업그레이드하고 있다. 내가 만약 한국인이라면, 내가 삼성 사람이라면 소니가 추락한 이유를 제대로 공부해볼 것이다."

—소니는 왜 추락했다고 보나?

"너무 거만했다. 더 배우거나 주변 말을 들으려고 하지 않았다. 한국 제품은 품질이 낮다면서 무시했다. 이건 1970년대 미국 자동차 회사들이 일본 자동차를 로엔드(low-end·

저급)라며 얕잡아봤다가 일본차에 밀렸던 과정과 비슷하다. 삼성은 매우 뛰어난 회사지만 소니와 비슷한 과정을 겪을 수 있다. 삼성이 그나마 다행인 것은 구세대 매니저와 엔지니어가 적체된 소니와 달리, 핵심 간부들이 젊고 공격적이라는 것이다."

—한국 기업들은 어떻게 해야 하나?

"한국 기업이 가진 글로벌 기업의 지위와 네트워크를 최대한 활용할 필요가 있다. 하지만 중국 기업들은 국제화하지 못했다. 아직까지 정부의 간섭을 받고, 미디어 통제 때문에 광고도 제약을 받고 있다. 판매는 현지 시장에 의존한다. 한국 기업이 국제적 지위를 유지하는 한 더 좋은 인재를 영입하기도 쉽고, 미국 등의 해외시장 점유도 더 쉬울 것이다. 다만 한국 기업들의 조직 문화는 상당히 한국적이다. 글로벌 경영 관행을 좀 더 실험적으로 도입할 필요가 있다. 또 중국이 무서운 속도로 성장하고 있기 때문에 매우 위험한 상황이다. 소니가 저질렀던 실수를 답습하지 않기를 바란다."

"넥스트는 '바이오 혁명', 저성장 시대일수록 더 투자하고 더 혁신하라"

—기술 혁신 속도가 점점 느려지고 있다. 이제 더 이상 '혁명'과 같은 첨단 기술은 기대하기 어려운가?

"소프트웨어나 하드웨어, 즉 인터넷과 컴퓨터 혁신은 둔화하고 있는 것이 사실이지만 바이오(biology·생물학)라는 거대 영역에서는 이제 막 혁명이 시작되고 있다. 유전자 분석과 조작, 뇌과학, 로봇 신체, 생물학적 디자인 같은 분야가 빠르게 발전하고 있다."

—미디어 랩에선 어떤 바이오 기술을 개발하고 있나.

"반도체 전자회로를 만드는 과정은 매우 정교한 작업이라 정확도가 생명이다. 그런데 유전자(DNA)를 활용하면 분자(分子·molecule) 단위의 오류까지 줄이면서 회로를 만들 수 있다. 유전자 중에는 스스로 단백질 같은 물질을 이동하고 조립하고 오류를 수정하는 유전자가 있는데, 이 유전자를 인공적으로 만들어 회로를 만드는 기계에 적용하고 있다.

또 뇌신경회로를 분석해 특정 세포에 빛 자극을 줌으로써 알츠하이머나 파킨슨, 과잉 행동 장애 같은 질환을 치료하는 방법을 개발하고 있다. 이 연구는 뇌 기능을 더 좋게 하는 방법을 개발하는 방향으로도 진행될 수 있다."

—바이오 기술은 생명 윤리 논란과 규제를 피할 수 없다. 바이오 기술이 빠르게 성장할 수 있을까?

"앞으로 우리에겐 더 많은 책임감이 요구될 것이다. 인간의 신체와 윤리, 자연 파괴에 대한 고민이 필요해질 것이다. 하지만 부작용이 있다고 해서 기술 진보를 막을 수는 없다. 인류는 문제가 발생하면 그것을 해결하면서 진보해왔다. 페이스북의 사생활 침해 문제가 발생했지만, 문제점을 하나하나 개선해나가듯이 말이다. 환경과 인류에 도움이 되는 기술만 개발할 수 있을 것이다."

—저성장과 긴축의 시대가 도래했다. 기업들이 생존하려면 어떻게 해야 하나?

"구태의연한 말이지만, '혁신'해야 한다. 애플을 봐라. 불황에 살아남았고 수많은 관련 중소기업을 살렸다. 그동안 일본 기업들은 비용 절감(cost cut)만을 외치다 아무것도 남지 않았다. 좋은 사람을 뽑을 기회조차 잃었기 때문이다. 지금은 뭐든 싸다. 근래에 가장 싸게 투자할 좋은 기회다. 넘버원이 될 기회가 있다면 과감히 투자하라."

—현대사회에서는 당신과 같은 '통섭형 인재'가 요구되고 있다. 이런 인재를 키우려면?

"나처럼 무엇이든 해보고 도전하고 망해도 보면 된다. 나도 사실 100개 정도 투자했다가 10개 정도 성공했다. 과거엔 작은 아파트에서 빚지고 살던 '마이너스 인간'이었다. 하지만 하고 싶은 것을 했고 후회하지 않는다. 유치원과 학교를 생각해보자. 유치원에서는 아이들을 그냥 놀게 놔둔다. 놀이에 집중하고 자유롭게 생각하고 탐험할 시간을 많이 준다. 그러나 학교에 가는 순간 아이들은 구조화되고 박스 안에 갇힌다. 교사와 부모는 아이들이 복종하기를 바란다. 대학에 가면 학위라는 사회적 틀에 맞추기 위한 공부가 진행된다. 이런 환경에서는 다양한 경험을 통합해 융통성 있게 문제를 해결하는 인재가 나오기 어렵다. 한국 역시 비슷한 아시아 문화와 교육 시스템을 갖고 있다. 하지만 한국인의 강점인 '융통성'을 잘 활용한다면 통섭형 인재가 많이 나올 것이다."

◆ **조이 이토의 이력**

– 출생 : 1967년 일본, 1970년 미국 이주 후 10년간 거주

– 학력 : 일본 아메리칸스쿨(고교) 졸업
터프츠대 컴퓨터공학과 중퇴
시카고대 물리학과 중퇴

– 경력 : 1995~96년 일본 인터넷 기업 에코시스, 디지털 가라지 등 설립
2008~11년 크리에이티브 커먼스 CEO
현재 뉴욕타임스 이사, 맥아더재단 이사, 일본 정부 IT전략본부 위원

(자료원: 조선일보 12.8.25)

Questions

1) 이토 소장이 자주 강조한 단어를 열거하시오.
2) 여기서 말하는 3차 산업혁명의 내용은 이미 오늘날 4차 산업혁명에 필요한 정신과 기술 인프라를 말하고 있다. 이에 대해 설명하시오.
3) 오늘날 대세 개념이 되어 있는 '공유경제'의 예를 설명하시오.
4) 4차 산업혁명에 진입하면서 혁명이 시작되고 있는 새로운 기술분야를 설명하시오.
5) 4차 산업혁명에서 생존할 수 있는 인재상을 요약해 보시오.

CHAPTER

02

스마트 비즈니스경영의 개념

스마트 비즈니스의 개념을 정확히 이해할 때, 스마트 비즈니스 전체에 대한 상세한 이해가 가능하다

제2장

스마트 비즈니스경영의 개념

Key Point

- 스마트 비즈니스의 개념을 정확히 이해할 때, 스마트 비즈니스 전체에 대한 상세한 이해가 가능하다.

주요 내용

- 인터넷과 IT가 비즈니스에 준 도움들
- 스마트 비즈니스경영의 개념
- 유사용어의 이해
- [사례: 파워 인터뷰] "핵심 자산으로 떠오른 데이터, 디지털화 못하는 기업은 도태될 수밖에 없다"
- [사례연구] 샤오미의 고객참여경영

제1절 인터넷과 IT가 비즈니스에 준 도움들

초기 군사적 목적으로 미국에서 출발한 인터넷은 전 세계를 연결해주는 역할을 수행하면서, 다양한 비즈니스 관점의 가치를 제공하고 있다. 기업에서 인터넷을 활용하는 것은 초기 정보검색과 홈페이지 개설, e-mail과 파일교환 수준에서 발전해서, 현재는 기업경영의 중요한 전략적 도구로 인식되고 경영활동에 다양하게 적용 분야가 확대되고 있다.

비즈니스의 스마트화가 등장하고 현실화된 내용을 이해하기 위해서는 먼저 개방형의 WWW 인터넷의 활용에 대한 인식의 공유와 비즈니스 관점에서 갖는 가치를 이해할 필요가 있다.

1.1 인터넷의 등장과 활용

인터넷의 출발과 발전

1969년 ARPAnet(Advanced Research Projects Agency) 이라는 이름으로 미국에서 처음 태동하였다. 미국 국방부에는 그 당시 구소련의 핵폭격이나 그에 준하는 공격을 가상하여 어떤 경우에도 작동이 가능한 신뢰성 높은 컴퓨터 네트워크가 필요하였다. 즉 중간에 있는 몇 개의 시스템이 폭격이나 해킹으로 와해되더라도, 다른 대안 시스템을 통해서 연결이 계속되기를 바랐던 것이다. 이러한 요구조건을 만족시키기 위해서 미국의 대학 연구소에서 ARPAnet이라는 것을 고안한 것이 인터넷의 시초였다. 그 후 계속 연구, 발전하여 1972년 공개되었을 당시에는 국방과 관련된 기술 프로젝트를 수행하는 미국 내의 50개 대학과 연구소들이 이 네트워크에 연결되었다.

1970년 말에 ARPANet의 규모가 점점 커짐에 따라 기존의 네트워크 관리방식으로 힘들어져 지금도 사용하고 있는 개방형 인터넷 프로토콜(TCP/IP)을 채택하게 되었다. TCP/IP 보급으로 ARPANet이 급격히 팽창하자 1983년에 ARPANet이 군사전용 네트워크인 밀넷(MILNet)과 연구를 위한 아르파넷(ARPANet)으로 분리되었다. 1986년 미국과학재단(NSF)이 ARPANet을 흡수하여 미국 전체 통신망을 대표하는 기관으로 자리 잡게 되었다. 이후 여섯 곳의 슈퍼컴퓨터를 연결하는 NSFNet을 개발하여 인터넷 기간망을 지원하기 시작했는데, 이 NSFNet은 대학연구소와 학술단체, 영리법인이 접속할 수 있어 미국의 국가연구망으로 발전하였다. 1980년대에는 일반사용자들이 쓸 수 있는 BITNet, Usenet 등이 생겨났고, 1991년에 이르러 상업목적의 인터넷협회가 설립되어 기업과 개인이 비지니스에서 인터넷을 이용하기 시작하였다.

우리나라는 1982년 서울대학교와 당시 구미에 있던 전자통신연구소(현 대전 ETRI)의 컴퓨터를 1200BPS 모뎀을 사용하여 연결한 SDN(System Development Network)을 그 효시로 보는 견해가 지배적이다. 시작은 일본보다 앞선 것으로 보이지만, 외국 네트워크에 접속한 것은 1990년부터 가능하였다.

인터넷을 이용한 다양한 서비스

인터넷은 자료와 정보의 바다로 볼 수 있지만 진흙 속에서 진주를 캐는 일과 같다고 봐야한다. 인터넷에는 다양한 분야와 다양한 내용과 최신의 콘텐츠가 즐비하며, 초고속으로 정보를 얻을 수 있는 보고라 할 수 있다. 그러나 체계적으로 정리되어 있지는 않고 허위사실도 많기 때문에 정보의 선택과 활용을 위해서는 적절한 도구와 지혜를 요구한다.

사용자들의 쉬운 인터넷 활용을 돕기 위해 포탈업체들은 정보의 바다에서 효율적인 정보 검색과 효과적인 디스플레이를 위해 계속 연구하고 투자하고 있지만 정보의 질과 사실여부에 대한 판단은 여전히 개인사용자의 몫이다.

1.2 비즈니스 관점의 인터넷 가치

인터넷의 가치를 비즈니스 관점에서 이해해야 할 필요가 있다. 인터넷은 국가, 사회, 문화, 경제, 경영 등 다양한 분야에 영향을 미치지만, 가장 큰 혜택과 효과를 얻은 분야는 기업의 경영분야라 할 수 있다. 따라서 인터넷이 갖는 가치를 경영의 관점에서 정확히 파악하고 이를 실질적 경영활동에 접합하는 것이 중요한 과제이다. 비즈니스 관점의 인터넷 가치는 다음의 그림처럼 6개 주제로 나누어 설명할 수 있다.

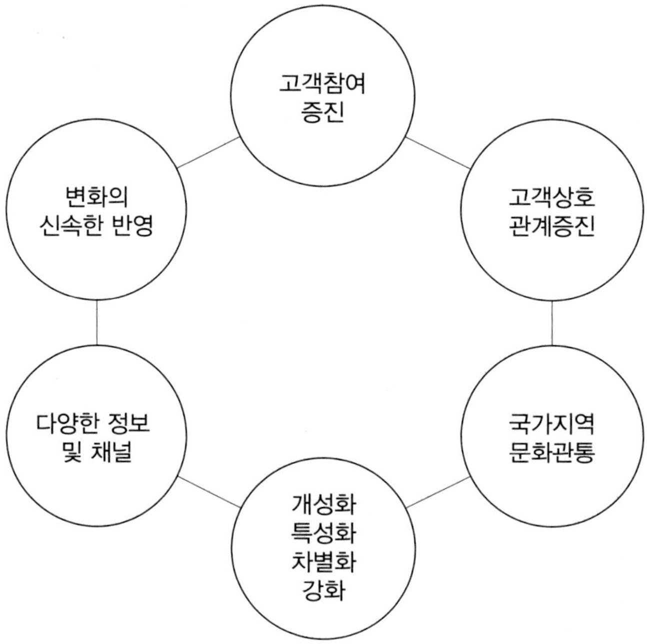

(1) 고객의 경영활동에의 참여 확대

인터넷은 고객이 자신의 요구사항과 불만을 보다 손쉬운 방법으로 전달할 수 있는 새로운 경로를 제공하였다. 기업은 오랫동안 고객의 음성을 듣고 그것을 경영에 반영하고 싶어해 왔는데, 이제 새로운 길이 현실화된 것이다. 기업의 웹사이트와 게시판, 이메일, 각종 홍보 SNS계정에서 고객들은 자신의 요구사항과 불만을 적극적으로 개진하고 토로할 수 있게 되었다. 고객과의 의사소통 빈도가 늘어남에 따라 고객의 중요성은 더욱 부각되었고 고객중심적 경영의 가치도 함께 부각될 수 있었다.

(2) 고객 상호간의 관계의 증진

인터넷은 고객들이 모여 상호간에 쉽게 정보를 교환하고 요구사항을 조직적으로 전달할 수 있는 사이버공간을 쉽게 제공해 주었다. 그래서 인터넷에서는 고객들이 집단적 관계를 형성하기가 매우 쉽다. 사실 상업적 포탈에는 같은 취미를 가졌거나, 같은 문제와 목적을 공유하는 사람들이 모인 수십만 개의 블로그나 카페가 개설되어 있다. 다수의 사람들이 공감할 수 있는 사회적 이슈(기부금 모금, 영화제작, 스토리개발 등)를 위해 쉽게 기부금을 모을 수 있는 크라우드펀딩도 한 예가 될 수 있다. 때로 기업에 불만을 가진 소비자 집단이 안티 사이트(anti site)를 개설하고 불매운동도 쉽게 추진할 수 있다. 기업들은 안티 사이트와 불매운동을 무조건 두려워할 것이 아니라 이를 경영혁신의 기회로 삼는다면 병을 치료할 수 있는 명약이 될 수도 있다. 이렇듯 고객 상호간의 관계를 쉽게 구축할 수 있도록 돕는 인터넷이 고객중심적 경영의 가치를 더욱 부각시켰다.

(3) 국가, 지역 문화의 관통

인터넷이 보편화된 환경에서 국가를 구분 짓는 국경의 의미는 점점 쇠퇴하고 있으며, 국가 간에 맺는 자유무역협정(FTA)은 이를 더욱 가속화시키고 있다. 인터넷이 확산되면 될수록 전 세계인은 비슷한 환경 하에서 인터넷을 통해 관계를 형성할 수 있으며, 세계는 거대한 단일시장으로 확대 개편됨에 따라 기업은 언제나 새로운 시장을 창출할 수 있는 기회를 가질 수 있다. 삼성전자와 애플과 같은 첨단기업들이 신제품개발, 생산설비, 우수인재에 천문학적인 투자를 하는 것은 세계의 거대 시장이 가져다줄 수 있는 규모의 경제의 이익을 보았기 때문이다. 알리바바와 같은 거대한 BtoB 전자상거래 사이트는 국경을 넘어 전 세계의 제조업체와 공급업체를 연결함으로써 쉽게 글로벌 소싱(sourcing)을 가능하게 하고 있다. 우리나라의 한류 콘텐츠는 유튜브와 같은 동영상 플랫폼을 통해 동남아시아, 유럽, 남미의 이용자들에게 쉽게 전파되어 소비될 수 있게 되었다. 이런 측면에서 개방형 인터넷이 갖는 비즈니스적 가치는 천문학적이라 할 수 있을 것이다.

(4) 개성화, 특성화, 차별화가 쉬워짐

사람과 집단은 일반적으로 타인과 구별하여 스스로를 차별화 하고자 하는 성향이 높은데 이는 인터넷이라는 사이버공간에서도 마찬가지다. 독특한 휴대폰 벨소리, 컬러링, 블로그 스킨, 아바타, 이모티콘, SNS 포스터 사진, 사진편집도구 등을 활용하여 자신은 타인과 다르다는 것을 쉽게 표현할 수 있다. 웹환경에서는 이러한 기능을 쉽게 구현해주는 웹 프로그래밍 도구와 기술들이 즐비하기 때문이다.

기업들 역시 이러한 소비자의 성향을 잘 알고 있기에 개인화(personalization) 서비스를 통해 고객의 마음을 사로잡고자 노력한다. 예를 들어, 전자상거래업체들은 고객이 자사의 웹사이트에서 클릭하거나 구매한 모든 상품들을 기억해 두었다가 고객의 흥미를 끌만한 유사 제품이나 세일 상품을 제시함으로써 구매동기를 높인다. 포탈은 블로그 사용자들에게 원하는 색상이나 레이아웃 그리고 메뉴를 선택할 수 있도록 돕는다. 모두가 1:1 개인화 서비스라 할 수 있다. 이렇게 쉽게 개인화를 할 수 있는 인터넷은 기업들 고객서비스 활동에 큰 가치를 제공한다고 볼 수 있다.

(5) 다양한 정보와 전달 채널

인터넷은 다양한 내용과 다양한 형식의 디지털 정보를 제공하는 새로운 전자채널이다. 사람들은 인터넷에서 문서, 음성, 이미지, 동영상, 애니메이션 등의 정보를 이메일, 전자게시판, 블로그, 커뮤니티, 각종 SNS미디어를 통해 얻을 수 있으며, 사용자의 접근 도구는 점차 PC에서 모바일기기로 옮겨가고 있다. 이렇게 고객에 대한 근접성과 밀착성이 강화됨에 따라 양질의 고객서비스와 호의적인 고객반응을 얻을 수 있다.

인터넷을 기반으로 정보제공이 다양해지는 상황에서 기업들은 정보자원관리에 대한 새로운 대응방식을 준비할 필요가 있다. 과거에 마케팅 활동을 PC를 기반으로 하였다면 이제는 모바일기기(스마트폰, 테블릿PC 등)를 기반으로 인터넷마케팅 및 홍보활동을 해야 할 것이다. 더구나 VR(가상현실), AR(증강현실) 등의 첨단기술을 활용하여 보다 열광적인 고객반응을 기대할 수도 있다.

다양한 유형의 정보를 확보가 쉬워졌지만 이러한 콘텐츠들이 모두 정보나 지식으로 활용될 수 있는 조건을 갖추고 있지는 않다. 진정한 가치는 인터넷에서 정보를 찾아내고 이를 의사결정과 경영에 유용하게 활용 가능할 때 가능한 것이다. 인터넷에서 자료를 찾아 그것을 기업의 경쟁력을 강화해줄 수 있는 차별적 정보로 가공할 때 비로소 인터넷의 가치는 빛난다. 빅데이터는 이러한 가능성을 더욱 확대해 주고 있다.

(6) 변신욕구의 신속한 반영, 변화주기의 단축

인터넷은 고객과의 밀착성이 뛰어나므로 시장의 변화와 고객의 요구를 신속히 파악할 수 있고, 이를 서비스와 상품의 설계에 반영함으로써 고객의 만족도를 향상시킬 수 있다. 고객의 소리를 실시간으로 청취할 수 있고 이에 대해 신속한 대응을 가능하게 하는 인터넷 환경은 비즈니스 유연성의 향상이라는 귀중한 가치를 가진다.

한편 이러한 인터넷의 속성 때문에 제품과 기술의 수명주기는 점점 짧아지고 있고, 기업들은 제품의 개발에서 출시에까지 걸리는 시간, 즉 time-to-market을 줄이기 위해 부단히 경쟁하는 시대에 이르렀다. 오늘날 스피트(속도)는 경영성과의 중요한 측도가 되고 있다. 빠른 경영을 위해서 기업들은 경영 전반에 스마트비즈니스화를 추진해야 할 것이다. 이를 위해 기업은 새로운 가치사슬(value chain)을 설계함으로써 비용만 발생하는 불필요한 경영활동을 제거함으로써 효율적인 비즈니스 프로세스를 재창출해야 한다.

제2절 스마트 비즈니스경영의 개념

스마트 비즈니스경영 개념을 한꺼번에 이해하기는 쉽지 않다. 여러 조직(특히 정보서비스 기업들)과 연구자들이 스마트 비즈니스에 대한 개념을 제시하면서 유사용어가 많아진 것이 그 한 이유이다. 스마트 비즈니스경영이라는 단어가 갖는 광범위성, 혁신성, 확장성을 고려한다면 간단히 정의 내리기는 일이 쉽지 않다. 그렇더라도 그 변천과정과 유사용어들을 이해함으로써 스마트 비즈니스경영의 이해에 좀 더 다가갈 수 있을 것이다.

스마트 비즈니스경영과 가장 쉽게 교환해서 쓸 수 있는 e-Business의 개념과 기타 유사용어들을 이해해 보자.

2.1 e-Business 개념의 변천

IBM의 e-비즈니스 개념

1997년 IBM이 e-Business라는 용어를 처음 사용했을 당시에는 전자상거래라는 용어가 유행하던 시기였다. 그 당시까지만 하더라도 인터넷을 통해 수익을 창출할 수 있는 경영활동은 판매행위가 유일했지만, IBM은 판매 외의 다른 경영활동에 대한 적용가능성을 제시하면서 e-Business 개념을 제시하였던 것이다.

IBM은 e-Business를 「인터넷 기술을 기반으로 핵심적인 경영 업무 수행과 시스템을 결합함으로써 다양한 비즈니스 가치를 광범위하고 편리하게 추구할 수 있는 안전하고 유연하며 통합된 비즈니스 방식」으로 정의하였다. 기존의 정보시스템과 인터넷의 광역성(개방성)을 통합함으로써, 고객, 직원, 공급업체 등의 핵심적인 비즈니스 활동에 직접 연결시키는 것을 의미하였다.

세계무역기구(WTO)

WTO는 e-Business를 통신 네트워크를 통해 제품을 생산, 광고, 유통, 판매하는 것이라고 정의하였는데, 제품의 생산, 판매 등 무역 관점에서 e-Business를 조망한 점이 특징이었다. 이 정의에는 물리적 상품의 교역에 초점을 두고 있다.

PriceWaterHouseCoopers(컨설팅회사)

PWC는 공공표준 기반 네트워크상(주로 인터넷을 말함)에서 제품, 서비스 및 정보의 판매를 용이하게 하는 정보기술의 응용이라고 e-Business를 정의하였는데, 이는 세계무역기구와는 달리 제품 외에도 서비스 및 정보 영역을 포함한다는 특징을 띠었다.

(전)정보통신부의 정의

정보통신부는 인터넷 및 이와 관련된 정보기술을 활용하여 이루어지는 전자적인 기업 활동이라고 e-Business를 정의하였으며, e-Business를 수행주체에 따라 BtoC, BtoB,

GtoB, GtoC 등으로 분류하였다. 아울러 유형, 무형의 상품 및 서비스의 기획, 설계, 생산, 유통, 마케팅 등 대내외 비즈니스 활동을 대상으로 포함하였다.

한국전산원

단순한 BtoC 활동의 경우는 전자상거래라고 할 수 있으나, 기업간 영업 및 마케팅 활동을 중심으로 기업간 정보(주문정보, 생산계획, 재고정보 등)공유와 의사결정 모형을 통합한 확장된 전자상거래를 e-Business라고 정의하였다.

전자거래기본법

끝으로 전자거래기본법은 e-Business라는 용어 대신에 '전자거래'라는 용어를 사용하였다. 전자거래기본법상의 전자거래는 「재화나 용역의 거래에 있어서 그 전부 또는 일부가 전자문서에 의하여 처리되는 거래」라고 정의하였다. 아울러 이익을 도모하는 상거래 외에도 조직차원의 이익을 도모하지 않는 일반적 거래까지 포함하였다.

2.2 e-비즈니스 한계 극복을 위한 스마트 비즈니스경영

ICT가 계속 발전하는 상황에서 e-Business를 완결된 개념으로 보기 보다는 계속적으로 진화하는 경영 패러다임과 경영철학으로 이해할 필요가 있다. 그렇지만 4차 산업혁명을 주도하는 기술목록을 보면 그간 e-비즈니스가 주로 다루었던 개방형 인터넷 환경의 전자상거래와 이와 함께하는 디지털정보시스템 만으로 설명할 수 없는 새로운 차원의 디지털화(digitalization)가 우리의 생활 및 경영환경을 전반적으로 변화시키고 있다. AI프로그램과 로봇은 다양한 서비스시스템을 자동화하며 인간을 대체하고 있으며, 드론의 출현은 공급망의 혁신을 공중으로 확장하고 있으며, 모든 사물에 컴퓨터가 부착되는 사물인터넷(IoT)은 컴퓨터끼리 만이 아닌 모든 인간과 사물의 소통을 가능하게 하면서 사회를 전반적으로 더 스마트(smart)하게 만들고 있다. 기업 역시 이러한 스마트추세에 발맞추어 비즈니스경영의 스마트화를 확대하기 위한 노력을 해야 한다.

따라서 *스마트 비즈니스경영은 4차 산업혁명을 주도하는 최첨단 ICT를 활용하여 기업의*

*모든 경영활동과 물리적 자산을 디지털화로 통합하고 경영프로세스를 효율적이고 유연하게 만듦으로써 조직의 효율성과 효과성을 극대화하고자 하는 혁신적 경영기법 또는 경영패러다임*으로 이해할 필요가 있다.

2.3 스마트 비즈니스경영의 의미

스마트 비즈니스경영의 의미를 대상경영활동, 적용기술, 기술적용 방식. 기대목표로 나누어 살펴보자.

1) 대상경영활동

스마트 비즈니스경영은 기업의 특정 분야로 한정하는 것이 아니라 기업의 모든 경영활동을 대상으로 해야 한다. 이미 성과를 내고 있는 영역은 물론 미래에 실현될 기대가치를 제시하고 있는 분야도 모두 포함한다. 경영활동의 주요 대상 분야는 계획, 조직화, 운영, 통제, 평가 등 전 분야에 걸쳐 적용되며, 포함하는 경영 기능은 인사관리, 재무 및 회계, 재고관리, 제조, 연구개발(R&D), 마케팅, 주문처리, 판매 및 영업, 물류 및 배송 등 모든 분야를 대상으로 한다.

2) 적용기술

스마트 비즈니스경영은 개방적 인터넷 기반기술과 4차 산업혁명을 촉발하고 있는 모든 디지털 정보기술을 포함한다. 즉 전통적 기술과 새로운 기술을 모두 포함하며 미래에 등장할 기술까지를 포함할 수 있는 여지를 남겨두는 것이 바람직하다.

스마트 비즈니스경영에 대한 그릇된 이해 가운데 하나가 인터넷 기술만이 스마트 비즈니세에 적용되는 기술로 생각하거나 인터넷 기술에만 정통하면 스마트 비즈니스경영이 가능한 것으로 생각하는 것이다. 그러나 스마트 비즈니스는 기존의 정보시스템과 새로운 4차 산업혁명을 촉발하는 정보기술들 그리고 인터넷이 갖는 공공 네트워크를 상호 연결하는 초연결사회를 지향하므로 인터넷 기술만으로는 부족하며, 하드웨어, 소프트웨어, 네트워크 관련 모든 전통적 정보기술에 인공지능(AI), 사물인터넷(IoT), VR/AR, 드론, 3D 프린팅, 스마트팩토리(공장)와 같은 향후에 계속 등장할 새로운 기술까지 포함하여야 한다. 따라서 다양한 영역에 대한 학습이 필요하고 미래지향적 학습과 열린 사고가 필요하다.

3) 기술 적용 방식

스마트 비즈니스경영은 모든 경영시스템과 물리적 자원들을 전자적(electronically)으로 통합하고 스마트화 한다. 인터넷 기반기술과 전통적 디지털 정보기술 각각이 전자적으로 통합되고 스마트화될 때 서로 다른 하드웨어 및 소프트웨어와의 이식성 및 상호운영성이 가능하게 된다. 만약 두 가지 기술이 각기 별도로 운영된다면 경제적인 관점에서 중복투자가 발생하여 비효율적일 것이다.

전자적 통합과 스마트화는 기술적용의 상승효과를 기대할 수 있으며, 조직전체의 스마트 비즈니스 경영시스템의 구축비용을 절감할 수도 있어 기술적 가능성 및 경제적 효과를 동시 얻을 수 있다. 예를 들면, 홈페이지 게시판이나 AS센터에 접수된 고객 요청사항, 불만사항을 체계적인 보고서 형태로 가공할 수 있는 프로세스나 데이터분석시스템이 없다면 이를 상품개발(R&D), 마케팅, 영업부서 등이 쉽게 공유할 수 없을 것이다.

4) 기대 목표

스마트 비즈니스경영은 경영의 효율성과 효과성을 균형 있게 극대화하고자 한다.

첫째로 추구해야 하는 것은 효율성(efficiency)이다. 효율성은 계량화가 가능한 수치로 나타내는 경영성과로서 생산량, 매출액, 원가절감, 시장점유율 등을 말한다. 효율성은 투입물 대비 산출물의 비율로 흔히 계산되며 생산성과 호환하여 사용되기도 한다.

둘째로 스마트 비즈니스경영은 효과성(effectiveness)을 추구해야 한다. 효과성은 수치로 표현하기 어려운 성과를 표현할 때 사용하는 것으로 고객만족도, 기업 이미지, 브랜드 인지도 등이 될 것이다. 효과성은 흔히 과업(일)을 올바르게 하는 것을 말한다.

스마트 비즈니스는 계량화 가능한 경영성과의 향상뿐만 아니라 계량화하기 어려운 정성적 경영성과 향상까지 균형적으로 추구한다. 예를 들어, 패스트푸드점에서 직원이 고객의 주문을 빨리 처리함으로써 주어진 시간에 더 많은 고객을 응대하는 것(효율성)도 중요하지만 고객응대매뉴얼을 잘 따름으로써 고객이 서비스에 만족하도록 하는 것(효과성) 역시 중요하다. 과도하게 경영의 효율성을 추구하다보면 효과성이 반감될 수 있다.

2.3 네트워크 관점에서 바라본 스마트 비즈니스경영 시스템: 인트라넷, 익스트라넷, 인터넷

스마트 비즈니스경영 시스템 이전에 네트워크의 영역 또는 비즈니스의 영역을 구분할 목적으로 많이 사용해온 기술적 용어 중에 하나가 인트라넷(intra-net)과 익스트라넷(extra-net)이다. 특히 이 두 용어는 개방형 인터넷이 출현하기 이전에 이미 존재했던 시스템들이다.

스마트 비즈니스 시대라고 해서 이 두 용어를 폐기하기보다 기업의 스마트 비즈니스경영을 가능하게 하는 인프라(기반설비)와 같은 정보시스템과 네트워크로 볼 필요가 있다. 즉 스마트 비즈니스는 전자적(Electronically)으로 인터넷 기술과 디지털 정보기술 모두를 스마트하게 통합 적용하는 것이므로 인터넷의 출현 이전에 구분하여 사용하였던 인트라넷과 익스트라넷도 당연히 통합의 대상이 되며 필요하다면 인터넷과 물 흐르듯이 연결되어야 한다(〈그림 2-1〉 참조).

1) 인트라넷(Intranet)이란 무엇인가?

인트라넷이란 기업 내부의 정보 활용을 촉진시키기 위한 인터넷 기반의 정보시스템 환경을 말한다. 조직 내부의 모든 업무처리 지원과 자료처리 및 정보 산출과 제공을 인터넷에서 이용하고 있는 개방형 TCP/IP 프로토콜을 기준으로해서 처리하는 개념의 정보시스템 환경이다. 인트라넷이라는 용어는 인트라(Intra) 내부라는 의미의 단어와 인터넷(Internet)이라는 단어의 합성어이다.

인트라넷이 인터넷 이전의 폐쇄지향적인 정보시스템과 네트워크와는 구분된다. 과거의 정보시스템은 개방형 네트워크인 인터넷을 고려하지 않은 상태, 즉 외부 조직과의 연결을 고려하지 않고 조직 내부의 업무를 지원하는데 중점을 둔 시스템이다. 그러나 인터넷 기술을 응용하면 사무실에서 내부적으로만 처리할 수 있었던 많은 일들을 익스트라넷과 인터넷을 통해 어느 장소(any place)에서나 어느 시간(any time)에나 처리할 수 있게 된다. 즉 유무선 인터넷에만 연결되어 있다면 집에서도 회사 일을 할 수 있고, 출장 중에 공무를 처리할 수 있게 되는 것이다. 인트라넷은 이런 개방성을 강조하는 인터넷 기반 내부 정보시스템을 말한다.

그러나 인트라넷은 스마트 비즈니스경영 시스템의 한 부분일 분 충분조건은 못된다. 인터넷을 이용한 정보시스템이라는 측면에서 인트라넷을 스마트 비즈니스라고 할 수는 있지만 조직내부의 업무만 지원한다는 점에서 스마트 비즈니스의 충분조건은 되지 못한다. 즉, 조직외부의 공급자와 협력하여 업무를 처리하는 일, 고객이 쇼핑몰에서 직접 상품을 주문하는 일, 웹사이트를 통해 고객이 남긴 정보를 수집하거나 인터넷 마케팅을 수행하는 일은 인트라넷의 범주를 넘어가는 일이다.

따라서 인트라넷이라는 용어가 현재에도 사용되고 있기는 하지만 이는 스마트 비즈니스 경영 시스템 전부를 포함하지는 않으므로 제한적이라 할 수 있다.

2) 익스트라넷(Extranet)이란 무엇인가?

익스트라넷(Extranet)은 개방형 구조의 인터넷을 통해 기업체들의 인트라넷을 상호 연결한 것으로 정의할 수 있다. 마크 안드레센(Mark Andreessen)은 익스트라넷을 공통적인 목표를 공유하는 비즈니스 공급업체와 고객 또는 다른 비즈니스 업체와 연결하기 위해 인터넷 기술을 사용하여 정보의 공유와 수행 시스템의 통합을 추진하는 협력 네트워크으로 정의하였으며, 이는 SCM(공급망 관리) 시스템의 근간이 된다.

익스트라넷은 조직과 조직 간의 정보시스템을 인터넷을 통해 연결한 형태이며, 이때 익스트라넷을 구성하는 조직의 정보시스템도 인터넷 기반에서 운영되는 인트라넷 구조가 되어야 함은 당연하다. 즉 개별 기업들이 자신의 인트라넷을 구축하지 않았다면 익스트라넷에 편입될 수 없을 것이다.

익스트라넷 역시 스마트 비즈니스 시스템의 한 부분일 분 충분조건은 되지 못한다. 그 이유는 인터넷을 이용해서 다른 조직들의 정보시스템들을 상호연결한다는 측면에서 익스트라넷을 스마트 비즈니스 시스템의 일부라 할 수 있지만 조직들의 정보시스템들을 상호 연동을 통해 협력적 업무연결만을 지원할 뿐이어서 스마트 비즈니스 시스템의 충분조건은 되지 못한다. 예를 들어, 고객이 쇼핑몰에서 직접 상품을 구매할 때 연동되는 기업의 주문 시스템이나 재고시스템 그리고 전자결제시스템 등은 해당 기업의 인트라넷에 속하지 익스트라넷에 속하는 부분은 아니기 때문에 익스트라넷 만으로 스마트 비즈니스를 온전히 설명하지 못한다. 따라서 익스트라넷이라는 용어는 현재에도 사용되고 있기는 하지만 이는 스마트 비즈니스경영 시스템 전부를 포함하지는 않으며 단지 서로 다른 조직의 시스템들의 연결성을 강조하는 용어여서 제한적이라 할 수 있다.

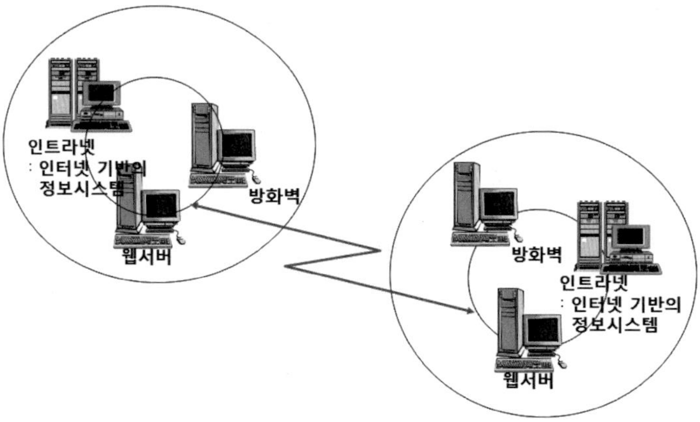

〈그림 2-1〉 인트라넷과 익스트라넷의 구성

결론적으로 인트라넷과 익스트라넷을 통합 적용하는 것이 스마트 비즈니스경영이다. 즉 스마트 비즈니스를 실행하고 성과를 거두기 위해서는 기업 내부의 디지털화도 인터넷을 기반으로 추진되어야 하므로 인트라넷이 필요하다. 아울러 기업 간 협업을 통해 보다 스마트한 비즈니스를 수행하기 위해서는 익스트라넷 역시 필요하다. 원자재 조달업무의 정보화를 추진하는 경우, 특정기업만의 노력으로 되는 것이 아니라 관련된 부품업체 모두 내부 디지털화(예: 인트라넷)가 먼저 추진되어야 하고, 업무협조가 긴밀하게 이루어지기 위해서는 상호간에 정보시스템 연결이 필요하다.

기업간 비즈니스 실행(BtoB)이나 기업과 정부 및 공공기관과의 비즈니스 실행(BtoG)을 위해서는 인트라넷과 익스트라넷의 전자적 통합이 필요적이다. 어느 것 한 가지라도 불충분하다면 기대한 목표를 달성할 수 없을 것이다.

3) 인터넷이란 무엇인가?

여기서 인터넷은 인트라넷과 익스트라넷, 두 용어의 맥락에서 이해할 필요가 있다. 익스트라넷은 기업과 기업끼리 연결해 주는 개방형 네트워크를 의미하고, 이 네트워크로 묶여지기 위해서는 개개의 기업들이 인트라넷을 구축하여야 한다. 비즈니스 영역의 구분을 위해 만들어진 용어지만 결국 인트라넷과 익스트라넷의 공통적인 특징은 개방형 인터넷 환경에 연결되어야 한다는 점이다.

오늘날 World Wide Web은 개방형 인터넷 프로토콜 TCP/IP를 기반으로 구축된 네트워크이다. 결국 인트라넷과 익스트라넥은 궁극적으로 WWW 인터넷에 연결할 수 있는 환경을 갖춘 것이므로 불특정다수인 인터넷 서퍼들이 개별 기업들이 허용한 인트라넷(홈페이지, 주문시스템, 공개게시판 등)에 들어올 수 있는 비즈니스 영역으로 볼 수 있다. 만일 기업이 전자상거래사이트를 구축하여 외부에 공개하였다면 고객들은 상거래를 위해 기업이 허용한 인트라넷으로 들어갈 수 있는 것이다.

굳이 비유를 하자면 인터넷은 큰 사과나무이며 인트라넷은 열려 있는 개개의 사과이며 익스트라넷은 줄기라고 할 수 있다.

제3절 유사용어의 이해

인터넷 비즈니스, 모바일 비즈니스, e-비즈니스, 스마트비즈니스 등 용어에 혼란이 발생하는 이유는 무엇일까? 많은 저술가와 IT마케터들이 비슷한 개념에 다양한 유사용어를 사용함에 따라 스마트비즈니스 경영을 이해하는데도 혼란이 발생하였다. 초기에는 e-Business와 전자상거래를 동일시하는 실수도 범하였다. 그렇지만 새로운 정보기술이 우후죽순처럼 쏟아져 나오는 시대에 스마트 비즈니스경영의 개념, 범위, 구성요소를 바르게 이해하지 않음으로써 4차 산업혁명시대를 맞아 잘못된 사업전략, 조직전략, 시스템전략을 세움으로써 경영실패 또는 경쟁력 상실을 초래할 수도 있다.

3.1 혼란을 일으킨 유사개념들

혼란을 불러일으킨 유사개념들은 아래에 설명되어 있다. 이러한 유사용어가 출현한 배경과 용어의 뜻을 이해함으로써 그 동안 IT환경이 엄청나게 변화해 왔으며, 이제 4차 산업혁명의 진행에 따른 보다 적절한 용어의 선택과 사용이 중요하다는 것을 알 수 있다.

1) 인터넷 비즈니스

e-Business를 대신해서 사용되기도 하고, 중복된 모호함으로 인해 가장 혼란스러운 용어이다. 인터넷 비즈니스는 주로 인터넷을 통해 비즈니스를 수행하는 경우를 말하므로 인터넷이라는 특징을 적절히 반영하고 있다. 그렇지만 다음과 같은 개념의 한계가 있음을 이해하고 사용할 필요가 있을 것이다.

(1) 인터넷 비즈니스는 적용되는 기술이나 기법을 인터넷에 한정하기 때문에 다른 디지털 정보기술을 포함할 수 없다는 한계가 있다.

(2) 기존의 정보시스템과의 확장된 연계성에 대해서는 디지털 정보기술요소를 고려하지 않기 때문 유연성을 발휘할 수 없다는 개념적 한계가 있다.

2) 웹-비즈니스

전자상거래가 구현되는 기반이 World Wide Web인 관계로 인터넷 비즈니스와 비슷한 의미를 담은 용어이다. 특히 인터넷 서비스 가운데 사용자 편의성과 확산 범주가 넓기 때문에 특별히 웹을 지정해서 붙인 개념으로 볼 수 있지만 다음과 같은 한계가 있음을 이해하고 사용해야 한다.

웹-비즈니스는 인터넷 비즈니스보다도 더 좁은 내용이다. 전자상거래에 적용되는 인터넷 기술 또는 프로토콜이 World Wide Web에서 사용하는 HTTP에 한정하기 때문에 TCP/IP라는 개방형 프로토콜을 사용하는 산업전체의 네트워크 환경을 충분히 반영하지 못한다는 한계가 있다. 따라서 급격히 확대되는 스마트 비즈니스의 특성을 반영하기에는 근본적 한계를 내포하고 있다.

3) e-Service

IBM의 경쟁업체인 Hewlett-Packard가 e-Service란 용어를 사용하였다. 인터넷을 통해 새로운 매출 흐름을 주도하거나 새로운 효율성을 창조하는데 사용할 수 있는 모든 자산을 의미한다. 인터넷 기술을 강조하며 인적, 물적, 금전적 자산 모두를 대상으로 한다.

한 때 Hewlett-Packard는 e-Service가 스마트 비즈니스 보다 상위의 개념이라고 주장하였지만 이러한 주장에는 무리가 있다. 서비스와 비즈니스라는 용어를 비교해 보자면 비즈니스 영역은 서비스와 물리적 제품으로 구분할 수 있다. 따라서 e-Service는 전체 비즈니스 내용의 절반만 대변하게 되는 한계가 있는 것이다.

스마트 비즈니스는 인터넷만으로 구현되는 것이 아니기 때문에 HP가 말하는 e-Service 정의는 새로운 경영 패러다임을 대표하기에는 부족하다.

[참고 자료] 웹 서비스(Web Services)

인터넷 기반 컴퓨팅은 1세대 인터넷 기반 분산 시스템이며, 인터넷을 기반으로 한 2세대 분산 컴퓨팅을 웹 서비스라 부른다. 이 용어는 오늘날 발전한 개방형 인터넷을 적극 활용하여 전자적 거래를 분산해서 협조 처리하는 환경을 의미한다. 웹 서비스는 인터넷 주소인 URL(Uniform Resource Locator)[2)]을 가진 소프트웨어 모듈을 말하는 것으로 인터넷을 통해 호출하면 프로그램된 기능, 즉 서비스를 수행하는 것이다 (McNurlin 등, 2009).

웹 서비스는 컴퓨터와 컴퓨터 끼리 교신하는 것도 포함한다. 한 컴퓨터 프로그램이 인터넷을 통해 다른 특정 프로그램의 실행을 요청할 수 있고 실행 결과를 돌려주기도 한다. 예

2) 인터넷에서 접근 가능한 자원의 주소를 일관되게 표현할 수 있는 형식을 말한다. 자원의 형태는 인터넷 프로토콜에 따라 다를 수 있다. 즉, WWW 프로토콜인 HTTP를 사용하는 경우, 자원이란 HTML 페이지, 이미지 파일, CGI나 자바 애플릿과 같은 프로그램, 기타 HTTP가 지원하는 다른 파일들이 될 수 있다. URL은 자원에 접근하는데 필요한 프로토콜의 이름, 인터넷에서 특정한 컴퓨터를 식별하기 위한 도메인 이름, 그리고 컴퓨터 파일의 위치를 계층적으로 나타낸 경로명 등으로 구성된다. 예를 들면, http://www.metro.seoul.kr/kor

를 들면, 인터넷 전자상거래를 위해 대금 결제를 할 때 전자상거래 업체의 서버가 대금 결제에 필요한 고객의 정보를 신용카드 회사의 서버로 전달한 후 결제요청을 하면 처리 결과를 다시 전자상거래 업체의 서버로 보내는 주는 것 같다.

전문가에 따라 웹 서비스가 수행할 수 있는 기능(목적)은 다양하다. 혹자는 웹 서비스가 독자적인 기능을 수행하는 수많은 소프트웨어 모듈들을 모아 거대하고 복잡한 시스템을 만들 수 있어 차세대 분산 처리로 보는 시각도 있다. 또한 이 웹 서비스는 기업들끼리 수행하는 수많은 컴퓨팅을 쉽게 실현할 수 있도록 하는 허브로써 인터넷의 위상을 격상시키고 있다. 웹 서비스가 발전하면서 기업들은 자체적으로 프로그램 코드를 개발하여 축적할 필요가 없게 된다. 마치 잡지를 구독하듯이 필요한 기능을 수행하는 소프트웨어를 웹 서비스를 통해 구매하면 되는 것이다. 뿐만 아니라 웹 서비스는 기업들이 보유하고 있는 기존 시스템의 기능(프로그램 모듈)을 재포장하여 다른 조직이 쓸 수 있도록 할 수 있다. 예를 들면, 한 금융기관이 개발한 결제시스템을 재포장(wrapping)하여 다른 은행이 쓸 수 있는 웹 서비스로 제공할 수도 있으며, 한 인터넷 쇼핑몰이 자신의 고객들이 선택한 물건들을 장바구니에 넣을 수 있도록 하는 프로그램을 개발하였다면 이것을 다른 쇼핑몰 회사에 대여할 수도 있는 것이다. 전 세계적으로 웹 서비스가 가능하게 된 것은 3가지 소프트웨어 표준(XML, WSDL, UDDI)과 3가지 통신 프로토콜(SOAP, HTTP, TCP/IP)이 있었기 때문이다.

결론적으로 웹 서비스는 오늘날 기업들이 자신의 웹어플리케이션을 구축할 때 네트워크를 통해 활용할 수 있는 서비스(상업적이면서 때로는 무료)의 일종이므로 스마트 비즈니스 시스템을 구축할 때도 필요한 기술적 지원이라 할 수 있다.

3.2 혼란을 극복하기 위한 팁

위의 유사한 용어들로 인해 개념설정에 혼란이 있다면 이를 교정하기 위한 노력이 필요하다. 그렇다면 스마트 비즈니스경영에 대한 다음의 질문에 각자 대답해 보자.

- 인터넷 기술만을 활용하는 비즈니스이다. *아니다*
- 인터넷과 연관한 모든 비즈니스이다. *아니다*
- 인터넷 기술 외에도 전통적 디지털 정보기술과 최신 4차 산업혁명을 구성하는 기

술의 적용이 필요하다. *맞다*

▸ 적용 기술, 조직의 성격, 사업내용에 따른 구분보다는 경영 패러다임의 변화라는 사실을 중시해야 한다. *맞다*

[사례: 파워 인터뷰] "핵심 자산으로 떠오른 데이터, 디지털화 못하는 기업은 도태될 수밖에 없다"

"앞으로 기술 기업이 아니면 살아남지 못할 것이다."

자크 부긴(Bughin) 맥킨지 글로벌연구소장은 인터뷰에서 여러 차례 기술 기업을 강조했다. 기술 기업 여부는 기업이 얼마나 디지털화를 깊게 이해하고 실천하는지에 달려 있다. 그중에서도 핵심 자산은 정보, 곧 데이터다. 그는 "데이터를 효과적으로 수집·가공하고 필요에 따라 다양한 이해 관계자와 폭넓게 교류하는 기업과 도시가 성공하는 시대"라고 말했다. 그는 데이터 중심의 경제에서 한국이 경쟁력을 확보하려면 자본과 인재, 정보가 집중되는 메가시티(Megacity·거대 도시)를 키워야 한다고 조언했다.

① 데이터 활용해 새 가치 창출

Q. 경제에서 그 어느 때보다 지식과 정보의 중요성이 커졌다고 주장했다. 무역에는 어떤 영향을 미치고 있는가.

A. 무역의 흐름도 바뀌고 있다. 20세기 국가 간 무역은 물건을 수출하고 수입하는 일이었다. 그래서 무역에 필요한 인프라를 갖춘 선진국과 대기업이 우위를 점했다. 무역에 '중력의 법칙'이라는 게 있는데, 국가 간 물리적 거리가 100㎞씩 멀어질 때마다 교역량이 절반으로 줄어든다는 법칙이다. 거리가 떨어질수록 제품을 운송하는 데 드는 비용도 증가하기 때문이다. 오늘날 무역은 정보, 지식, 데이터의 교류가 주를 이룬다. 배나 비행기로 운반할 필요가 없는 무형(intangible) 자산이다. 이와 함께 '중력의 법칙'도 사라지고 있다. 세계 어

디서나 핀테크 앱으로 금융 서비스를 이용할 수 있고, 넷플릭스에서 영화를 시청할 수 있다. 물건을 교류하는 시대는 갔다. 데이터와 플랫폼, 기술 경쟁력을 지닌 기업이 국제무역도 주도할 것이다.

Q. 새로운 경제는 어떻게 다른가.

A. 데이터가 핵심 자산으로 떠올랐다. 무형의 정보와 지식 등이 전부 디지털화되면서 데이터의 수집과 처리, 분류 등이 중요해졌다. 중소기업이나 개인 사업자도 데이터만 잘 활용하면 새로운 가치를 창출해낼 수 있다. 데이터는 독점이 어렵고 워낙 방대하기 때문에 수많은 기업에 기회를 제공한다. 다만 교류의 대상이 제품에서 데이터로 바뀌면서 사이버 보안 위협도 커질 것으로 예상한다. 기업의 중요한 자료나 기밀을 빼내려는 해커들이 기승을 부릴 것이다. 사이버 범죄자들은 갈수록 교묘한 방법으로 정보 탈취를 시도할 것이기 때문에 기업은 보안 강화에 주력해야 한다.

② 업무 각 분야의 디지털화

Q. 기업이 이런 환경에 적응하려면 어떻게 해야 하는가.

A. 데이터를 활용하지 못하는 기업은 뒤처질 수밖에 없다. 우선 디지털 기술부터 완전히 습득해야 한다. 이후 관련 온라인 플랫폼을 구축하고 물류 시스템과 빅데이터 분석 기술을 강화해야 한다. 말처럼 쉽지 않다. 과거보다 훨씬 복잡한 기술을 요구하기 때문에 평범한 기업은 살아남지 못할 것이다. 과거에는 단순 제조 기술과 고객 서비스만으로도 사업을 운영할 수 있었다. 앞으로는 모든 기업이 디지털 기술을 마스터해야 한다. 대부분 기업 문화와 전략을 디지털 환경에 맞춰 재구성해야 한다.

수많은 기업이 시작하기 전부터 겁을 낸다. 이들은 우버, 아마존 등 태생이 디지털인 기업들이 경쟁 우위를 점한다고 생각한다. 그러나 오늘날 업계에서 두각을 드러내는 기업의 3분의 2는 디지털 기업으로 변신에 성공한 기업들이다. 넷플릭스도 DVD를 빌려주던 기업에서 온라인 콘텐츠 강자로 완전히 탈바꿈한 기업이라는 사실을 잊어서는 안 된다. 만약 월마트가 디지털 DNA를 갖춘다면 아마존보다 위협적인 존재가 될 수도 있다.

③ 해외 기업과 교류 확대

Q. 한국 기업들의 경쟁력을 평가한다면.

A. 국가나 기업이나 한 우물만 파는 것은 피하라고 권장하고 싶다. 정부 관계자 중에는 첨단 기술 투자에 주력해야 한다고 착각하는 이가 많다. 극단적인 전문화는 바람직하지 않다. 첨단 기술이 세계 GDP에서 차지하는 비중은 30%에 불과하다. 나머지 70%도 골고루 육성해야 한다. 한국 기업은 반도체 등 특정 산업에 전문성을 지니고 있지만, 다양성이 부족하다는 단점이 있다. 주력 산업을 다각화할 필요가 있다. 한국은 통신 등의 IT 인프라는 훌륭한 데 비해 '연결성'이 부족하다. 연결성이란 인적 자본, 금융, 데이터 등 다양한 정보를 다른 국가와 주고받는 정도를 뜻한다. 맥킨지 조사 결과, 전 세계 131개국의 평균 연결성은 35%다. 싱가포르처럼 연결성이 65~70%에 달하는 초연결 국가도 있다. 한국은 20%로 평균 이하다. 특히 국가 간 데이터 흐름의 강도가 약하다. 금융 정보만 해도 아시아에서는 홍콩과 일본으로 흘러 들어가고 생성되는 경향이 강하다. 한국 정부는 연결성을 강화하는 정책을 마련해야 한다.

20세기 vs 21세기

20세기	21세기
가전, 식품 등의 제품 교류	데이터, 정보 등 무형자산의 교류 확산
선진국 간 교류	국제무역에서 개발도상국의 역할 확대
자본·노동집약형 제품 교역	지식 기반 교역 확대
운송·교통 인프라 중심	디지털 인프라의 중요성 부상
다국적기업이 무역 주도	중소기업과 개인의 비중 증가
돈 주고 제품과 서비스 거래	무료 콘텐츠와 서비스의 교환 증가
아이디어 확산 속도 느림	언제 어디서나 정보를 실시간으로 접할 수 있음
혁신이 선진국에서 개발도상국으로 이동	혁신이 쌍방향으로 이동

④ 메가시티의 전문성 활용

Q. 기업 간, 국가 간 연결성을 강화하려면 어떻게 해야 하는가.

A. 도시를 중심으로 전문성을 분산해야 한다. 미국이 앞서가는 이유는 첨단 기술 중심지인 실리콘밸리, 금융 허브인 뉴욕, 미디어 · 엔터테인먼트가 강점인 로스앤젤레스, 바이오 · 헬스케어에 전문성을 보유한 보스턴 등 도시를 고루 갖추고 있다는 데 기인한다. 현재 글로벌 GDP의 50%는 도시에서 생성될 정도로 도시의 역할이 커졌다. 도시로 정보와 자본이 집중되는 현상은 앞으로 심화될 전망이다.

미래에는 인구 1000만이 넘는 메가시티가 혁신과 교역의 중심지로 자리매김할 것이다. 30년 뒤 우리가 살고 있는 도시의 크기는 지금의 2~5배로 커질 것이다. 지금은 메가시티가 약 8개지만, 조만간 100개 가까이 생겨날 것으로 예상한다. 메가시티로 촘촘하게 연결된 세상이 우리의 미래다. 도시를 육성하지 않으면 미래가 없다.

[자료원] 조선일보 Weekly Biz, 이재은 기자, 2018.7.14.

[사례연구] 샤오미의 고객참여경영

시작 11년 만에 세계 최강으로 부상한 중국 고속전철의 초고속 약진이 우리에게 충격을 주었다. 김범수 다음카카오 이사회 의장은 이것을 '공포감'으로 표현했다. 지난주 한 포럼에서 그는 "죽어라 뛰는데 차(중국 기업)가 휙 지나가는 느낌을 아느냐"며 자신을 떨게 하는 공포의 실체를 토로했다. 모바일 분야에서 중국이 우리를 "무려 2년" 앞섰다며 곧 엄청난 해일로 덮쳐올 것이라고도 했다. 카카오톡을 만든 대한민국 혁신의 아이콘도 중국발(發) 공포엔 속수무책인 듯했다.

김 의장이 예로 든 게 IT 업체 샤오미(小米)다. 창립 5년 된 이 신생 기업이 천하의 삼성전자를 위협할 것이라고는 누구도 상상조차 못했다. 지난해 샤오미는 중국 스마트폰 시장 1위로 올라섰다. 부동(不動)의 중국 1위를 달리던 삼성은 여기에 밀려 4위까지 추락했다. 처음엔 저가(低價) 베끼기 공세려니 했다. 하지만 알고 보니 그게 아니었다. 샤오미 쇼크는 놀라운 혁신의 결과였다. 애플과도 다르고 삼성은 흉내조차 내기 힘든 새로운 비즈니스 모델을 창조한 것이었다.

샤오미의 경영 모델은 하버드 비즈니스 스쿨의 사례 연구에 나오는 어떤 선진 기업보다 인상적이다. 핵심은 그들이 외치는 '사용자를 친구로'란 구호에 압축돼 있다. 보통의 기업에 고객이란 돈지갑을 열게 해야 하는 대상이다. 반면 샤오미는 고객과 친구처럼 지속적인 관계를 맺는 전략을 구사한다. 고객들이 친구가 돼 비즈니스 프로세스 전반을 도와주도록 한다는 개념이다. 키워드는 '참여'다. 샤오미는 연구·개발과 서비스, 경영 판단에까지 고객을 참여시켰다. 고객에게 제품이 아니라 '참여감(感)'을 팔겠다는 것이었다.

이를테면 이런 식이다. 샤오미 스마트폰의 OS(운영체제)는 일주일마다 새롭게 업데이트된다. 이런 말도 안 되는 속도전(戰)이 가능한 것은 '10만명 개발팀'을 거느린 덕분이다. 샤오미의 개발팀 직원은 100명뿐이다. 하지만 10만명에 달하는 열성 고객이 업데이트 작업에 참여해 문제점을 발굴하고 개선점을 제시해준다. 샤오미는 제품 광고도 하지 않는다. 친구 같은 고객들이 인터넷과 SNS를 통해 소문을 내주기 때문이다. 지금까지 어떤 혁신 기업도 이렇게 거대한 고객 집단의 자발적 참여를 이끌어내지 못했다.

자발적 참여의 비결은 고객들을 '놀게' 하는 것이다. 샤오미는 고객이 스마트폰을 '사용'하지 않고 '갖고 논다'는 개념으로 접근한다. 샤오미는 참여감을 제공한 '놀이터'를 펼쳐놓을 뿐이다. 그러면 고객이 스스로 찾아와 놀고 즐기며 새로운 가치를 창출해준다는 것이다. 샤오미의 하드웨어는 아이폰을 베꼈을지 몰라도 경영 철학은 어느 첨단 기업보다 독창성이 넘친다. 고객층이 충성스럽기로 유명한 애플도 이런 참여형 경영은 생각하지 못했다.

중국 하면 우리는 싸구려 모조(模造) 이미지를 떠올려 왔다. 빨리 베껴 싸게 파는 주특기로 우리를 추격하지만 수준은 한 수 아래라고 여겼다. 그러나 이젠 중국발 공포의 실체가 양(量)에서 질(質)로 바뀌었다. 거의 대등하게 우리와 품질을 겨루면서 어느 분야에선 이미 우리를 능가했다. 그들을 배우고 때에 따라선 베껴야 할 분야가 속속 나오고 있는 것이다.

지난주 김무성 새누리당 대표가 소속 의원들에게 '축적의 시간'이란 책을 나눠주었다. 자기 분야 최고 전문가인 서울대 공대 교수 26명이 "목에 칼이 들어왔다"며 산업 기술의 위기를 증언한 책이었다. 김 대표가 왜 이 책에 꽂혔는지는 알 수 없지만 내가 오싹했던 대목은 역시 중국 공포였다.

집필에 참여한 교수들은 중국이 '생산 공장'을 넘어 '혁신 공장'이 됐다고 진단했다. 중국이 거의 전 산업 영역에서 세계 최초 모델을 제시하는 경우가 많아졌다. 어떤 분야에선 우리가 중국에서 배우는 것이 이미 상식이 됐다는 것이다. 기술 축적에 필요한 시간적 제약을 중국은 거대한 공간(내수 시장)의 힘으로 극복해냈다.

이미 일부 제조업 현장에선 중국 제품을 베끼는 현상이 벌어지고 있다. 한 교수는 국내의 한 중전기(重電機) 단지를 찾아갔을 때 목격한 충격적 장면을 전했다. 연구소 한쪽에 중국 제품을 갖다 놓고 그것을 본떠 제품을 설계하더라는 것이었다. 이런 '역(逆)베끼기' 현상은 점차 뚜렷해질 것이다.

서울대 공대 교수 26명의 조언은 냉혹하다. 우리가 중국에서 배워야 하는 현실을 "절대 부끄러워하지 말라"는 것이다. 중국산 '짝퉁'을 비웃었던 우리가 이제 중국을 모델 삼아 베껴야 하는 운명의 순간이 왔다.

[자료원] 조선일보, 박정훈 칼럼, "중국에게 배우는 걸 부끄러워 말라", 2015.10.02.

CHAPTER

03

스마트 비즈니스경영의 등장과 차별성

스마트 비즈니스경영의 등장과정과 차별성을 정확히 이해하면, 현실에서 스마트 비즈니스를 실행할 때 새로운 기회를 발견할 수 있다.

제3장
스마트 비즈니스경영의 등장과 차별성

Key Point

- 스마트 비즈니스경영의 등장과정과 차별성을 정확히 이해하면, 현실에서 스마트 비즈니스를 실행할 때 새로운 기회를 발견할 수 있다.

주요 내용

- 스마트 비즈니스경영의 등장과정에 대한 이해
- 비즈니스관점에서 바라본 스마트 비즈니스경영 등장과정
- 기술발전에 따른 스마트 비즈니스의 현실화 과정
- 스마트 비즈니스경영과 전통적 경영방식의 공통점과 차이점
- 스마트 비즈니스 시스템과 전통적 정보시스템의 공통점
- 스마트 비즈니스 시스템과 전통적 정보시스템의 차이
- [IBM의 e-비즈니스] 조선일보 12.7.30 광고

제1절 스마트 비즈니스경영의 등장과정에 대한 이해

스마트 비즈니스경영을 개념으로만 설명한다면 어느 순간 갑자기 등장한 개념으로 이해하는 경향이 발생한다. 즉 한순간의 유행으로 생각하고 무시하는 바람직하지 않은 경향이 발생하는 것이다. 특히 인터넷 기반기술과 디지털 정보기술을 활용한다고 해서 전자상거래와 동일시하는 문제가 발생한다. 일시적인 유행이 아닌 활용 중심의 스마트 비즈니스경영을 제대로 알기 위해서 스마트 비즈니스경영의 등장과정에 대한 이해가 필요하다.

1.1 활용 중심의 스마트 비즈니스경영의 이해

▸스마트 비즈니스경영의 정착과 올바른 이해의 출발

인터넷이 폭발적으로 확산되었어도 e-Business를 거친 스마트 비즈니스경영이라는 용어가 정착되기까지는 몇 단계의 변화 과정이 있었다. 스마트 비즈니스경영의 개념체계와 구성체계가 제대로 된 모습을 형성하기까지는 주변 경영환경의 변화와 정보기술의 변화가 동시에 수반되었기 때문이다. 따라서 앞서 언급하였듯이 스마트 비즈니스경영을 단순히 새로운 경영기법의 등장 또는 새로운 개념으로 이해하거나 일시적 유행으로 보는 것은 적절하지 못하다. 대신 혁신적 경영 패러다임의 변화와 경영방식의 변화로 이해하는 것이 보다 바람직하다.

▸ 활용 중심의 스마트 비즈니스경영의 이해

단편적 트렌드의 변화만으로 보기보다는 〈그림 3-1〉과 같이 종합적으로 접근하는 것이 필요하다. 먼저 비즈니스 환경변화의 관점에서 스마트 비즈니스경영이 등장한 과정과 흐름을 이해한 후, 정보기술의 변화를 파악하고 기술발전이 스마트 비즈니스경영의 현실화에 기여한 내용을 파악할 필요가 있다.

이어 두 가지를 종합적으로 이해한 후 개념이 아닌 활용 중심의 실용적 관점으로 접근하는 것이 매우 중요하다.

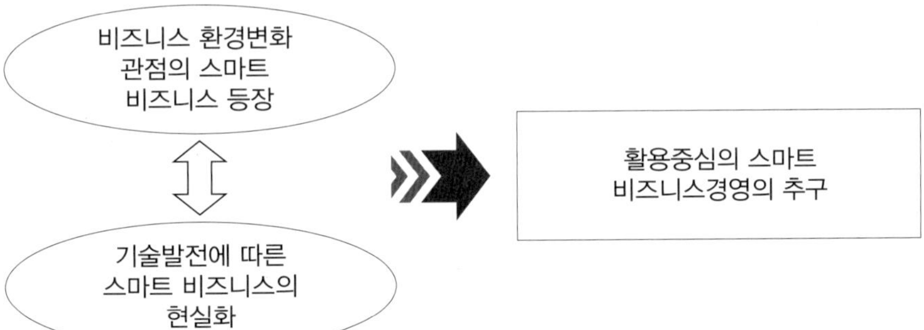

〈그림 3-1〉 활용중심의 스마트 비즈니스경영 접근체계

스마트 비즈니스경영을 단기간동안 유행하는 경영기법 정도로 볼 것이 아니라, 기업의 체질강화와 조직역량 강화를 통해 경영성과를 향상시키고 경쟁력을 강화하는 핵심능력의 하나로 인식해야 한다. 기업은 새로운 기회를 발견하기 위해 조직적 기반을 갖추는 전략적 시각을 보유할 필요가 있으며, 개념 중심의 스마트 비즈니스전략이 아니라 경영성과에 실질적으로 기여할 수 있는 활용중심의 스마트 비즈니스로 이해하는 것이 필요하다.

1.2 전자상거래보다 넓은 개념 – 스마트 비즈니스경영

아직도 스마트 비즈니스를 전자상거래 정도로 생각하는 것은 큰 오해이다. 스마트 비즈니스의 이전 용어인 e-Business란 용어가 처음 등장한 것은 1997년에 IBM이 마케팅을 위해 새로운 용어를 사용하기 시작하면서부터이다. 그 당시까지도 기업들이 관심을 갖던 분야는 전자상거래가 전부여서 체계화된 e-Business는 물론 오늘날 스마트 비즈니스경영의 개념이 정립될 수 없었다. 이 후 많은 연구자와 기업 및 조직들이 노력한 결과 e-Business 그리고 스마트 비즈니스로의 발전이 가능하게 되었다.

e-Business와 마찬가지로 스마트 비즈니스는 전자상거래에 한정되는 것이 아니라 경영활동 전반으로 확대·적용된다. 그 이유는 4차 산업혁명의 시작으로 ICT의 발전과 적용이 비약적으로 이루어지고 있어 전자상거래 외에 새로운 사업기회와 경영혁신의 기회를 발견하였기 때문이다. 즉 전자상거래로 한정할 때보다, 스마트 비즈니스 기반에서 경영활동을 수행할 때 보다 향상된 경영성과를 얻을 수 있다. 따라서 스마트 비즈니스의 등장과정을 정확히 이해하고 현실에서 스마트 비즈니스경영을 실행한다면 더 많은 새로운 기회를 발견할 수 있다.

제2절 비즈니스관점에서 바라본 스마트 비즈니스경영 등장과정

Business 비즈니스 환경 변화관점에서 스마트 비즈니스경영의 등장 과정은 〈그림 3-2〉와 같다.

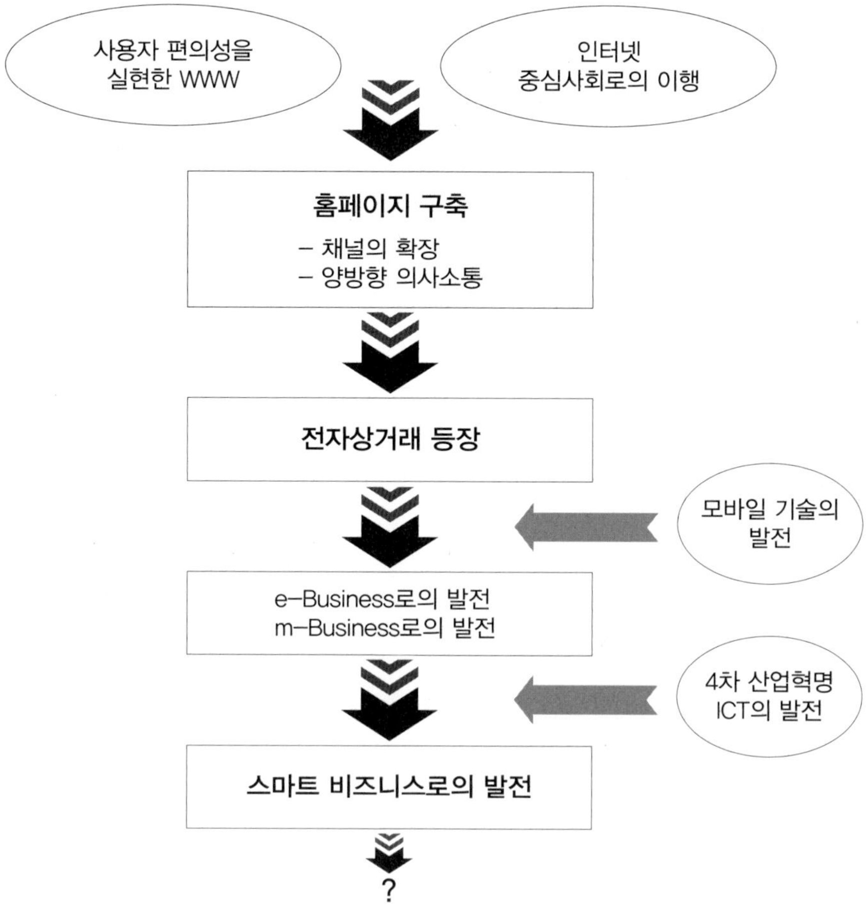

〈그림 3-2〉 스마트 비즈니스경영의 등장과정

2.1 환경조성단계-1: 편리한 World Wide Web

사용자 편의성이 보장된 World Wide Web의 공헌

World Wide Web 이전에도 인터넷은 이미 존재하였다. 사람들은 Telnet, Gopher, Archie와 같은 프로토콜을 사용하였으나, 명령어를 일일이 외워야 하는 등 사용하기 불편해서 많은 사용자를 확보하지는 못하였다. 그러다 HTTP(Hyper Text Transfer

Protocol)[3] 방식의 World Wide Web[4]의 등장에 따라 인터넷은 폭발적으로 확산하게 되었다.

하이퍼링크방식의 인터페이스를 가진 WWW는 배우기 쉽고, 사용하기 편리하고, 다양한 멀티미디어 정보를 제공할 수 있기 때문에 순식간에 확산될 수 있었다. 즉, 인터넷이 본격적으로 기업경영활동에 적용되기 전에 환경조성단계로서 사용자 편의성이 보장되는 World Wide Web이 존재하였던 것이다. 다수의 사용자가 손쉽게 이용할 수 있고 접근할 수 있는 환경이야말로 기업 입장에서는 사업적 기회가 확실히 보장되는 상황이라 할 수 있다.

2.2 환경조성단계-2: 인터넷 중심사회로의 이행

인터넷이 본격적으로 경영활동에 활용되기 전에 우리 사회에서 이미 인터넷이 매우 중요한 역할을 하는 인터넷 중심사회로 이행하였음을 주목할 필요가 있다. 기업들은 이렇게 조성된 환경을 최대한 활용하는 것은 당연한 일이다. 즉 e-비즈니스, 스마트 비즈니스경영이 출현하기 이전에 이미 이러한 변화를 가능하게 한 환경이 조성되었던 것이다.

기업이 경영활동을 잘하기 위해서는 변화한 기술적 환경을 잘 분석하고 미래의 신기술을 잘 예측해야 한다. 개방형 인터넷 관련 기술 및 4차 산업혁명 ICT를 기업 경영활동에 적용해서 성과를 내기 전에, 인터넷이 확산되었다는 점은 기술적 환경의 변화를 기업이 기회로 활용한 하나의 예로 볼 수 있다. 이는 기존 기업 및 벤처는 물론 창업자, 최고경영자, 일반사원 모두에게 해당되는 기회라 할 수 있다.

---

3) HTTP는 웹(WWW) 상에서 파일(텍스트, 그래픽 이미지, 사운드, 비디오 그리고 기타 멀티미디어 파일)을 주고받는데 필요한 프로토콜(통신규약)로서 TCP/IP와 관련된 하나의 응용 프로토콜이다.

4) WWW는 인터넷의 많은 서비스들 중에서 가장 최근에 개발된 멀티미디어 서비스로서 유럽 입자물리학연구소(CERN)에서 처음 고안되었다. 주로 문자를 기반으로 전송하던 다른 인터넷 서비스들과는 달리 윈도우의 그래픽 사용자 인터페이스(GUI)를 최대한 살려 사진과 그래픽, 음성과 동영상 등을 하이퍼텍스트라는 편리한 방법으로 검색할 수 있게 해준다. 하이퍼텍스트 자료들은 HTML이라는 언어를 통해 표현되며, 이러한 문서들은 HTTP라는 통신 프로토콜을 사용하여 전송된다.

2.3 Business 활용 1단계: 홈페이지 구축–채널의 다양화

·›› 홈페이지 구축은 채널 다양화의 효과가 있다.

World Wide Web 방식의 인터넷 환경에서 HTML(hyper text markup language)을 이용한 홈페이지 구축이 먼저 확산되었다. HTML은 과거의 어떤 프로그래밍 언어와 비교해도 배우기 쉽고 활용하기 쉽기 때문에 많은 조직과 단체 및 개인까지도 홈페이지를 구축하여 활용하였던 것이다. HTML로 개발된 홈페이지는 hyper-link(하이퍼링크)에 의한 연결이 손쉽기 때문에 사용자가 원하는 정보를 얻기도 용이하고, 검색엔진에 의한 자료검색도 매우 쉽다는 장점이 있었다.

·›› 홈페이지의 활용가치가 점점 증대되었다.

HTML을 이용해서 기업의 홈페이지를 구축하게 되면서 기업은 인터넷으로 기업의 존재를 보다 쉽고 저렴하게 홍보할 수 있게 되었다. 기존의 PR과 마케팅 분야에서 기업과 제품의 존재를 알리던 전통적 매체인 TV, 라디오, 신문, 잡지 또는 이벤트에 또 하나의 전자채널이 추가된 것이다. 전통적인 아날로그 방식들은 시간적으로 제한되어 있고 공간적으로 한계가 있었던 것에 비하면 인터넷을 이용하면 365일 24시간 연속적으로 기업과 제품의 존재를 알릴 수 있고, 네트워크에 로그온만 되어 있다면 지역적, 공간적 제약으로부터 자유로울 수 있었다. 단 이용자나 고객이 홈페이지를 찾아와야 하기 때문에 사이트를 홍보하고 알리기 위해 기존의 전통적 매체를 활용해야 할 필요도 있다.

·›› 기업 홈페이지 활용의 변화

기업의 홈페이지는 다음 그림과 같이 2단계로 발전해 갔다.

초기의 홈페이지는 기업의 연혁, 비전 및 전략, 조직도, 경영진, 사업분야, 제품 및 서비스 등을 알리는 메뉴가 주를 이루었으며, 한 방향으로만 정보를 전달하는 단방향 의사소통 방식이어 그 효과가 제한적이었다.

이후 웹 프로그래밍 기술의 발전으로 홈페이지의 기능과 용도는 더욱 고도화해 갔다. 고객과 방문자의 의견을 듣고 응답할 수 있는 양방향 의사소통이 가능한 홈페이지로 진화한 것이다. 홈페이지의 기능이 발전할 수 있었던 것은 CGI, JAVA, ASP와 같은 발전된 웹 프로그래밍 기술 때문이었다. CGI(Common Gateway Interface)는 서버와 응용프로그램 사이에서 데이터를 주고받기 위한 방법 및 규약으로써 웹의 HTTP의 일부분이며, JAVA는 분산처리 환경의 인터넷에서 특별히 사용되는 프로그래밍 언어이며, ASP(Active Server Page)는 웹을 양방향 대화식으로 만드는데 필요한 핵심 HTML 페이지의 일종이다.

이 외에도 고객들은 게시판, 이메일, 카페 및 블로그, QR코드 등을 통해 요구사항, 불만, 건의 및 새로운 아이디어를 손쉽게 전달할 수 있었고, 기업이 이를 체계적으로 이용하여 경영에 반영할 수도 있게 되었다.

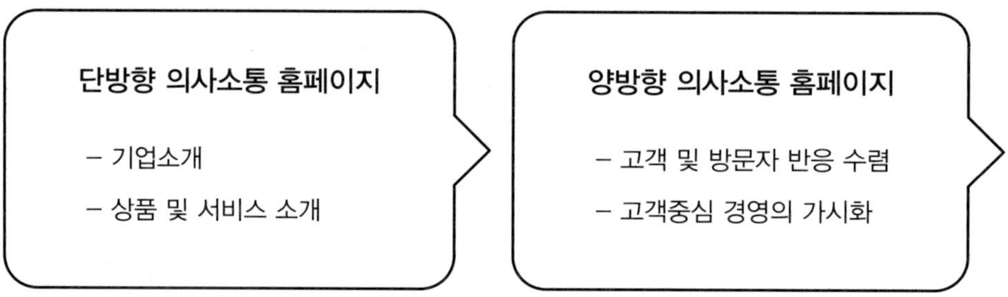

2.4 Business 활용 2단계 : 전자상거래 등장

전자상거래(Electronic Commerce) 등장으로 인터넷은 본격적 비즈니스 목적으로 활용되기 시작하였다.

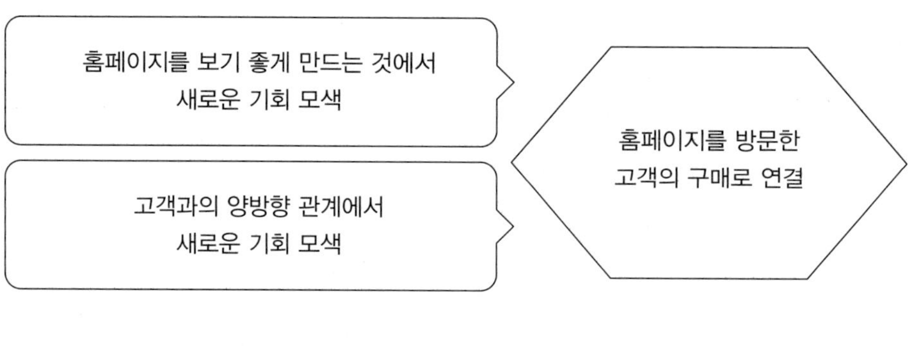

홈페이지를 통해 확보한 많은 방문자와 고객에게 상품 및 서비스 정보를 단순히 전달하는 일에 그칠 것이 직접 구매할 수 있는 기회를 제공하는 방식으로 홈페이지가 발전되어 갔다. 즉 기업의 홈페이지가 정보를 전달하는 양방향 채널의 확대라는 관점에서 경영활동의 한 중요한 기능인 판매의 중요한 수단으로 발전한 것이다.

전자상거래는 다음과 같은 측면에서 기존의 전통적 상거래와는 차별화된다. 첫째, 거래방식이 달라지고 거래단계가 단축될 수 있다. 기존의 전통적 상거래방식은 중간상인이 개입되는 것이 당연시 되나, 전자상거래는 직거래로 인해 중간상인이 생략될 수 있다. 아울러 주문방식, 입찰참여 절차, 대금결제 방식이 전자적으로 실행되는 부분이 많아진다. 둘째, 자료관리가 편리해진다. 전통적인 상거래에서는 문서형태의 자료가 생성되고 이를 보관해야 한다. 따라서 이를 경영활동 목적으로 가공하기 위해서는 다시 데이터를 입력해야 하는 번거로움이 있다. 그러나 전자상거래에서는 주문정보, 제품정보, 결제정보 등이 전자적으로 교환되고 보관되므로 거래 후 가공하여 경영활동을 지원하는데 쉽고 편리하게 활용될 수 있다. 셋째, 시간적, 공간적 제약을 극복할 수 있다. 전통적 상거래는 물리적 공간에서 업무가 가능한 시간대에만 가능하지만, 전자상거래는 가상공간에서 7일, 24시간 내내 가능한 것이 장점이다.

2.5 Business 활용 3단계 : e-Business, m-Business로의 발전

전자상거래에서 e-Business, m-Business로 발전

단순한 전자상거래에서 e-Business, m-Business로 발전한 과정은 <그림 3-3>과 같다. 한편 오늘날 스마트폰과 같은 간편한 모바일기기의 활용이 늘어나면서 무선으로 전자상거래를 하는 것은 물론 기업의 다양한 업무(이메일, 전자결제, 파일교환 등)를 처리하는 경우가 계속 늘어나고 있다. 따라서 이를 기존의 PC중심의 e-비즈니스와 구별하여 (m)obile-Business라는 다른 명칭을 만들어 사용하게 되었다.

기업 경영활동에는 판매와 영업이 전부는 아니다. 전자상거래 시스템에서는 고객이 전자카타로그의 정보를 참조하여 주문을 넣고 대금결제를 하는 과정이 전부이다. 물론 거래를 하고 나면 개인계정이 생성되어 수시로 주문 상태와 이력 등을 조회할 수 있으며, 문제가 있을 때 접촉할 수 있는 게시판 등이 있다. 그러나 주문(거래)이 발생한 다음에 생성되는 주문 및 고객정보는 기업의 내부 시스템(예: ERP)으로 전달되어 고객DB가 생성되고, 회계처리가 되며, 재고관리에 이용되어야 하기 때문에 전자상거래 시스템만으로 완전한 비즈니스를 수행할 수 없다. 즉 인터넷 기술, 전통적인 디지털 정보기술을 단지 전자상거래 만이 아닌 경영활동 전반에 적용함으로써 기업은 효율성을 극대화화 하고 비용절감을 할 수 있다는 판단에서 e-Business, m-Business로 확대해 간 것이다

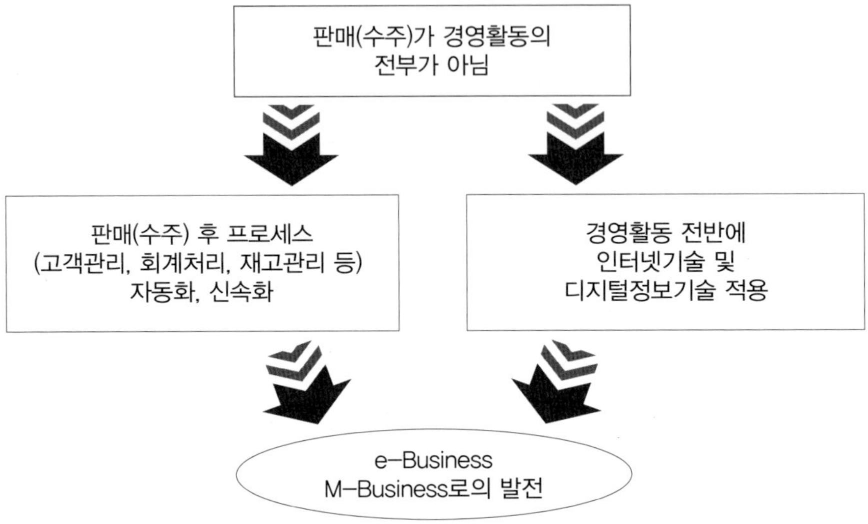

〈그림 3-3〉 전자상거래에서 e-Business, m-Business로 발전한 과정

e-Business와 m-Business의 등장

전자상거래가 전통적 상거래 방식을 변화시키고, 판매자와 구매자 모두에게 득이 되는 효과 제공했지만 전자상거래와 그에 필요한 쇼핑몰 구축, 전자결제 시스템 등이 인터넷을 활용한 경영의 전부가 아니라는 사실을 인식하면서 새로운 경영방식에 대한 확대된 접근이 시작되었다.

기업이 인터넷과 모바일기술을 이용하여 경영의 성과향상을 기대할 수 있는 분야는 전자상거래 외에도 마케팅, 고객관리, 재고관리, 회계처리, 조달관리 및 원가관리 분야 등 기업의 경영활동 전반으로 확대시킬 수 있는 가능성을 고려하기 시작한 것이다. 이러한 새로운 접근이 바로 e-Business와 m-Business가 등장하게 된 배경이라 할 수 있다.

■ 전자상거래에서 e-Business, m-Business로의 확장의 의미

판매를 증진하기 위해서 인터넷을 통해 고객을 대상으로 마케팅 활동을 수행하는 인터넷 마케팅이 필요하게 된다. 예를 들면, 호객을 위한 각종 이벤트 실시, e-쿠폰발행, 고객과의 양방향 소통을 위한 24사건 콜센터 및 게시판 개설, 고도의 마케팅 전략 수립을 위한 CRM의 구축과 실행들이 있다. 스마트폰을 가진 고객에게는 이 모든 활동들이 보다 즉각적이고 신속하게 적용될 수 있다.

그런데 판매나 주문이 이루어진 후 POS가 생성하는 거래정보를 회계정보시스템이 별도의 수작업 없이 전자적으로 처리하여 각종 재무제표와 회계보고서를 생성하여 경영의사결정에 활용할 필요가 있다. 택배를 할 경우, 자사가 가지고 있는 고객정보의 일부를 택배회사와 공유함으로써 신속하고 정확하게 배달서비스를 할 수 있다. 이러한 서비스 영역은 전통적인 전자상거래 시스템만으로 처리할 수 없는 것이다. 즉 고객들이 전자상거래 시스템을 통해 제공하는 데이터를 기업의 내부시스템이 이를 받아 고객DB를 생성하거나 업데이트를 하며 이렇게 생성된 고객DB의 일부를 택배회사와 공유하는 정보시스템의 구축이 구축될 때 경영활동의 전 과정이 전자적으로 처리될 수 있는 것이다.

이제 기업들은 경영활동 전 분야에서 인터넷 기술을 응용하거나 디지털 정보기술을 적용하여 업무생산성 향상과 고객서비스의 질적 향상을 기대할 수 있다. 즉 기업은 전통적 경영 패러다임을 혁신적으로 변화시킨 e-Business, m-Business의 필요성에 주목하고 이를 실질적으로 경영 전반에 구현하기 시작한 것이다.

2.6 Business 활용 4단계 : 스마트 비즈니스경영으로의 발전

e-Business, m-Business에서 스마트 비즈니스로의 발전

스마트 비즈니스의 도래는 4차 산업혁명을 몰고 온 기술적 발전과 관계가 있다. 4차 산업혁명은 3차 산업혁명(앞서 설명한 e-Business, m-Business)의 기반이 된 인터넷 및 디지털기술에 바이오산업, 물리학 등 다수의 기술들이 융합되면서 경제체제와 사회구조를 급격하게 변화시키는 기술혁명이다. 4차 산업혁명은 '초연결성(Hyper-Connected)', '초지능화(Hyper-Intelligent)의 특성을 띠고 있다. 사물인터넷(IoT), 클라우드, 등 정보통신기술

(ICT)을 통해 인간과 인간, 사물과 사물, 인간과 사물이 상호 연결되고 빅데이터와 인공지능(AI) 등으로 보다 지능화된 사회로 변화될 것으로 예측된다.

이는 비즈니스의 스마트화와 경영활동의 디지털화가 더욱 가속화되는 것을 의미한다. 비즈니스의 스마트화는 경영활동전반에 정보통신기술(ICT)이 차지하는 비중이 더욱 높아지고 그 적용도 심화되면서 전반적인 기업경영(비즈니스)이 밀착 통합된 디지털 환경에서 수행됨으로써 사람의 개입과 간섭은 더욱 줄어들 것으로 예상된다.

예를 들면, e-Business와 m-Business에서는 고객이 사이트를 방문하여 전자카타로그에 진열되어 있는 상품만을 구매하며, 기업은 고객이 남긴 전자족적(electronic footprint)을 분석하여 고객의 성향을 분석하고 필요시 적절한 할인혜택이나 쿠폰을 발행한다. 스마트 비즈니스에서는 고객이 전자상거래업체를 거치지 않고 제조업체의 생산설비에 한 걸음 더 다가갈 수 있을 것이다. 원하는 제품의 3D도면을 만들거나 구매해서 업체의 웹사이트에 올리면 3D프린트로 제품을 만들어 즉시 배달해 줄 것이다. 그리고 쇼핑한 물건을 냉장고에 넣는 순간 재고목록이 작성되며, 주문을 해야 하는 쇼핑리스트를 주기적으로 냉장고 패널에서 작성하여 이를 할인점에 보낼 수 있을 것이다.

스마트 사회에서 스마트 응용사례가 끝이 없듯이, 스마트화한 사회에서 스마트 비즈니스경영의 영역도 끝이 없을 것이다. 주문을 받아서 제품과 서비스를 고객에게 전달하는 전체 가상공급망의 스마트화는 지금까지 생각할 수 없었던 최적의 신속한 계획과 통제를 가능하게 할 것이다.

제3절
기술발전에 따른 스마트 비즈니스의 현실화 과정

기술 발전과 스마트 비즈니스경영 사이에는 밀접한 관계가 있다. 오늘날처럼 스마트 비즈니스가 가능한 것은 그간 중요성을 인정받고 구현이 가능한 것은 관련기술의 축적이 있었기 때문이다. 즉 스마트 비즈니스경영이 구체화되기 전에 이미 〈그림 3-4〉와 같이 전통적인 정보기술이 지속적으로 발전해왔으며, 이를 기업 경영에서 실용화함으로써 기업목적을 달성하는데 활용해 왔다.

·))▶ e–Business, m–Business, 스마트 비즈니스를 현실화시킨 기술들

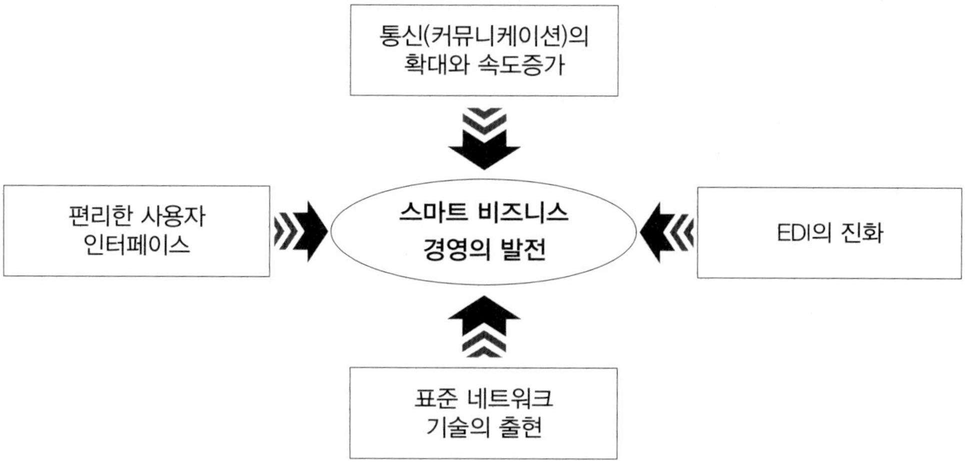

〈그림3–4〉 스마트 비즈니스 경영을 현실화시킨 전통적 기술

3.1 통신(커뮤니케이션)의 확대와 속도증가

·))▶ 기업경영에서 통신(커뮤니케이션)의 중요성이 강조되는 이유는 아래와 같다.

첫째, 스마트 비즈니스는 사람과 사람, 사람과 사물, 사물과 사물 간의 통신과 데이터의 공유를 더욱 필요로 한다. 급격한 경영환경 변화와 조직구조의 대규모화 및 복잡화 등으로 인해 신속, 정확한 의사소통 및 정보획득의 요구가 높아지고 있기 때문이다.

둘째, 자원공유를 통한 경영효율성의 향상이 더욱 요구되고 있다. 기업이 보유하고 있는 정보기술 자원(하드웨어, 소프트웨어, 네트워크 장비, 전산요원 등)및 각종 데이터와 정보자원은 계속적으로 증가하고 있으며, 이에 대한 공유의 필요성과 욕구도 증대하고 있다. 정보기술 운영의 효율성 증진 및 자원의 경제적 활용을 위해서는 공유되는 것이 바람직하기 때문이다.

셋째, 네트워크를 통한 데이터의 분산 처리가 확산되는 상황에서 통제의 필요성은 더욱 높아가고 있다. 세계화의 확산으로 기업은 하나의 지역이나 시장만을 중점적으로 관리할 수 없는 분산경영이 현실화되고 있다. 이러한 분산화된 경영환경을 효과적으로 지원하기 위해서는, 현장에서 발생한 일과 데이터를 현장에서 즉시 처리하는 분산 정보처리 기능이

강화될 필요가 있으며, 이렇게 분산처리된 정보는 다시 본사에서 통합되어 관리되어야 하므로 통신(커뮤니케이션)의 중요성은 더욱 부각되는 것이다.

통신이 확대되는 환경의 특징

어느 때보다 기업과 기업 그리고 외부 조직간 연결을 편리하고 신속하게 할 수 있도록 통신 인프라의 지원이 계속 확대되고 있다. 통신 인프라의 고도화는 어느 한 기업의 노력만으로 가능한 일이 아니며, 국가의 장기계획 추진과 관련 기업 상호 간 협조가 매우 필요하다. 통신 인프라가 확대되고 네트워크의 속도도 전례 없이 빨라짐에 따라 모든 사물들이 연결되고 고객과 조직 간의 소통, 기업과 공급자와의 통신, 기업과 택배업체와 통신 등이 보다 원활해지면서 단순 전자상거래에서 스마트 비즈니스로 변화하는 계기가 된 것이다. 불과 10년 만에 무선통신의 속도가 2G -> 3G -> 4G(LTE, LTE-A) -> 5G(2019년 상용화 예정)로 발전하면서 대용량전송과 분산처리가 필요한 다양한 웹서비스와 애플리케이션의 개발과 실행을 가능하게 만들었다.

상업용 SNS(예: 카카오톡, 밴드, 페이스북 등)의 활성화는 개인은 물론 기업들이 고객들과 문제해결을 위해 즉각적인 소통을 쉽게 할 수 있는 플랫폼을 제공하고 있다. 예를 들어, 여행사들은 한 번 잡은 고객을 대상으로 1:1 카톡방을 개설하고 신 여행상품 정보를 지속적으로 제공하고 있다. 고객이 만일 이런 관계를 원치 않으면 쉽게 끊을 수 있는 메뉴도 있어 큰 부담 없이 긴밀한 소통을 가능하게 한다.

3.2 표준 네트워크 기술의 출현

제조업체들이 각기 다른 기계 장비와 서로 다른 처리방식으로 구성되어 있는 네트워크에서 원활한 자료처리와 공유가 가능하도록 하기 위해서는 표준화된 제도와 기준이 필요했다. WWW 인터넷은 바로 이런 표준 네트워크 기술이 되어준 것이다.

인터넷에서는 TCP/IP(transmission control protocol/internet protocol)라는 국제적 표준 프로토콜을 사용한다. TCP/IP 프로토콜을 채택하고 있는 네트워크에 연결된 컴퓨터들은 TCP/IP를 지원하는 프로그램만 가지고 있다면 아무 문제없이 서로 통신을 할 수 있다. 인터넷은 TCP/IP로 대표되는 표준 프로토콜과 활용목적에 따른 하위 프로토콜을 준수하기 때문에 많은 컴퓨터가 통신에 참여할 수 있는 개방형 구조의 공공 네트워크(public network)의 성격을 띠고 있다. 이렇듯 표준화된 개방형 인터넷은 전자상거래는 물론 e-Business, m-Business, 스마트 비즈니스의 등장과 발전의 기술적 기반이 되어주었다.

프로토콜(Protocol)이란?

프로토콜은 상호간에 통신을 가능케 하는 가장 핵심 기능이다. 다수의 컴퓨터가 데이터를 주고받기를 원할 때, 통신을 하면서 발생 가능한 모든 종류의 의사결정에 관한 합의된 규약/기준을 말한다. 예를 들어, 다수의 컴퓨터들 중에 어느 컴퓨터가 먼저 통신을 시작하도록 할 것이며, 통신요청에 따른 응답은 어떻게 처리할 것인가, 자료는 어떻게 표현할 것인가, 통신 중에 발생한 에러는 어떻게 처리할 것인가 등의 발생 가능한 경우에 대해 미리 약속되어 있는 프로토콜에 근거해서 통신기기들은 통신을 수행하는 것이다.

3.3 EDI(electronic data interchange)의 진화

EDI(electronic data interchange)의 용도

경영활동을 수행하는 과정에서 다른 기업, 공급자 및 대리점과의 거래를 할 때 아날로그 방식으로 서류를 작성하고 전달한다면 상당한 시간과 노력이 소요되는 것이 사실이다. 이러한 비효율성을 극복하기 위한 일환으로 기업들은 컴퓨터를 통해 서로 주고받는 서류들의 양식과 절차들을 표준화하여 디지털적으로 처리한 것이 EDI가 등장하게 된 배경이다.

EDI(electronic data interchange)란 일정한 형태로 정형화된 거래의 내용이나 정보를 관련 당사자들이 합의한 구문규칙(syntax rules)에 맞추어 서로 전송하고 처리하는 전자문서교환시스템이다. 즉 거래를 하는 양측의 컴퓨터와 네트워크를 통해 컴퓨터가 이해할 수 있는 자료의 형태로 정보교환을 하는 것이라 할 수 있다.

EDI의 특징

첫째, 조직과 외부 조직간 규격화된 자료를 쉽게 교환할 수 있다. 고객, 공급자, 협력업체, 정부 등의 외부 조직과의 자료교환을 쉽게 할 수 있다는 점에서, 스마트 비즈니스경영을 위해 꼭 필요한 기술이라 할 수 있다.

둘째, EDI는 기업이 운영하고 있는 기존의 정보시스템의 응용프로그램과 연계되어야 한다. 거래처로부터 주문서를 받았다면 생산계획과 재고관리 시스템과 연결되어 주문을 집행하고 그 결과는 결제시스템이나 회계정보시스템으로 연동되어 처리될 수 있어야 한다. 만일 사람이 이 과정에 개입한다면 진정한 EDI라 할 수 없음. 따라서 이메일이나 FTP를 통해 단순히 자료를 교환하는 것을 EDI라 할 수 없다.

셋째, 실제 EDI를 통해 기업들이 교환하는 것은 단순한 데이터 구조를 가진다. 문서나 서류의 양식은 사전에 약속되어 있기 때문에 실제 교환이 이루어지는 것은 문서 내 자료(데이터) 그 자체이다. 따라서 문서의 레이아웃(양식) 정보는 정보의 입출력시 필요하지만 실제 컴퓨터가 처리하는 대상은 아니다.

넷째, 비구조화된 메시지를 전달하는 e-mail과는 달리 정형화된 구조의 정보를 전달한다.

EDI	E-Mail
사전에 정의된 양식	자유양식
컴퓨터가 자료를 판단하고 입력 처리 할 수 있는 전자서류	사람간의 비정형적 통신
컴퓨터가 실시간으로 수신 확인 후 자동처리 가능	사용자가 확인해야 수신됨

EDI와 E-Mail의 차이

인터넷이 출현하기 이전부터 일부 대기업들은 자신들의 하청업체와 원활한 업무처리를 위해 폐쇄형 네트워크(EDI)를 구축하여 사용해 왔다. 그런데 이러한 전통적 EDI가 e-Business, m-Business, 스마트 비즈니스의 발전의 디딤돌이 되었다는 것을 부인할 수 없다. 예를 들어 인터넷 쇼핑몰이 주문을 받을 때와 결재할 때 해당 응용프로그램들이 이를 처리하며, 재고를 확인한 후 공급업체에 주문서를 날려 보내고, 고객이 제공한 주문정보를 택배업체에게 신속하게 제공하는 일을 하는 응용프로그램들이 구축되어 있다. EDI 기술들은 기업들이 이러한 업무를 수행할 때 신속한 통신을 가능하게 하였고, 이 기술은 이후 개방형 WWW 인터넷 기술과 조합되면서 스마트 비즈니스로 발전할 수 있게 되었던 것이다. 오늘날 EDI는 인터넷망을 활용하는 개방형의 웹EDI로서 과거와는 달리 그 시스템을 개발하고 운영하는데 드는 비용이 저렴하여 중소기업들도 쉽게 구축하거나 가입하여 쓸 수 있다.

EDI도입에 따른 효과

EDI를 통해 기업은 자료처리를 신속하게 할 수 있게 되었고, 중간에 수작업이 없는 관계로 데이터의 정확성과 신뢰성 그리고 생산성이 향상될 수 있었다. 그 결과 기업들이 다른 협력기업이나 고객들에게 보다 높은 품질의 고객서비스를 제공할 수 있게 되었다.

3.4 편리한 사용자 인터페이스

앞에서 설명한 WWW(웹)의 하이퍼링크(hyper-link) 및 GUI 방식은 인터넷의 사용자를 확산하는데 결정적인 역할을 하였다. 마우스를 사용하여 클릭만 하면 원하는 사이트로 이동할 수 있거 문서를 다운받거나 열 수 있기 때문이다.

따라서 편리한 사용자 인터페이스는 웹사이트나 앱(App)의 사용에 지대한 영향을 미친다. 스마트 폰 등 최신 전자기기들이 채택하고 있는 사용자 인터페이스는 음성인식, 시각정보인식, 동작인식, 논리적·감성적 터치스크린(햅틱 기능) 등 편리함의 추구는 끝이 보이지 않는 것 같다.

배우기 쉽고 사용하기 편하다면 사용자가 확대된다는 것은 상식이다. 따라서 단순한 정보제공과 검색수준의 인터넷이 아니라 경영 및 서비스 관점에서 편리성과 유용성을 증대할 수 있는 인터페이스개발은 기업과 전문 프로그래머의 지속적인 관심사가 될 것이다. 이를 가능하게 하는 최신 웹 애플리케이션 프로그래밍 도구와 시각화 도구는 계속적으로 출현할 것이다.

전자상거래의 폭발적 성장은 다수의 사용자가 편리하게 인터넷 쇼핑몰에 접근할 수 있고, 상품과 서비스를 구매하고 결제하기가 편하고 안전해졌기 때문이다. 이렇듯 사용 편의성은 전자상거래 분야 외에도 다른 인터넷 기술 및 디지털 정보기술 발전의 주된 지향점이 되어 스마트 비즈니스경영을 확산하였고 미래에도 계속될 것이다.

제4절
스마트 비즈니스경영과 전통적 경영방식의 공통점과 차이점

두 가지의 경영방식은 동질성과 차별성이 동시에 존재하므로 이를 고찰할 필요가 있다. 기본적으로 경영의 핵심과 본질은 그대로 유지하지만 적용되는 대상 및 활용기술 관점 그리고 그 성과에서는 차이가 발생한다.

4.1 경영의 본질

경영의 본질은 달라지는 것이 없다. 전통적인 경영과 같이 스마트 비즈니스경영도 일정한 기업목표 또는 경영목표를 보다 효과적이고 능률적으로 달성하기 위해 계획(planning), 조직화(organizing), 지휘(directing), 통제(controlling)의 순환과정으로 설명되는 H. Koontz와 C. O'Donnel의 경영에 대한 정의는 그대로 유지된다.

급변하는 경영환경의 속에서 효율적인 조직운영을 추구하는 경영활동의 중요성도 동일하다. 즉, 기업경영의 복잡성 증가에 대한 대응, 협업적 과업들의 조율, 기업의 지속적 성장 등 전통적인 경영이 중요시하는 것은 스마트 비즈니스경영에서도 동일하다.

현대 기업경영의 본질은 기업의 존속과 유지·발전, 사회적 책임 수행, 합리성의 추구, 인간성 실현 및 혁신을 추구하는 것이다. 스마트 비즈니스경영 환경에서도 이러한 기업경영의 본질은 동일하다. 다만 기업 경영의 모든 활동에 인터넷 기반기술, 디지털 정보기술, 4차 산업혁명 기술을 더 많이 활용한다는 점에서 차이가 있을 뿐이다.

단 다음과 같은 측면에서 약간의 차이가 있을 수 있다.

경영목표의 공유 확대

전통적 경영과 스마트 비즈니스경영 모두 자사는 물론 가치사슬로 묶여 있는 파트너기업들의 이윤을 추구하고 극대화하는 것은 동일하다. 다만 스마트 비즈니스경영 하에서 네트워크로 긴밀하게 묶여진 기업들은 정보의 공유는 물론이며 경영목표도 공유할 수 있다. 따라서 스마트 비즈니스경영 하에서는 '함께 성장하고 이익을 공유한다'는 파트너십이 더욱 중요해 진다.

➡ 경영대상 및 범위의 확대

스마트 비즈니스경영 하에서 기업들은 네트워크로 긴밀하게 묶여지므로 전통적 경영과 비교해서 관리의 대상이 확대되는 것은 당연하다. 예를 들어, 제조업체가 공급업체로부터 원자재를 저렴하고 원활하게 공급받기를 원한다면 자사의 생산계획, 제품설계정보, 재료정보 등을 공유할 필요가 있다. 이를 위해서 제조업체는 공급업체와 웹기반 EDI를 구축하고 표준화할 문서양식과 공유할 정보 등을 결정해야 한다. 결과적으로 경영의 대상과 범위가 확대될 수밖에 없을 것이다.

4.2 의사결정의 관점

의사결정과정 및 의사결정 관점에서 동질성은 그대로 유지된다. 스마트 비즈니스경영에서나 전통적 경영에서나 기업은 지속적으로 새로운 의사결정 상황에 직면한다. 따라서 고전적인 H. A. Simon의 탐색-설계-선택의 의사결정 과정 3단계 방법 역시 스마트 비즈니스경영에도 그대로 적용된다.

단 다음과 같은 측면에서 약간의 차이가 있을 수 있다.

➡ 의사결정주체의 확대

스마트 비즈니스경영을 추구하다보면 의사결정의 주체가 확대될 수밖에 없다. 예를 들면, 전자상거래업체가 고객의 주문을 신속하게 처리해서 빠르게 배달하기 위해서는 택배업체와 공동으로 배달일정, 배달방식, 배달요금을 결정해야 할 것이다. 그러다 보면 자연히 의사결정 주체가 내부 직원에 머물지 않고 다른 조직의 직원으로까지 확대될 수 있다. 즉 협업적 의사결정이 늘어날 것이다.

4.3 경영혁신과 변화관리

전통적 경영체제나 스마트 비즈니스경영체제에서나 경영혁신과 변화관리는 필요하고 중요하다. 어떤 측면에서는 스마트 비즈니스 그 자체가 새로운 사업 기회의 발견, 생존수단의 확보, 적극적 경쟁력 확보, 물리적 경영활동의 한계를 보완하기 위한 경영혁신을 위한 패러다임이므로 전통적 경영체제가 추구하는 것과 다를 바가 없다.

경영혁신은 의지만으로 되는 것이 아니라 적절한 대응전략과 도구가 필요하다. 그런 점 스마트 비즈니스를 가능하게 하는 인터넷 기술, 디지털 정보기술, 4차 산업혁명 기술은 매우 유효한 경영혁신 도구가 될 수 있다. 이러한 정보기술을 단순한 개선 차원이 아닌, 조직전체의 개혁을 통한 기업 생존 및 경영차원의 전략적인 무기로 활용한다는 것도 모두 동일하다.

스마트 비즈니스화를 추구할 때 변화관리는 매우 중요하다. 스마트 비즈니스경영에서도 변화의 수용 촉진, 예상되는 저항과 반발의 관리, 지속적 경영혁신, 혁신적 조직문화의 정착과 같은 변화관리가 필요하며, 리더십, 교육, 의사소통 지원, 참여와 몰입, 인센티브, 명시적·묵시적 압력과 같은 변화관리 전략이 유사하게 적용될 수 있다.

4.4 산업 전체의 협력과 기반(인프라)의 구축

전통적 경영에서 경영능력 강화 및 생산성 향상을 위한 노력은 개별기업단위로 추진되는 경우가 많다. 새로운 제품과 서비스의 개발, 고객만족 경영, 업무 프로세스의 개선, 원가절감, 품질 경영의 강화와 같이 개별기업단위의 경쟁력 강화 노력으로도 많은 성과를 거둘 수 있었다.

그러나 스마트 비즈니스경영 환경에서는 개별기업의 노력만으로 소기의 성과를 얻기도 어렵고 극대화하는 것은 더더욱 어렵다. 오늘날 스마트 비즈니스를 추구하기 위해 기업들을 가상적 가치사슬(value)로 묶을 때 표준화된 개방형 네트워크를 기반으로 해야 하므로 개별 기업 혼자서 할 수 있는 일은 매우 제한적이다. 따라서 네트워크를 통한 협업의 이익을 공유하고자 하는 기업들은 모두 표준기술을 준수하고 정보를 공유하겠다는 자세가 필연적으로 요구된다. 즉 산업 또는 업종 내 모든 기업들이 협력할 때 스마트 비즈니스경영의 성과는 극대화 될 수 있을 것이다.

이와 못지않게 국가나 정부차원에서 스마트 비즈니스경영에 필요한 인프라의 구축을 위한 노력이 선행되어야 한다. 네트워크의 보급을 확대하고, 네트워크 속도를 높이고 보안을 강화하기 위한 연구를 지원하고, 전자정부를 통한 스마트 비즈니스를 확대하고, 빅데이터 활성화를 위해 공공데이터를 공개하는 일 등이 이러한 노력에 해당될 것이다.

제5절
스마트 비즈니스 시스템과 전통적 정보시스템의 공통점

스마트 비즈니스와 전통적 정보시스템과의 차이점은 기본적으로 활용하고 적용하는 기술의 범위가 확대되었다는 점이다. 전통적 정보시스템을 구성하는 기술적 구성요소들(하드웨어, 소프트웨어, 네트워크 등)이 모두 스마트 비즈니스에서도 필요하다. 다만 과거 기술이라면 그간 성능과 기능면에서 업그레이드되었을 것이며, 따라서 스마트 비즈니스경영을 위한 용도와 적용범위에서 약간의 변화가 있을 수는 있을 것이다.

5.1 시스템으로서의 특성

스마트 비즈니스시스템이나 전통적 정보시스템 모두 시스템으로 작동된다는 점은 동일하다. 시스템의 특성은 어느 한 요소만으로는 본질적 기능을 수행할 수 없고, 관련된 구성요소가 유기적으로 상호작용 할 때, 본래의 목적을 달성할 수 있고 요구되는 역할 수행할 수 있다. 둘 다 모두 다수의 세부기능과 활동들이 존재하며, 이러한 요소는 고유의 역할을 수행하기도 하지만 본질적으로는 시스템으로서 유기적으로 연결되어 있다.

따라서 그 시스템을 구성하는 요소들도 동일하다. 그런데 시스템의 구성요소가 동일하다고 하여 전체 구성요소의 내용이 모두 같다는 것을 의미하지는 않으며, 다만 둘 사이에 존재하는 공유 요소가 많다는 것을 의미할 뿐이다. 어느 시스템이든 데이터베이스 기술, 프로그래밍 기술은 공동으로 중요한 시스템 구성요소이다. 그렇지만 사물인터넷(IoT)과 빅데이터 환경에서 사용되는 데이터베이스는 더 다양한 종류의 데이터를 효율적으로 저장하고 검색할 수 있어야 하므로 전통적인 관계형 DB기술로는 미흡할 것이다.

5.2 경영활동에의 적용

스마트 비즈니스 시스템과 전통적 정보시스템 모두 기업 전체의 경영활동을 대상으로 한다는 점에서 동일하다. 둘 다 모두 경영활동수준(전략계획, 경영통제, 운영통제, 거래처리 등)에 따라 적절한 정보를 제공하고, 의사소통 촉진을 하며, 기능 및 업무특성별 하위시스템(예: 마케팅정보시스템, 생산정보시스템 등)으로 구성되어 있다. 스마트 비즈니스 시스템 역시 기본적으로 거래의 특성과 방향, 전자상거래 실행 주체, 경영기능에 따라 다양한 유형의 서비스를 제공한다.

또한 둘 다 모두 의사결정(경영문제)의 구조화를 도와 문제를 단순화함으로써 문제해결을 돕는다는 공통점이 있다. 둘 다 모두 목적 달성 및 당면한 문제해결을 위해 최적의 대안(alternative, course of action)을 설계하고 선택하는 일을 돕는다.

5.3 전략과 프로젝트 관리의 필요성

스마트 비즈니스 시스템과 전통적 정보시스템 모두 사업전략, 조직전략 그리고 정보(시스템)전략을 필요로 한다는 점에서 동일하다. 둘 다 모두 공식적인 방법론 범주 안에서 정보(시스템)전략을 수립하는 것에서부터 시작되며, 이 시스템 전략에 근거하여 정보기술 구성요소를 잘 결합하여 소기의 목적을 실현해야 한다는 측면에서 동일하다.

시스템 전략에 따라 새로운 시스템의 구축이 필요해지면 구축을 위한 프로젝트의 관리가 필요하다는 측면도 동일하다. 정해진 기간 내에 정해진 절차와 일정을 준수하고 예산 범위내에서 만족할만한 최적의 성과물(시스템)을 완성하기 위해서는 시스템 개발과정을 지휘하고 통제해야 하는 체계적인 프로젝트 관리가 필요하다.

제6절
스마트 비즈니스 시스템과 전통적 정보시스템의 차이

전통적 정보시스템에 비해 스마트 비즈니스 시스템은 여러 가지 측면에서 확대되고 강화되는 차이점이 다수 있다.

6.1 정보화 및 정보자원 관리대상의 확대

앞서 설명하였듯이 스마트 비즈니스는 경영대상과 범위가 확대되며, 이에 따라 정보화 대상과 정보자원 관리대상이 확대되는 것은 당연하다. 즉 스마트 비즈니스 경영환경에서는 공급자와 고객 및 협력업체, 정부 등 조직 외부 개체와의 협력적 관계와 신속한 정보공유가 더욱 중요해지므로 이를 지원하기 위해서는 정보화의 범위와 관리해야 하는 정보자원도 확대될 수밖에 없다.

외부 조직과의 협력적 업무추진이 더욱 필요해지므로 외부조직에 있는 정보자원에 대한 관리도 필요해 진다. 예를 들어, 외부 직원들에게 제공될 정보자원의 범위도 결정해야 하고, 권한과 접근에 대한 통제도 실시하는 등 외부 조직이 창출하는 정보를 확보하고 전달하는 체계의 정립과 운영도 필요해진다.

특히 스마트 비즈니스 시스템의 경우, 전통적인 인터넷 및 정보기술에 4차 산업혁명 기술들이 추가로 적용되므로 기업의 정보화는 물론 관리해야 할 정보자원의 목록에도 이것들이 추가될 것이다.

6.2 비즈니스 모델의 강화

스마트 비즈니스 시스템의 경우 비즈니스 모델을 강화할 필요가 있다. 전통적 정보시스템에 비해 스마트 비즈니스 시스템은 기업의 사업적 전략에 부응하여 구축되므로 전략적 목적을 추구하는 경우가 많으며, 독자적인 시스템(stand-alone)으로 있기보다 외부파트너들과 합작하여 구축되고 운영되는 협력적 시스템인 경우가 많다. 따라서 관련된 조직들이 경영목표를 공유하고 새롭게 구축한 비즈니스 프로세스를 구축하여 비즈니스를 수행할 때 공동의 비용과 이익이 발생할 수 있다. 이에 모두에게 유효한 새로운 비즈니스 모델을 만들거나 재정의 하지 않으면 비용과 이익의 적절한 분배가 어려워진다. 즉 이익창출과 배분 방안에 대한 더 많은 고민을 해야 하므로 유효한 비즈니스 모델의 개발이 더욱 필요하다.

예를 들어, 택배회사가 물건의 배달지를 고객의 인근 편의점으로 지정할 수 있도록 하는 서비스를 구축하였다면 보다 편리한 서비스로 택배회사는 더 많은 매출을 올릴 수 있고 택배직원을 보다 효율적으로 활용하는 이익을 얻게 될 것이다. 한 편 편의점은 물건을 보관할 공간을 확보해야 하고 이를 다룰 직원을 훈련해야 할 뿐만 아니라 직원이 택배물건을 다루는데 추가적인 시간을 써야 하는 비용이 발생할 것이다. 이를 위한 스마트 비즈니스 시스템은 필히 양측 모두에게 이익이 될 수 있는 새로운 비즈니스모델의 설계가 필요할 것이다.

6.3 통제 및 보안의 강화

전통적 경영활동과 비교해서 스마트 비즈니스경영은 조직 외부와의 관계를 확대하는 방향으로 전개되며, 때로 산업 및 업종 전체 차원으로 진행될 수도 있으므로 협력과 통제가 더욱 요구되기도 한다. 예를 들면, 산업 전체가 사용할 웹EDI시스템 표준을 제정하거나 공동으로 사용할 특정 시스템의 개발을 위해 컨소시엄을 구성할 필요도 있을 것이다. 따라서 전통적 정보시스템은 조직 내부 통제를 지원하면 충분했지만, 스마트 비즈니스경영은 조직 외부 활동에 대한 통제까지 추가할 필요가 있다.

통제활동은 필히 보안과 연결이 된다. 전통적 정보시스템에서는 내부적 관점에서 적법한 사용과 무결성의 유지, 기밀 유지 활동만을 수행하면 그만이었다. 그러나 스마트 비즈니스 경영 환경에서는 다수의 관련 조직들이 있고 이들 간의 상호작용 및 정보교환이 발생하기 때문에 시스템 자원에의 불법적 접근 및 자료의 불법 사용과 유출 위험 가능성이 높아진다. 이 스마트 비즈니스경영 환경에서 보안에 더 많은 관심을 가지고 투자도 더 많이 해야 하는 것은 당연하다.

[IBM의 e-비즈니스] 조선일보 12.7.30 광고

IBM은 e-비즈니스라는 용어를 처음으로 사용한 IT서비스 및 솔루션기업이다. IBM의 최근 광고를 보면 e-비즈니스가 무엇을 추구하는지를 엿 볼 수 있다. 고립된 기술, 즉 연결되어 있지 않은 시스템의 문제, 통합시스템(SCM)의 효과 등을 언급하고 있다. 그리고 '똑똑한(smart)'이라는 용어에도 주목하기 바란다. IBM은 스마트 비즈니스를 추구하고 있다.

【똑똑한 고객들은 더 똑똑한 상거래를 요구하고 있습니다】

구매와 판매방식은 끊임없이 진화하고 있습니다. 과거에는 기업들의 구매, 제조, 물류, 유통 업무 등이 통합되지 않았습니다. 하지만 이제 대부분의 기업들은 '통합공급망관리(SCM)'의 가치를 인정하고 이를 구축했습니다.

그럼에도 불구하고 현재 기업들은 고객과 시장의 요구를 수용하지 못하고 있습니다. 영업 및 마케팅, 고객 서비스, 제품개발, 재고관리는 대부분 단절되어 있어 영업점들은 재고현황을 실시간으로 볼 수 없으며, 신제품은 소비자의 감성에 부응하지 못하고 있습니다. 마케팅은 소비자 개인에게 맞춰지기보다 광범위한 타켓층을 대상으로 진행되고 있습니다.

오늘날 영업, 마케팅, 구매, 서비스가 전체 가치사슬 내서 어떻게 통합되어야 하는지를 결정하는 주체는 바로 소비자입니다 이러한 변화는 단지 기존 프로세스의 개선이나 강화가 아닌 전혀 새로운 비즈니스 방식을 요구합니다.

똑똑한 상거래(Smarter Commerce)는 기업 활동의 핵심을 소비자 개인에게 두고 주목합니다. 소비자 개인의 데이터는 기업의 가치사슬을 고객과 연결시키며 고객의 니즈를 이해하고 예측하거나 고객의 구매행동 변화에 최적의 대응을 할 수 있도록 파트너들과 공급업체를 조율하는 열쇠가 됩니다.

똑똑한 전자상거래는 거대한 기회를 발견하게 됩니다. 최근 IBM의 IBV(Institute for Business Value) 조사에 따르면 밀린 재고처리와 제품 출시의 실패 등 글로벌 상거래 시스템의 비활성으로 15조 달러 이상이 낭비되고 있습니다.

한 대규모 하드웨어 회사의 경우 전체 공급망의 구매 단계의 똑똑한 상거래 방식을 적용함으로서 리드타임을 57% 감소시켰고 이월 주문을 85%나 줄였습니다. 한 글로벌 화장품 기업은 고객들에게 개인화된 맞춤 상품을 제공하기 위해 데이터 분석 기법을 적용하고 있으며, 이를 통해 이메일 당 수익을 2,500%나 증가시켰습니다. 한 소매업체는 모바일 채널을 포함, 판매채널을 다양하게 확장하여 사이트 방문자를 40% 늘렸으며, 전체 비즈니스 또한 20%가량 성장시켰습니다.

디지털 환경에 익숙하여 능동적으로 소비하는 고객이 증가하고 있음을 고려할 때, 세계의 상거래 시스템들은 소비자만큼 똑똑해져야 합니다. 다행히 우리에겐 충분히 똑똑해 질 수 있는 가능성이 있으며 가능성을 실현하는 과정을 통해 똑똑한 세상에서의 영업, 마케팅, 구매, 서비스는 새롭게 정의 될 것입니다.

함께 만드는 더 똑똑한 세상 Let's build a smarter planet. IBM

CHAPTER

04

스마트 비즈니스의 구성요소와 모델

스마트 비즈니스경영을 가능하게 구성요소들과
담당주체를 이해한다.

기업이 스마트 비즈니스를 실행하는 다양한 모델을
이해함으로써 현장감 있는 지식을 쌓는다.

제4장

스마트 비즈니스의 구성요소와 모델

Key Point

- 스마트 비즈니스경영을 가능하게 구성요소들과 담당주체를 이해한다.
- 기업이 스마트 비즈니스를 실행하는 다양한 모델을 이해함으로써 현장감 있는 지식을 쌓는다.

주요 내용

- 스마트 비즈니스의 구성요소
- 스마트 비즈니스 모델의 유형
- 스마트 비즈니스 실행 주체에 따른 비즈니스 모델
  [사례] 도심 물류서비스의 창업과 스마트 비즈니스화
- 스마트 비즈니스 실행 주체들의 관계형성에 따른 비즈니스 모델
- 경영기능별 스마트 비즈니스 모델
- 제공 서비스 유형별 비즈니스 모델
- 제품과 서비스의 유형
- [사례연구 1] 식자재 B2B 풀무원의 푸드머스
- [사례연구 2] 고객 참여 연구소
- [사례: 파워 인터뷰 2] 크리스 앤더슨 인터뷰 – 제조업의 민주화혁명

제1절
스마트 비즈니스의 구성요소

스마트 비즈니스가 현실화되기 위해서는 산업 전체 관점에서 관련된 기업 및 유관기관들의 유기적 협력관계 형성이 필요하다. 스마트 비즈니스는 어느 특정 선도적인 기업만이 노력한다고 완성되는 것이 아니라 산업이나 업종 내 전 기업들이 참여할 때 비로소 기존 산업 체제의 생산성과 경쟁력의 한계를 극복할 수 있다.

그리고 스마트 비즈니스경영은 조직의 어느 특정 활동이나 일부 구성원의 참여만으로 불가능하다. 최대 성과를 얻기 위해서는 조직 전체 구성원의 참여가 꼭 필요하다. 여기에서는 스마트 비즈니스경영의 실행 주체, 경영활동과 경영기능, 정보시스템 및 정보기술로 나누어 설명하고자 한다.

1.1 스마트 비즈니스경영의 실행을 담당하는 주체

스마트 비즈니스의 실행을 담당하는 주체는 일반적으로 고객, 자사(내부직원), 공급자, 협력사, 정부 등이다. 이러한 주체들의 역할과 특징을 설명하고자 한다.

고객

경영환경이 고객 중심적 환경으로 이미 변했고, 정보기술이 발전함에 따라 고객이 거래와 기업 경영에 직간접적으로 쉽게 참여할 수 있는 시스템적 환경이 지속적으로 조성되어 왔다. 온라인 주문시스템, 양방향 소통 게시판, 각종 블로그와 커뮤니티 등이 그 예이다. 이러한 변화는 고객의 다음과 같은 특성을 잘 파악하여 기업이 스마트 비즈니스 시스템을 추구하였기에 하였기에 가능하였다. 스마트 비즈니스 환경에서 만나는 고객은 다음과 같은 특성이 있다.

- 중간단계를 거치지 않고 기업과 직접적 거래를 하고 싶어한다.
- 과거 생산중심 시대 혹은 판매중심 시대와는 다르게 고객이 주도권을 가지는 상황이다.
- 고객의 요구사항과 선호도는 빠르게 변하며 이를 표현하는데 적극적이다.
- 개인중심의 행동과 집단화한 행동을 동시에 병행할 수 있다.

자사(내부직원)

기업의 내부직원은 스마트 비즈니스를 구현하는데 실질적 책임을 다하는 주체들이다. 즉 스마트 비즈니스 전략계획을 수립하는 최고경영층, 실행을 담당하는 중간관리자와 현장직원들 모두가 스마트 비즈니스의 주체들이다. 대부분 정보시스템처럼 스마트 비즈니스 시스템의 승패 여부 역시 내부직원의 수용과 적극적인 활용에 달려있다고 해도 과언이 아니다.

공급자

제조업의 경우, 공급자를 단순히 공급망 또는 유통구조상 필요한 조직으로 또는 원자재 공급자로서의 역할에 한정한다면 기업의 전반적인 품질향상, 원가절감, 생산성 향상을 기대할 수 없다. 경쟁력 있는 제품을 생산하기 위해서는 관련 정보를 공급자와 공유함으로써 생산운영의 속도와 제품과 서비스의 질을 올려야 한다. 이를 위해서는 공급자를 비즈니스 파트너로 대우해야 한다.

스마트 비즈니스경영 환경에서는 공급자를 부품 및 원자재의 물리적 흐름만을 담당하는 조직으로 보면서 동시에 정보흐름의 한 축도 담당하는 주체로 봐야 한다. 공급자를 스마트 비즈니스경영의 공식적인 한 축(주체)으로 인정할 때 비로소 그들과 정보를 공유할 수 있게 되며, 공급자들은 그 정보를 이용하여 주도적으로 시장수요의 변동에 탄력적으로 대응하며, 고객관계의 증진에도 긍정적 기여를 할 수 있다. 예를 들어, 시장의 수요조사 단계에서부터 정보를 공유하거나 제품개발 정보를 전자적으로 공유할 수 있다면 공급자는 필요 부품과 원자재를 지체 없이 공급할 수 있을 것이다.

협력사

협력사는 업무흐름상의 선후관계 또는 종속적인 관계가 아닌 대등한 상호 협력적 관계를 가진 조직을 의미한다. 협력사로는 금융기관, 물류, 운송, 유통, 디자인, 포장회사 등이 포함된다. 공급자와 마찬가지로 스마트 비즈니스경영에서는 대부분의 협력사들도 자사와 긴밀하게 협력해야 주체들이다.

정부

스마트 비즈니스경영 환경에서 정부는 기업들이 일하는 방식의 변화를 주도하고 이에 필요한 표준의 제정과 정보인프라의 구축에 앞장서야 한다.

정부는 행정서비스 분야, 정부물자의 구매 및 조달분야, 정부부처간 정보교환 및 업무협조 분야에서 인터넷 기술, 디지털 정보기술, 4차 산업혁명 기술이 융합된 방향으로 전환하면서 기업의 스마트 비즈니스경영의 한 축(주체)을 담당해 왔다.

정부가 스마트 비즈니스경영의 당당한 주체가 되기 위해서는 행정서비스의 생산성 향상을 위한 마인드, 실천력 그리고 기술력을 갖추어야 한다. 이는 대국민 행정서비스 향상을 위한 미래지향적 전자정부모형을 개발하고, 이에 따른 제도개혁, 업무재설계, 정보의 공개와 공동 이용 및 투명성 증대, 정보통신 기술 인프라를 구축하는 것을 의미한다. 우리나라는 강력한 전자정부(e-Government)를 지향함으로써 기업의 스마트 비즈니스경영의 실질적인 한 축을 담당하고 있다.

1.2 경영 활동과 기능

스마트 비즈니스경영은 기업의 모든 경영활동과 기능에 적용된다.

경영활동별 구분

대부분의 기업 경영 활동은 계획(planning), 조직화(organizing), 지휘(directing), 통제(control), 평가(evaluation) 중 한 범주로 분류된다. 스마트 비즈니스경영은 이 모든 활동에 인터넷 기반기술, 전통적 디지털 정보기술, 4차 산업혁명기술을 적용하는 새로운 혁신 패러다임이다. 그러므로 스마트 비즈니스경영의 구성요소에는 전통적 경영활동을 설명할 때 포함되는 모든 요소들이 모두 포함되며 다만 적용되는 기술이 더욱 확장된다는 차이가 있다.

기능별 구분

전통적으로 기업이 제대로 운영되기 위해서 기획, 인사, 회계, 영업, 주문, 고객관리, 생산, 마케팅, 연구개발(R&D) 등의 기능적 부서를 둔다. 이 각각의 기능에 인터넷 기반기술, 전통적 디지털 정보기술, 4차 산업혁명기술을 적용할 때 스마트 비즈니스 역시 가능해진다. 그러므로 전통적 경영활동을 구성하는 모든 기능이 스마트 비즈니스경영의 기능별 구분에 따른 구성요소에도 포함된다. 앞서 말한 5개의 경영활동 역시 각각의 경영기능에서 수행하는 활동으로 볼 수 있다. 고객관리를 위해 계획, 조직화, 지휘, 통제 그리고 평가활동이 필요하다.

1.3 통합정보시스템 및 정보기술

정보시스템과 정보기술은 스마트 비즈니스 실행에 필요한 인프라(infrastructure)와 기술적 도구를 제공한다. 만일 제대로 된 통합정보시스템이 없다면 스마트 비즈니스경영은 이론이나 제안의 수준에서 끝날 뿐 현실화될 수 없을 것이다. 예를 들어, 인터넷 쇼핑몰에서 고객이 상품을 주문하고 난 뒤 수행해야 되는 여러 프로세스들(결재, 주문확인, 고객정보처리, 배송현황통보, 반품처리 등)이 있다. 만일 이 일을 전자적이 아닌 수작업으로 한다면 주문과 배달, 경영정보의 확보와 DB화, A/S 등 고객서비스의 효율성은 현저하게 떨어질 것이다. 즉 이러한 일련의 정보처리 과정이 유기적으로 통합되어 있지 않다면 진정한 스마트 비즈니스경영은 요원할 것이다.

진정한 스마트 비즈니스경영을 위해서는 정보처리 및 업무처리를 통합 수행하는 정보시스템이 필요하며, 아울러 이 정보시스템은 표준화된 기술과 기준을 준수한 정보기술들로 구성되어야 할 것이다. 특히 통합수행이란 조직내부만의 문제가 아니라 조직외부의 구성요소와도 원활하게 상호 연동되어 운영되는 수준이 아니면 불가능하다. 조직내부는 앞서 배운 인트라넷 영역(인사, 회계, 연구개발 등)이며, 조직외부는 익스트라넷 영역(주문, 고객관리, 물류, 유통 등)이라 할 수 있다. 앞서 설명한 스마트 비즈니스 실행주체들의 인트라넷이 익스트라넷으로 잘 통합되어 있을 때 스마트 비즈니스경영은 시너지효과를 낼 수 있다.

제2절
스마트 비즈니스 모델의 유형

스마트 비즈니스는 기업의 특성 또는 제공하는 상품 및 서비스 성격에 따라 여러 가지 유형으로 구현된다. 스마트 비즈니스의 유형을 제대로 이해하기 위해서는 하나의 분류 기준에 의한 도식화된 이해보다는 다양한 기준과 관점에 의거하여 스마트 비즈니스의 구현(실행) 그 자체를 이해하는 것이 필요하다. 그리고 이 분류 기준 역시 상호 연관된다는 점도 고려하여야 한다. 향후 스마트 비즈니스 모델의 발전과 진화는 무궁무진하다. 그렇게 볼 때 지금의 분류 기준 자체가 부적합하여 새롭게 출현하는 모델들을 제대로 분류할 수 없을 수도 있을 것이다.

실행주체에 따른 분류

구분 기준	구현 유형
스마트 비즈니스 실행주체에 따른 구분	전통적 제조업체의 스마트 비즈니스 변신
	전통적 서비스 기업의 스마트 비즈니스 변신
	신규창업기업의 스마트 비즈니스 수행
	정부 및 공공기관의 스마트 비즈니스 수행

거래특성 및 방향에 따른 분류

구분 기준	구현 유형
거래특성 및 방향에 따른 구분	기업과 기업간 거래관계 BtoB(Business to Business)
	기업과 고객간 거래관계 BtoC(Business to Customer)
	고객과 기업간 거래관계 CtoB(Customer to Business)
	개인과 개인간 거래관계 CtoC(Customer to Customer)
	정부와 기업간 거래관계 GtoB(Government to Business)
	정보와 시민간 거래관계 GtoC(Government to Citizen)

대상경영기능에 따른 분류

구분 기준	구현 유형
대상경영기능에 따른 구분	전사적자원관리 ERP(Enterprise Resource Management)
	고객관계관리 CRM(Customer Relationship Management)
	공급망관리 SCM(Supply Chain Management)
	전략적 기업관리 SEM(Strategic Enterprise Management)
	제품문서관리 PDM(Product Document Management)
	인터넷 마케팅 Internet Marketing
	전자상거래 Electronic Commerce
	전자무역 또는 인터넷 무역 (Electronic Trade, Internet Trade)

서비스 특성에 따른 분류

구분 기준	구현 유형
제공 서비스 특성에 따른 유형	커뮤니티(Community)
	정보제공(Contents) 및 검색서비스
	사회적 네크워크 서비스(SNS)
	인터넷 서비스 제공(Internet Service Provider)
	인터넷 금융(Internet Financing)
	e-business 자문(e-Business Consulting/Management)
	인터넷 교육(Education with Internet)
	인터넷 방송(Internet Broadcasting)

제3절
스마트 비즈니스 실행 주체에 따른 비즈니스 모델

3.1 전통적 제조업체의 스마트 비즈니스 변신

과거의 전통적 기업 운영방식으로는 급변하는 경영환경에서 생존을 보장받기가 곤란해졌다. 이미 국내 기업들은 IMF 외환위기, 미국의 서브프라임 사태로 인한 금융위기, EU발 금융위기를 거치면서 심각한 위기의식을 느끼고 혁신과 구조조정에 대한 압박을 받고 있는 것이 현실이다. 이러한 상황에서 전통적 제조업체가 스마트 비즈니스로의 변신을 꾀할 수 있다. 스마트 비즈니스 시대에는 스마트 시대에 맞는 전략과 사업구조 및 조직운영이 필요하며, 경영과 제조에 있어서도 인터넷기술, 전통적 디지털 기술, 4차 산업혁명의 스마트 기술들이 갖는 가치를 인식하고 이에 맞는 전략을 수립해야 한다.

전통적 제조업체는 경쟁력을 확보할 수 없는 부분은 과감하게 아웃소싱을 하고, 기업의 핵심역량에 모든 자원을 집중하여, 관련 기업끼리 인터넷을 중심으로 비즈니스를 수행해야 한다. 영업과 판매부분에는 전자상거래 사이트를 구축하여 온라인 판매채널을 확보하고, 인터넷 마케팅과 교육/훈련 등은 전문 스마트 비즈니스 업체에 아웃소싱 할 수 있을 것이다. 예를 들면, 델컴퓨터는 컴퓨터를 제조하는 기업이지만 모든 주문을 인터넷으로 받고, 주문품을 생산하는데 소요되는 부품의 주문도 SCM 네트워크를 통해 공급업체에 전달하며 완제품은 유통업체가 아닌 직접 배달하고 있다. 오늘날 많은 농어민들이 현지에서 전자상거래 사이트를 구축하여 자신들의 상품을 최종사용자와 직접 거래하기도 한다.

무엇보다도 전통적 제조업체는 스마트 팩토리(smart factory)로 변신을 추구해야 한다. 4차 산업혁명을 의미하는 인더스트리 4.0은 제조공정의 최적화를 위해 다양한 기기·설비·작업자에게 센서를 부착해 정보를 수집하고 IoT를 통하여 공유하는 통합관리체계의 구축을 지향한다. 실시간으로 제조설비를 모니터링 및 제어를 하고, 에너지의 효율적 사용을 추구하며, 각종 스마트기술을 활용하여 물류 효율화를 추구한다.

[쉬어 가기] 스마트 팩토리란?(국제무역연구원, 2016)

스마트 팩토리(smart factory)는 생산기기와 생산품 간 상호 소통체계를 구축하여 전체 생산 공정을 최적화, 효율화하고 산업 공정의 유연성과 성능을 새로운 차원으로 업그레이드한 팩토리(공장)를 의미한다. 이를 위해서는 사물인터넷(IoT)이 요구된다.

〈그림 4-1〉에 의하면 스마트팩토리는 생산설비(시스템)를 기반으로 한 수직적 통합과 고객의 요구사항을 시작으로 하는 제품개발 가치사슬 (value chain) 기반 수평적 통합을 의미한다. 수직적 (생산시스템) 통합은 생산의 효율화를 위한 목표를 가지고 있으며 이를 위하여 제품이 완성되는 다양한 설비에서 센서 및 디바이스를 통하여 신호를 획득하고, PLC(Programmable Logic Controller) 및 HMI (Human Machine Interface) 등의 제어기술을 통하여 설비를 제어하며, 생산 프로세스 관리를 위한 MES (Manufacturing Execution System)와 창고관리를 위한 WMS (Warehouse Management System)를 거쳐 최상단에 위치한 ERP (Enterprise Resource Planning)까지 연동하는 개념이다.

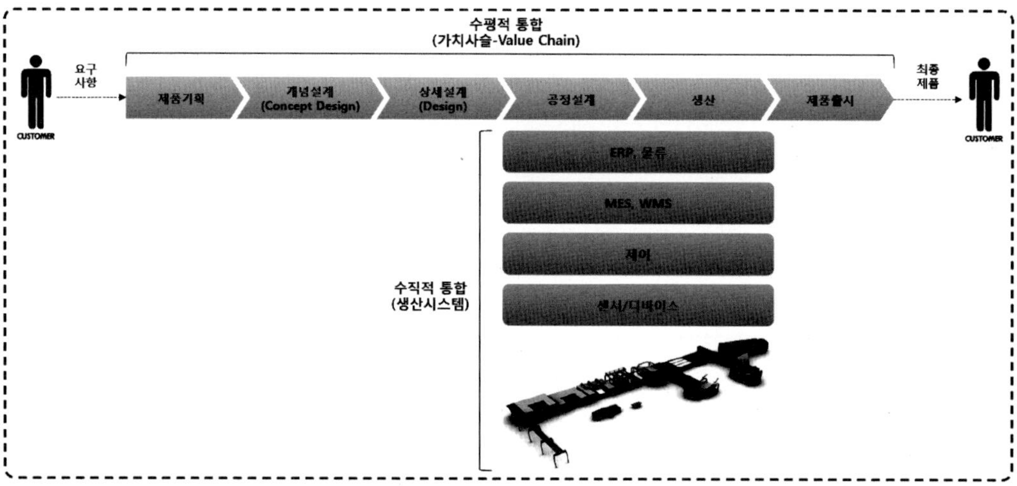

〈그림 4-1〉 스마트 팩토리의 범위

수평적 가치사슬 통합은 고객 (B2B에서의 기업고객 및 B2C에서 개인고객을 모두 포함)이 원하는 요구사항을 도출하기 위한 시장조사 및 제품기획 단계를 거쳐, 고객의 요구사항을 충족시키기 위한 제품개발 R&D (개념설계-상세설계) 단계 및 공정설계 후 제품을 생산하여 제품을 고객에게 전달하는 과정까지를 포함한다.

지금까지의 공장자동화의 개념은 수직적 통합으로 공장과 제조(생산)에 한정되었으나 최근 고객중심경영의 심화를 위한 수평적 통합 방향도 “Smart”의 범위에 포함된다.

3.2 전통적 서비스 기업의 스마트 비즈니스 변신

급변하는 경영환경에서 전통적 서비스 기업도 스마트 비즈니스로의 변신을 꾀할 수 있다. 전통적 서비스 기업은 고객 정보를 관리하고 고객과의 관계를 형성·유지하고, 효율적인 서비스 프로세스를 구축하기 위해 디지털 정보기술, 인터넷 기술, 4차 산업혁명기술을 유기적으로 활용함으로써 스마트 비즈니스로 변신해야 한다.

서비스 기업의 변신은 특히 철저하게 고객을 중심에 놓고 진행되어야 하며, 이를 위해서 다음과 같은 일들을 수행해야 할 것이다.

- 고객관련 모든 자료를 체계적, 과학적으로 관리해야 한다. 이를 위해서 데이터웨어하우스, 데이터마이닝 등 첨단 DB기술의 도입이 필요할 것이다.
- 과학적인 데이터분석을 통해 얻은 시장과 고객의 변화를 기획과 의사결정에 신속하게 반영하여야 한다.
- 고객에게 친밀감 있게 다가가기 위해 고객과의 양방향 의사소통이 가능한 기술들을 도입한다. 고기능 홈페이지를 구축하여 고객들에게 게시판과 커뮤니티를 제공해주고, 앱과 SNS를 통하여 긴밀하게 소통하며, 종합적인 CRM시스템을 도입해야 할 것이다.

3.3 신규 창업기업의 스마트 비즈니스 수행

신규 창업기업은 무에서 시작하므로 스마트 비즈니스 수행이 비교적 수월하다. 신규로 창업하는 기업이 선택할 수 있는 사업분야와 스마트 기술은 무한하다. 인터넷 자체가 사업대상이 될 수도 있으며, 업무 프로세스에 인터넷 기술, 디지털 정보기술, 4차 산업혁명기술을 적용할 수도 있다.

전통적 기업에 비해 신규 창업기업은 과거의 관행과 구성원의 저항 및 반발에 따른 제약

없이 자유롭게 새로운 패러다임을 적용 가능하고, 처음부터 완벽한 비즈니스 모델을 구상할 수 있으므로 경쟁력 확보가 더 쉽다. 반면에 전통적 기업이 축적된 자금으로 투자가 용이하지만, 신규기업은 충분한 예산이 확보되지 않을 경우, 계획은 좋은데 실행이 미흡할 수도 있다.

[사례] 도심 물류서비스의 창업과 스마트 비즈니스화

요즘은 배달이 되지 않는 물건을 꼽는 것이 더 빠를지 모른다. 이제 도심 물류기술은 많은 업종에서 경쟁적 우위를 제공하는 중요한 요소가 되고 있다. 물류는 공급망관리시스템(SCM)의 중요한 한 구성요소이며 아웃소싱의 주요 대상이며 정보공유는 이 시스템의 핵심 기능이다. 모바일/스마트 기술들이 도심물류관리를 가능하게 하는 핵심적인 자리를 차지하고 있다.

도심(都心) 한복판에서 빠르고 편리한 '생활 배달' 서비스를 제공하는 물류(物流) 분야 스타트업(창업 초기 기업)이 늘고 있다. 이들의 사업 무대는 항공·선박을 이용한 글로벌 시장이 아니라 오토바이 등으로 배달이 가능한 반경 수백m~수십㎞ 지역이다. 소비자가 각종 제품·서비스와 접촉하는 마지막 지점, 이른바 '마지막 1마일(last one mile)'을 공략해 수익을 내는 것이 이 기업들의 목표다.

◇ '도심 속 물류' 스타트업 봇물

국내 최대 배달 음식 중개 앱(응용 프로그램) '배달의민족'을 운영하는 우아한 형제들은 최근 '배민라이더스'라는 새 서비스를 출시했다. 배달 서비스를 하지 않는 유명 맛집들을 자체 오토바이 배달원이 직접 찾아가 음식을 수령한 뒤 주문자에게 가져다주고 수수료를 받는 형태다. 현재 인기 음식점의 냉면·초밥·삼계탕·수제버거 등이 주문 목록에 올라 있다.

최근 도심 한복판에서 음식부터 동네 편의점 물품 등을 빠르고 편리하게 배달해주는 물류 분야 스타트업이 늘고 있다. 스마트폰 앱으로 음식 주문을 받아서 식당에 넘겨주는 차원을 넘어서 이젠 직접 배송에까지 뛰어든 것이다. 이 회사는 지난달 식료품 배달 업체 덤앤더머스까지 인수했다. 과일·채소·잡곡, 유명 베이커리의 빵 등을 온라인으로 주문하면 자체 배송 차량을 이용해 정기적으로 고객의 문 앞에 배달해주는 서비스다. 우아한형제들 김봉진 대표는 "이용자들은 다양한 음식을 먹을 수 있고 가맹 업주들도 배달원을 따로 고용하지 않고 부수입을 창출하는 효과가 있다"며 "음식과 IT(정보기술), 물류를 결합한 푸드테크(food tech) 기업으로 거듭날 것"이라고 말했다.

스타트업 메쉬코리아의 '부탁해' 앱은 동네 편의점 물품을 배달해주는 서비스를 한다. 편의점 CU와 제휴를 맺고 각종 생필품을 집 앞까지 배달해주는 서비스를 2015년 6월부터 시작했다. 1만원어치 이상을 사면 거리에 따라 1500~3000원의 배달비를 받는다. 메쉬코리아 유정범 대표는 "1인 가구가 늘면서 편의점 간편식이나 생필품을 소량 구매하는 수요를 반영한 서비스"라고 말했다.

전자상거래 기업 쿠팡 역시 자체 배송 직원 '쿠팡맨'이 주문 당일이나 늦어도 다음 날까지 소비자에게 물품을 전달하는 '로켓배송' 서비스로 인기를 얻고 있다. 경기도 일산에선 '주문 2시간 내 배송' 시범 서비스를 이달 중 시행할 예정이다. 업계에선 쿠팡을 두고 "유통기업이 아닌 물류 기업"이라고까지 말한다.

◇ IT에 아이디어 더해 시장 공략

물류 사업은 전통적으로 대규모 투자가 필요한 대기업의 영역으로 여겨졌다. 하지만 스타트업은 IT와 아이디어를 결합해 틈새시장을 공략한다. 도심에서 소비자의 세세한 욕구를 맞춰주는 서비스가 많은 것도 이 때문이다.

예를 들어 덤앤더머스는 6만여명의 회원이 고르는 100여가지의 서비스를 제각기 원하는 주기(週期), 날짜에 맞춰 이른 아침에 정확히 아파트 문 앞에 배달해줘야 한다. 모두 상하기 쉬운 신선 식품들이다. 이 회사는 배달에 차질이 없도록 복잡한 주문·배송 과정을 처리하는 물류 관리 시스템을 운영하고 있다.

메쉬코리아는 고객의 주문부터 배달까지의 전(全) 과정을 전산화했다. 300여대의 오토바이를 갖춘 배송업체와 계약을 맺고, 고객이 스마트폰으로 주문하면 이 내용이 동시에 배송업체와 음식점에 전달된다. 오토바이 배차(配車)도 자동 완료된다. 중간에 콜센터를 두지 않고 모든 것을 전산으로 처리하는 것이 경쟁력이다.

이런 배달 서비스의 수수료는 한 건당 수천원에 불과하다. 이렇게 해서도 수익이 날까. 덤앤더머스 조성우 대표는 "처음엔 한두 개 주문으로 시작하지만 이것을 100개, 1000개로 늘려 정기 수요를 만들고 점차 구매력을 키워 수익을 내는 것이지, 단순한 수수료 비즈니스는 아니다"고 설명했다. '규모의 경제'를 지향한다는 말이다.

[자료원] 조선일보, 2015.06.26.

3.4 정부 및 공공기관의 스마트 비즈니스 수행

21세기 행정부의 역할은 인터넷 기술, 디지털 정보기술, 4차 산업혁명기술을 활용한 스마트 전자정부(e-Government)의 구현에 있다. 이는 정부가 제공하는 모든 공공서비스에 인터넷 기술, 디지털 정보기술, 스마트기술을 적용하는 것이다.

민간기업과 비교할 때 스마트 비즈니스 사명과 비전이 지향하는 바는 다를 것이다. 즉 공공의 이익과 최고선을 위해 정보기술을 적용하는 방향으로 스마트 비즈니스 사명과 비전을 설정할 필요가 있을 것이다.

예를 들어, 오늘날 시(市)정부는 버스와 정류장에 무선기술을 적용하여 버스의 현재 운행상황을 정류장의 단말기에 보여줌으로써 시민이 서비스를 편리하게 이용하게 하고 있다. 그렇지만 다음 버스가 오는데 걸리는 시간 정도만을 알려줄 뿐이어서 정보의 용도가 매우 제한적이다. 그렇다면 버스와 지하철의 운행정보를 스마트폰을 통해 집에서 받을 수 있다면 시민들은 더욱 편리하게 서비스를 이용할 수 있을 것이다. 현재 교통정보수집기술과 드론기술을 합하면 시민들이 혼잡한 길을 피해 출근할 수 있는 정보를 제공할 수도 있을 것이다.

제4절 스마트 비즈니스 실행 주체들의 관계형성에 따른 비즈니스 모델

4.1 기업과 기업 간 스마트 비즈니스 실행: BtoB(Business to Business)

스마트 비즈니스의 실행을 주도하는 주체는 기업이다. 기업을 중심으로 경영활동 및 거래가 발생하는데, 이때 거래 상대가 또 다른 기업일 경우에 해당하는 유형이다. BtoB는 오래 전부터 기업들끼리 해온 거래이다. 오래 전 대기업들은 이미 전통적, 폐쇄형 EDI를 구축하여 거래를 전자적으로 처리해 왔다. 그렇지만 인터넷환경의 EDI가 출현하면서 이러한 BtoB거래는 더욱 활성화되었다. B2B를 구체화시킨 비즈니스 모델 중에 하나는 SCM(공급망관리)이다. 예를 들면 다음과 같은 거래유형들이 있다.

- 원자재 및 부품의 조달: 식자재(풀무원의 푸드머스), 건축자재 거래 e-Market Place(인터넷 장터)
- 유통 및 물류망의 공유: 택배 회사의 배송의뢰접수 시스템의 활용
- 생산과 판매의 협력 분야에서 활용: 주문프로세스 및 생산 및 재고정보 공유 시스템

B2B 비즈니스가 원활하게 되기 위해서는 첫째, 관련된 기업들이 개방형 인터넷기반 정보시스템 인프라(인트라넷)를 잘 갖추고 있어야 한다. 인트라넷을 구축하면 표준화된 프로토콜을 쓰는 개방형 네트워크를 갖추게 되어 자사의 시스템을 인터넷을 통해 타 회사의 그것과 연동하기가 쉬워져 B2B 비즈니스의 실행을 용이하게 한다. e-마켓플레이스(인터넷 장터)는 11장 전자상거래에서 좀더 깊이 설명되어 있으니 참조하기 바란다.

4.2 기업과 고객 간 스마트 비즈니스 실행: BtoC(Business to Customer)

기업과 고객 간에 거래관계가 형성되는 형태의 스마트 비즈니스 유형이다. 공급의 주체는 기업이며 고객은 소비의 주체이다. 예를 들면 다음과 같은 유형들이 있다.

- 인터넷 쇼핑몰, 오픈마켓 등
- 인터넷 뱅킹(카카오뱅크, K뱅크 등). 고객이 통장개설, 통장조회, 계좌이체, 대출신청 등을 직접 할 수 있다.
- 택배회사가 고객에게 배달가능 시간대를 미리 고지하는 서비스 등

▸ 고객컴퓨팅(customer computing)은 BtoC를 확산시키는 대표적인 기술트렌드 중에 하나이다.

고객컴퓨팅은 고객이 직접 거래 및 주문과정에 적극적으로 참여하는 것을 말하며, 스마트폰의 보급으로 그 비중은 계속 증가하고 있다. 예를 들어, 온라인 인화점(Skopi)에서는 고객이 프린트를 원하는 사진파일을 직접 올리며, 사이즈, 처리방식, 매수 등을 정한 후 주문을 실행하며 대금결제까지 마쳐야 한다.

고객 참여도가 높을수록 기업은 별도의 업무 담당자를 둘 필요가 없어 비용을 줄일 수 있다. 따라서 고객컴퓨팅 비중이 높은 고객에게는 그 가치(절감되는 비용 등)를 인정해서 추가적 혜택을 부여할 수 있다. 홈쇼핑에서 스마트폰 앱으로 주문을 하면 가격을 할인해 주는 이유도 여기에 있다. 고객이 경영프로세스에 참여하면서 많은 정보를 남기고 기업을 이것을 분석하여 잘 이용하면 매출과 고객만족의 증대로 연결할 수 있다.

4.3 고객과 기업 간 스마트 비즈니스 실행: CtoB(Customer to Business)

양방향소통을 가능하게 하는 인터넷의 등장은 기업과 고객 간의 전통적 관계에도 변화를 초래하였다. 전통적으로 기업이 고객에게 상품을 홍보하고 판매하는 관계에서 거꾸로 고객이 거래를 주도하는 비즈니스모델이 활성화된 것이다. 인터넷을 통해 개인 또는 단체가 필요한 상품 및 서비스의 가격과 부대조건을 결정해서, 이를 생산자 또는 공급자에게 제시하고 합의가 이루어지면 구매하는 형태이다. 인터넷 공동구매가 가장 일반적인 예가 될 수 있다.

한편 오늘날 이런 CtoB를 전문적으로 대행해 주는 사회적 상거래(Social Commerce)업체가 많이 생겨났다. 쿠팡, 티켓몽과 같은 사회적 상거래업체들은 초창기에는 소비자집단을 대신하여 특정 기업들과 협정하여 제품이나 서비스를 저렴한 가격으로 판매하기 시작하였다. 그러나 오늘날에는 고객의 요청과 상관없이 제품과 서비스를 판매하는 일반적인 BtoC 전자상거래업체로 진화하였다.

4.4 개인과 개인 간 스마트 비즈니스 실행 : CtoC(Customer to Customer), PtoP(Peer to Peer)

개인과 개인끼리 거래를 하는 것은 선사시대의 물물교환처럼 그 역사가 매우 오래되었다. 인터넷의 출현으로 이러한 CtoC 비즈니스의 방식이 훨씬 유연하고 편리해졌다. 특히 PtoP(Peer to Peer) 모델에서는 고객이 공급의 주체이고 동시에 수요의 주체이며, 인터넷은 매개역할만 수행할 뿐이다. 예를 들면 다음과 같은 다양한 사례가 있다.

- 전통적으로 벼룩시장과 같은 정보전달지 등을 통해 오프라인 방식으로 국지적으로 진행되던 거래가 인터넷이라는 광역화된 사이버 공간으로 확산되었다.
- 옥션(auction.co.kr)이나 G-Market 등 대형 인터넷쇼핑몰들은 전문판매점(셀러)이 아닌 개인과 개인끼리 거래를 할 수 있는 서비스(에스커로 서비스 포함)를 제공하고 있다. 즉 과거에 정보지를 통해 아날로그 방식으로 개인과 개인끼리 이뤄지던 거래가 사이버 공간에서 시공간을 초월하여 이뤄지는 형태로 바뀌었다.
- 파일공유사이트(유튜브 등), 앱스토어(예: 구글의 Play Store) 역시 PtoP 비즈니스로 볼 수 있다. 개인 또는 기업이 창작한 콘텐츠나 애플리케이션을 받아 합리적인 가격을 책정하여 판매를 위탁해 주기 때문에 B2C 비즈니스로 볼 수도 있지만 개인과 개인이 디지털 컨텐츠를 판매하는 것은 P2P 또는 C2C 비즈니스라 할 수 있다. 불법복제와 같은 지적재산권의 침해가 발생하지 않도록 유의해야 한다.

오늘날 사적인 유휴자산의 공유를 지향하는 공유경제가 성행하고 있다. 개인이 가지고 있는 주택, 방, 차량 등을 타인과 매치시켜주는 서비스를 대행하는 공유경제 사이트도 많이 있다. 에어비엔비(airbnb)는 민박업자와 여행자를 연결해주고, 우버(Uber)는 개인차량과 이동이 필요한 고객을 연결해 준다. 이 밖에도 부동산 임대차를 연결해주는 많은 공인중개 사이트들이 국내에 성행하고 있다.

4.5 정부와 기업 간 스마트 비즈니스 실행 : GtoB
정부와 시민 간 스마트 비즈니스 실행 : GtoC

정부와 기업 간 거래(Government to Business)는 공공 물자 또는 행정 물품의 조달 및 조세관계에서 발생한다. 정부는 거대한 소비자라 할 수 있다. 예를 들어, 조달청(나라장터: sarok.go.kr)은 조달물자의 입찰 및 계약정보를 인터넷을 통해 공시하고 있으며, 시설공사의 전산입찰시스템을 운영하고 있다. 국세청은 사이버 세무서(홈텍스)를 운영함으로써 개인과 기업의 세무행정의 편의를 제공하고 있다. 이 외에도 정부기관은 관련 업무에 대한 정보를 홈페이지에 게시할 뿐만 아니라 각종 대민서비스(민원접수, 증명서 발급 등)를 인터넷을 통해 제공하고 있다.

제5절
경영기능별 스마트 비즈니스 모델

구현유형

- 전사적자원관리 ERP(Enterprise Resource Management)
- 고객관계관리 CRM(Customer Relationship Management)
- 인터넷 마케팅(Internet Marketing)
- 공급망관리 SCM(Supply Chain Management)
- 전자상거래(Electronic Commerce)
- SEM(Strategic Enterprise Management)
- PDM(Product Document Management)
- 전자무역(Electronic Trade)
- 모바일 비즈니스(Mobile Business)

5.1 전사적자원관리 ERP(Enterprise Resource Planning)

ERP는 경영목표 달성을 위해 경영자원을 효율적으로 관리하고, 경영기능이 제대로 기능을 발휘하도록 지원하는 통합정보시스템이다. 전통적으로 정보시스템은 분석-설계-구축-검사라는 과정을 거쳐 개발이 되지만 ERP는 전문업체가 이미 만들어 놓은 소프트웨어(패키지)를 구입한 후 이를 환경에 맞게 수정하여 쓰는 새로운 개발방식이다.

ERP의 공식적인 정의는「산업별, 기능별 특성에 적합한 최적의 업무 프로세스 (Best Process), 최적의 Data (Best Data), 최적의 조직 (Best Organization)에 최적의 기술 (Best Technology)을 적용하여 구현한 통합정보시스템」이다. ERP는 7장에서 다시 자세히 다루게 될 것이다.

5.2 고객관계관리 CRM(Customer Relationship Management)

CRM은 고객 데이터로부터 추출한 고객에 대한 정확한 이해를 바탕으로, 고객이 원하는 제품과 서비스를 지속적으로 제공함으로써, 한번 고객이면 영원한 고객이 되도록 하여, 결과적으로 고객의 평생가치(Life-Time Value)를 극대화하여, 기업의 수익성을 높이는 통합된 고객관리 프로세스를 말한다. CRM은 8장에서 다시 자세히 다루게 될 것이다.

5.3 인터넷 마케팅

전통적으로 마케팅이란 생산자로부터 소비자에게 상품과 용역이 이동되는 과정에 포함되는 모든 경영활동을 의미한다. 그래서 이 용어에는 시장조사, 영업, 판촉, 광고, 유통, 판매 등 상당히 광범위한 경영활동을 포함하고 있다. 이 모든 활동에 인터넷, 디지털 정보기술 그리고 4차 산업혁명 기술이 접목되면서 엄청난 변화와 혁신이 일어나고 있는 분야이기도 하다.

인터넷 마케팅은 전 세계를 연결하는 네트워크인 인터넷, 특히 World Wide Web을 이용한 새로운 마케팅기법이다. 활동의 기반과 매개체가 인터넷으로 바뀐 것일 뿐 대부분의 전통적 마케팅 활동을 수행할 수 있다. 인터넷이라는 가상공간은 인터넷 기술 및 디지털 정보기술을 이용해서 고객의 정보수집, 고객과의 관계 형성, 고객과의 실시간 상호작용을 가능하게 하는 양방향 커뮤니케이션 플랫폼이다. 인터넷을 통해 제품과 서비스에 대한 정보를 전달할 수 있으며, 적은 비용으로 고객과의 1:1맞춤 서비스를 제공할 수 있다. 인터넷 마케팅은 10장에서 다시 자세히 다루게 될 것이다.

5.4 공급망 관리 SCM(Supply Chain Management)

SCM은 원재료나 부품의 공급자로부터 시작해서 최종 소비자에까지 이르는 상호관련된 가치활동들의 흐름에서, 정보의 공유화와 업무 프로세스의 근본적인 혁신을 꾀하여 공급망 전체의 효율성을 극대화하는 경영활동이다.

SCM은 기업 내 또는 기업 간에 수행되는 다양한 사업 활동의 프로세스와 부문간 부서간에 존재하는 물리적 벽을 넘어서, 영업, 주문, 공급, 배송, 서비스, 결재 등에 필요한 정보 흐름을 통합·관리함으로써 공급망 전체의 효율성을 제고하는 시스템이다. 오늘날 웹기반 EDI시스템은 SCM의 구축을 보다 용이하게 하고 있다. SCM은 9장에서 다시 자세히 다루게 될 것이다.

5.5 SEM(Strategic Enterprise Management)

SEM(전략적 기업경영)의 개념

기업의 각종 경영정보를 정확히 분석하고 문제점을 쉽게 파악할 수 있도록 임원 및 최고경영진으로 하여금 가치중심 경영을 전사적으로 구현할 수 있게 해 주는 일련의 통합된 분석용 애플리케이션 도구와 프로세스이다. 전통적으로 이를 중역정보시스템(EIS)라고 부르기도 하며, 데이터웨어하우스, BI(Business Intelligence), 데이터분석, 데이터시각화 기술이 종합적으로 적용되는 분야로 보기도 한다.

구체적으로 SEM은 ERP 및 외부 시스템(SCM, CRM 등)에서 가져온 정량적 및 정성적 정보를 종합적으로 묶어 핵심성과지표(KPI: Key Performance Indicators)를 설정함으로써 시작된다. 성과지표는 한데 어울려 물류가치사슬, 재무가치사슬과 연계하고 기업 속성 값에 대한 Balanced Score Card (BSC)를 생성한다. 이 정보를 근거로 대체 전략 시나리오를 시뮬레이션해 봄으로써 경영진은 주요 의사결정이 KPI에 미치는 영향을 예측해 볼 수 있다.

SEM의 구성개념

SEM은 다음과 같은 혁신적 경영철학과 기법에 근거하여 발전된 전사적 의사결정(문제해결)지원시스템이다.

■ 가치기반경영(VBM: Value Based Management)

- 기업의 가장 기본이 되는 목적을 주주와 투자자들에게 최고의 경제적 가치를 창조하는데 두는 경영철학이다. VBM은 기업의 모든 의사결정을 부가가치 기준에 따라 결정

하고 공정한 성과평가와 성과보상을 강력하게 연계함으로써 경영효율성을 제고하여 기업 가치를 극대화하려는 경영시스템이라 할 수 있다.

■ 활동기반경영(ABC/ABM: Activity Based Costing/ Activity Based Management)

- 자원을 사용하는 모든 경영활동에 자원비용을 배분하고, 이 활동을 사용하는 제품 및 고객과 같은 활동 동인을 중심으로 비용을 배분하는 원가계산 방법이다. 여기서 활동이란 프로세스의 하위계념이다. 예를 들어 간접비에 속하는 활동들은 보관비용(부품수), 품질검사(검사회수), 기계작업(기계시간), 임대료(부피), 교육훈련비(인원)들이며, 괄호 안은 원가 동인이다. ABM은 ABC 원가정보를 이용하여 전략적 의사결정을 지원하는 경영기법이다.

■ 균형성과표(BSC: Balanced Score Card)

- 기업의 성과관리체계를 단순한 재무적 관점에서 벗어나 네 가지 핵심적인 관점들(재무, 고객, 내부 프로세스, 조직학습)을 균형 있게 측정하고 관리함으로써 서로의 인과관계까지를 관리하고자 하는 기법이다. 이 균형성과표를 이용하면 기업의 전략적 목표를 일련의 성과측정 지표로 쉽게 전환할 수 있다.

5.6 제품문서관리(PDM: Product Document Management)

PDM은 주로 제조업체가 필요로 하는 시스템이다. 생산에서부터 유통, 폐기에 이르기까지 제품과 제품에 소요되는 부품과 원자재에 대한 모든 정보를 통합 관리해주는 시스템이므로 제품설계, 연구개발, 공정설계, 고객서비스(AS)에 기본적으로 필요한 한편, 공급자와 협력업체와 공유하면 품질향상과 업무처리 속도를 빠르게 하는데 기여할 수 있다.

CAD/CAM과 동일 시 하지만 상당한 차이점이 있다. 기존 CAD/CAM 소프트웨어는 제품 설계 때 작업한 도면과 스펙 데이터를 재사용할 수 있을 뿐만 아니라 이를 다시 공정설계에 바로 이용할 수 있어 재작업의 비능률을 줄이는 등 생산성 향상에 많이 기여해온 시스템이다. 그렇지만 PDM은 CAD 작업에서 생산된 도면정보만 아니라 해당 제품의 공정정보, 재료정보, 품질정보, 원가정보, 설계이력, 생산량, 생산일자, 주문량, 공급업체, 원산지 등 제품과 관련된 모든 정보를 통합관리 해 줌으로써 자사의 활용은 물론 공급업체와의 공유를 통해 생산성 향상을 더욱 극대화할 수 있는 시스템이다. 특히 PDM은 스마트팩토리를 구현하는데 필수적 구성요소이며,

5.7 전자상거래(Electronic Commerce)

전자상거래는 스마트 비즈니스를 구성하는 하위 비즈니스 모델의 하나이다. 과거에도 대기업과 금융기관 등에서 대기업들이 구축한 폐쇄적 네트워크(예: EDI, CALS, VAN 등)를 통하여 전자상거래가 성행하였지만 오늘날 개방형 WWW 인터넷이 보편화되면서 매우 다양한 형태로 확산되었다. 전자상거래는 11장에서 다시 자세히 다루게 될 것이다.

5.8 전자무역(Electronic Trade) 또는 인터넷 무역(Internet Trade)

전자무역은 인터넷을 통해 형성된 가상공간에서 바이어와의 상담에서 상품의 주문, 지불, 출고, 선적에 이르기까지 모든 무역 업무를 디지털 정보기술을 이용해서 처리하는 방식이다. 전자무역은 국경을 넘어 수출 및 수입 프로세스를 스마트 비즈니스화한 것이라 할 수 있다. 글로벌 BtoB 사이트들(예: Alibaba.com)이 국가가 다른 중소기업들 간의 전자무역을 쉽게 추진할 수 있도록 돕는 가상플랫폼으로 성장하고 있다.

5.9 모바일 비즈니스(Mobile Business)

마지막으로 모바일 비즈니스를 경영기능별 스마트 비즈니스 모델의 하나로 소개하는 것은 이론의 체계성을 잡기 위해서이다. Any time, Any place로 가지고 다니며 작업을 할 수 있는 모바일 무선기기의 확산, 무선 인터넷 기술의 발전으로 무선 환경에서 앞서 설명한 모든 경영활동과 비즈니스를 수행할 수 있게 되었다. 따라서 모바일 비즈니스는 모바일환경에서 모바일기기(스마트폰, 테블릿PC 등)를 이용하여 수행할 수 있는 모든 비즈니스로 정의할 수 있다. 여기에는 모바일 마케팅, 모바일 제품문서관리, 모바일 전자상거래(m-Commerce), 모바일 전자무역 등이 하부 비즈니스모델이 될 수 있을 것이다.

제6절
제공 서비스 유형별 비즈니스 모델

- 인터넷 포탈 Internet Portal
- 인터넷 서비스 제공 Internet Service Provider
- 커뮤니케이션 서비스 제공 Communication Service Provider
- 콘텐츠 및 편의제공 Contents & Service
- 인터넷 금융 Internet Financing
- e–Business 자문 e–Business Consulting
- 인터넷 교육 Cyber Education
- 인터넷 방송 Internet Broadcasting

인터넷 포탈

인터넷 포탈은 정보의 바다라고 할 수 있는 인터넷의 관문이므로 이용자가 많이 모이면 모일수록 비즈니스가 잘 되는 업종이다, 그래서 포탈은 이용자가 필요로 하는 다양한 서비스를 공짜로 때로는 유료로 제공하므로 여러 가지의 비즈니스 모델이 있을 수 있다.

정보검색서비스(Internet Search Service)는 이용자로 하여금 웹사이트, 지도, 뉴스, 지식, 멀티미디어(이미지, 동영상, 음악) 등의 정보를 쉽게 접근할 수 있도록 하는 기본 서비스이다. 포탈은 또한 무료 홈페이지, 이메일, 블로그, 카페, 게시판 등 다양한 커뮤니티(Community) 서비스를 제공하여 방문자의 수를 늘이고자 노력한다. 특히 검색기능은 필요로 하는 정보에 쉽게 접근하도록 돕는 기능이므로 전자상거래사이트와 같이 기능과 메뉴가 다양한 대부분의 웹사이트에서는 필수적인 기능이다.

포탈의 검색서비스와 커뮤니티 서비스 자체가 수입을 창출하기 보다는 방문자에게 원하는 정보를 검색해주고 그 정보로 인해 이익을 얻는 조직(전자상거래 사이트, 식당, 기타 업체 등)으로부터 받는 광고비가 주 수입원이 된다.

·))) 인터넷 서비스 제공

인터넷 서비스 제공자들은 인터넷을 사용하고 인터넷을 이용한 사이버공간을 구축하고 그것을 관리해 주는 서비스를 말한다. 다음과 같은 서비스들이 있다.

- Internet Service Provider: KT, SK Broadband, LG U+와 같이 인터넷 연결 서비스를 제공하는 업체들.
- 인터넷 전화: 인터넷 서비스 업체들이 인터넷 전화 서비스도 제공하고 있음.
- 홈페이지 개발 및 위탁관리 서비스
- 전자상거래 사이트 개발 및 위탁관리서비스
- 서버 임대 서비스: 독립된 서버가 필요 없는 중소기업들을 위한 클라우드 서비스

·))) 커뮤니케이션 서비스 제공

유무선 인터넷은 조직과 사람들이 온라인으로 소통하는 중요한 매체가 되어준다. 앞서 설명한 이메일, 커뮤니티 서비스(블로그, 카페, 게시판), SNS(카카오톡, 밴드, 페이스북, 트위트, 링크드인 등) 등이 있다. 대부분의 커뮤니케이션 서비스 그 자체는 업체에 수입을 가져다주지는 못하므로 비즈니스 모델이 되기는 어렵다. 그러나 해당 서비스 이용자가 다른 서비스(구매, 게임 등)를 이용하거나 구매함으로써 매출을 올릴 수 있다.

·))) 콘텐츠 및 편의제공 Contents & Service

사람들에게 재미를 제공하고 문제를 해결하도록 돕는 고급정보와 애플리케이션은 분명 가치가 있으므로 이것을 만드는 일은 유효한 비즈니스 모델이라 할 수 있다. 웹툰, 음원, 동영상, 백과사전, 교육, 번역, 고급정보(날씨, 환율 등), 뉴스, 칼럼, 가격비교정보 등은 모두 사람들에게 도움이 될 수 있는 정보와 서비스들이다. 그렇지만 이 모든 정보들이 각자의 사이트에서 제공된다면 그 접근성과 시장적 가치는 현저하게 떨어진다. 따라서 앞서 설명한 포털사이트들이 이러한 이런 정보와 서비스들의 링크들을 확보한 후 이용자가 요청할 경우 쉽게 제공하고 있다.

오늘날 신문, 방송사, 잡지들은 언론으로 분류되지만 그들이 만든 많은 정보들은 포털

에서 소비되고 있다. 개인이 저작한 만화, 글, 동영상, 앱도 포탈을 통해 최종소비자가 소비한다. 중요한 것은 고급정보나 유용한 앱들이 창출하는 수익을 그것을 제공한 개인과 조직과 적절하게 배분하는 공정한 메커니즘이다.

인터넷 금융(Internet Financing)

유무선 인터넷을 이용한 금융서비스를 제공하는 기관들은 인터넷 은행, 인터넷 보험, 인터넷(앱) 신용카드회사, 인터넷 주식거래(e-trading) 등이 있다. 대부분의 금융기관들은 자신들의 인터넷기반 거래시스템을 구축하여 고객들에게 무료로 제공하고 있다. 이 외에도 이러한 서비스를 가능하게 하는 인증기관, 전자결제업체 등이 있다. 한편 금융거래를 전자적으로 처리하는 것 외에도 고객들을 위한 투자자문을 온라인으로 하고 있으며, AI기반 투자자문시스템을 구축하여 고객의 높은 수준의 요구에도 부응하고 있다. 인터넷 금융은 서비스기업이 스마트 비즈니스화 하는 대표적인 사례이다. 1장 [사례: 인터뷰] 디지털 금융을 참조하면 유익할 것이다.

스마트 비즈니스 자문 및 컨설팅

스마트 비즈니스 시스템의 설계, 구축, 운영에 관한 컨설팅, 인터넷 마케팅 대행, 인터넷 보안 등이 있다.

인터넷 교육 Cyber Education

오늘날 인터넷을 통한 사이버강의는 오프라인 강의의 강력한 대안으로 자리를 잡았다. 사이버대학, 직장인 사내 교육, 각종 맞춤형 교육, 유아에서 고등학교에 이르는 모든 연령을 대상으로 한 교육이 사이버 상에서 이루어지고 있다. 한편 인터넷 교육의 핵심은 양질의 정보이므로 고급 콘텐츠 비즈니스이기도 하다.

정치, 스포츠, 예능, 요리, 드라마, 영화, 여행 등 방송국이 전통적으로 다루어온 대부분 장르의 인터넷 방송들이 있다. 특히 인터넷의 특성 상 다양한 주제를 다루는 수많은 1인 인터넷방송(팟케스팅, Pod Cast[5])들이 있다. 이 중에는 때로 정치적 편향성으로 비난을 받거나, 주목을 받기위해 사회적인 물의를 일으키는 인터넷방송 사이트들이 다수 있다.

제7절
제품과 서비스의 유형

스마트 비즈니스를 통해 거래되는 상품 및 서비스는 매우 다양하다. 현재까지 등장한 것 외에도 창조적 아이디어와 혁신적 기술이 결합되어 새로운 상품과 서비스가 계속 출현할 가능성은 매우 높다. 크게 우리가 소비하는 상품은 물리적 상품과 디지털 상품 및 서비스로 나눌 수 있다. 디지털 경제가 활성화되면서 유무선 인터넷으로 거래되는 상거래의 규모는 날로 증대하고 있으며, 특히 디지털 상품과 서비스는 인터넷 환경에서 거래하기에 가장 적합한 상품이라 할 수 있다.

7.1 물리적 상품

스마트 비즈니스 환경에서 거래될 수 있는 물리적 상품은 거의 무한대이다. 과거의 전통적 시장에서 거래되는 모든 상품이 이에 포함되기 때문이다. 전통적 시장에서 거래되는 방식과 디지털 상품과 서비스는 다음과 같은 차이점이 있을 뿐이다.

- 거래가 발생하는 환경이 전통적인 물리적 시장이 아니라 온라인 환경의 사이버 시장이다.

5) 1인 미디어를 일컫는 팟케스팅은 스마트폰 i-Pod와 Broadcasting의 합성어이다.

- 거래의 매개체가 인터넷 기반기술, 디지털 정보기술, 4차 산업혁명기술이라는 혁신적 수단을 적용한다.
- 거래의 속도가 전통적 방식에 비해 매우 신속하다.

7.2 디지털 상품 및 서비스

스마트 비즈니스 환경에서는 물리적 상품보다는 디지털 상품과 서비스가 부각되는 측면이 강하다. 과거의 전통적 경영활동에서부터 물리적 상품 거래는 활성화되었지만, 디지털 상품 및 서비스 거래는 스마트 비즈니스 환경에서 보다 편리하게 구현될 수 있기 때문이다. 디지털 콘텐츠 (고급정보, 신문기사, 사진, 음반, 동영상, 전자책 등), 소프트웨어(애플리케이션), 금융서비스(뱅킹, 보험, 투자, 대금결제 등) 등이 여기에 해당된다.

[사례연구 1] 식자재 B2B 풀무원의 푸드머스

이 국내 식자재 B2B 사례는 힘든 창업과정과 비즈니스 모델의 구축을 이해하는데 많은 도움이 되기에 비록 오래된 사례지만 활용하였다. 당시 이창근 사장이 이 사이트의 대표를 맡았지만 지금은 풀무원으로 넘어갔다. 그렇지만 식자재의 수요업체와 공급업체를 연결하는 사이트의 역할은 변하지 않았으며, 사이트의 기능은 더욱 고도화 되었다.

이창근 대표는 전통 유통산업의 한 분야인 식자재 유통 분야에 스마트 비즈니스 개념을 처음으로 도입한 몇 안 되는 선각자 중에 한 사람이다. 어떤 산업이든 IT라는 기술을 도입하지 않으면 살아남기 힘들다는 것이 그의 철학이다. 전통기업도 IT를 이용해 사업을 혁신하지 않으면 안된다는 것, 그리고 이는 선택이 아닌 필수며 성공을 위한 명제와도 같다는 것이 그의 생각이다. 그는 이를 설명하기 위해 하나의 예를 들었다.

"아마존과 반스앤드노블, 둘 다 서점이라는 점은 똑같지만 사업하는 방식은 다릅니다. 반스앤드노블은 전형적인 오프라인 서점이고, 놀이터를 만들고, 쉴 수 있는 카페를 만드는 등 나름의 영업전략을 구사합니다. 반대로 아마존은 오프라인 서점 없이, 온라인 판매로 일관하고 있죠. 지금은 어느 쪽이 성공했다, 또 어느 쪽이 실패했다 말하기 힘듭니다. 하지만 하나는 장담할 수 있습니다. 반스앤드노블 역시 아마존의 방식을 일부 수용할 겁니다. 안 그러면 망할걸요."

이 대표의 이 같은 스마트 비즈니스에 대한 굳건한 생각은 (주)대우 재직 시절부터 해온 것이다. 80년대 중반, 그는 실리콘밸리에 근무한 적이 있었다. 대우는 당시 국내에서는 반도체 사업에 손을 대지도 못했지만 해외에서는 시도했다. 당시 실리콘밸리의 반도체 공장 하나를 인수해 경영하려고 했던 것. 결실을 보지는 못했지만 이창근 사장은 이때 스마트 비즈니스에 대해 눈을 뜨기 시작했다.

"당시 저에게 실리콘밸리에서 반도체 사업을 시작해 보라는 주문이 떨어졌습니다. 그전까지는 대우에서 무역 쪽을 담당했죠. 뭐 아는 게 있었겠습니까. 그냥 무작정 공부했죠. 반도체부터 PC, 그리고 IT 전반에 대한 공부를 시작했습니다.

아마 그때 공부한 게 지금 힘이 되는 듯하네요. 반도체 시장의 근원적인 원류인 전산화가 왜 필요한지, 그리고 업무 자동화가 왜 중요한지 그때부터 조금씩 알기 시작했으니까요."

풀무원을 거쳐 지난 2001년 푸드머스로 옮긴 후, 그가 처음 파악하기 시작한 것은 식자재 유통산업 고유의 특성이었다. 식자재는 음식에 들어가는 각종 재료, 예를 들면 고추나 파, 감자 등과 같은 식품이 주를 이룬다. 이러한 재료는 소규모 식당부터 대형 급식업체까지 고루 들어간다. 이 시장에 적합한 스마트 비즈니스에 대한 고민이 그가 가장 먼저 해결해야 할 과제였다.

식자재 유통은 '규모의 경제'

"식자재 유통이라고 하면 음식 재료를 공급하는 일을 말하죠. 아주 작은 식당의 경우 사장이나 주방장이 직접 구매합니다. 또는 전화만 걸면 물건을 식당까지 배달해 주는 소매상을 통하기도 하죠. 이들 소매상과 식자재 유통업체의 프로세스상 차이는 없습니다. 그날 팔릴 만한 재료의 양을 예측해 미리 농수산물시장에서 경매로 사는 거니까요. 하지만 식자재라는 시장은 물량이 곧 가격을 결정하는 시장입니다. 여기서 마켓플레이스(e-marketplace)의 역할이 필요한 거죠."

이창근 대표는 이 시장에서 두 가지 성공비결을 발견했다. 하나는 구매 과정의 번거로움. 식자재의 대부분이 육류나 채소 같은 식품류다 보니 매일 새벽 제품을 구할 수밖에 없다. 하루하루 메뉴를 개발하고 그에 맞는 재료를 구하러 다니는 일이 전부. 이러한 번거로움을 피하기 위해 주문하면 배달해 주는 소매상을 통해 거래한다고 해도 과연 이 제품이 적절한 가격인지, 그리고 가격 대비 최상의 질을 보장하는지 신뢰할 길이 없다. 이에 대한 고객의 요구사항은 '누군가 최적의 가격으로 최상의 상품을 소싱해 주면 좋겠다'는 것.

또 하나는 식자재의 특성상 구매 물량이 가격을 결정할 수 있는 '규모의 경제' 원칙이 통하는 시장이라는 점이다. 식당 운영에서 가장 중요한 업무는 값싸고 질 좋은 재료를 구매하는 일. 이는 급식시장의 경쟁이 치열해지면서 원가에 대한 부담이 가중되는 요즘 들어 더욱 그렇다. 그러나 식자재 시장의 특성은 재료의 종류에 따라 다양하게 쪼개진 분산구조 형태를 갖추고 있다. 개별 식당마다 그날 필요한 재료가 제각각이고, 각자의 식당에서 해당 재료를 구매할 경우 가격 인하 요인은 찾기 힘들다.

이창근 사장은 이 부분에 착안했다. 해당 식당에서 필요한 재료의 양을 개별 식당의 구매 물량으로 본다면 그리 큰 규모가 아니지만 이를 모두 모아 종류별로 구매에 들어간다면 가격은 달라질 것이라는 점에 주목한 것이다. 이 대목에서 식자재 유통과 온라인 B2B 마켓플레이스는 접점을 이룬다. "이 시장에 가장 먼저 뛰어든 곳은 단체급식 사업을 하는 회사들입니다. 신세계푸드시스템, 삼성에버랜드나 아워홈처럼 단체 위탁급식 사업을 하는 회사들이죠. 이들도 처음부터 이 시장에 뛰어든 것은 아니고 어차피 자기네가 필요한 재료를 구매할 때 조금 더 구매해서 팔면 되겠다 싶어 뛰어든 것이죠. 하지만 한 가지 맹점이 있죠. 재료를 팔아야 할 고객이 바로 같은 급식사업을 하는 경쟁사입니다. 우호적일 리가 없죠."

식자재 유통에 자동화 개념 도입

매출이나 거래량 규모 면에서 본다면 푸드머스는 여전히 이들 기업에 못 미친다. 이들 기업은 대개 1천억원을 웃도는 매출을 올리고 있지만 푸드머스의 경우 지난해 6백40억원의 매출을 거뒀을 뿐이다. 하지만 단체급식 사업의 매출을 제외한 식자재 유통만을 놓고 비교한다면 상황은 달라진다. 선두는 아니어도 메이저 업체의 중간급 수준까지는 순위가 오른다.

이러한 성공 비결은 시스템화된 식자재 유통 방식이다. 경쟁사의 경우, 여전히 식자재 주문, 발주 등의 과정은 오프라인 방식을 벗어나지 못하고 있다. 단체급식 사업을 직접 운영하는 회사도 마찬가지다. 본사 또는 개별 식당의 구매담당 직원이 하루의 소요량을 계산하고, 이를 기반으로 주문을 한다. 하지만 푸드머스는 모든 것이 자동화되어 있다. 클릭 몇 번이면 끝이다.

"저희가 가장 공을 들인 부분이 바로 IT와의 접목입니다. 전산 개념을 도입한거죠. 급식운영 시스템은 일종의 ASP(솔루션을 구매하지 않고 임대해 쓰는 방식) 형태입니다. 인터넷에 접속해 회원이 사이트로 들어온 다음, 내일의 메뉴와 인원만 정하면 필요한 재료는 저희가 알아서 보내줍니다." 인터넷으로 주문하더라도 일일이 그 다음날의 소요량을 예측해야 한다면 번거롭기는 마찬가지. 차라리 인터넷에 접속하느니 전화 한 통 하는 편이 나을 수도 있다. 하지만 푸드머스는 이와 다른 방식을 택했다.

푸드머스의 급식운영시스템에 접속하면 수천 가지 메뉴가 이미 DB 형태로 등록돼 있다. 그리고 각각의 메뉴에 따라 필요한 재료의 양까지 DB화돼 있으니 고객 식당의 영양사가 내일의 식단을 무엇으로 할지만 고르면 된다. 그리고 대략적인 인원만 정하면 된다. 갈비탕을 메뉴로 선택하면 그날 필요한 파와 소고기의 양을 자로 잰 듯 정확하게 배달해 주는 시스템이다.

초기의 사업모델은 구매 대행이었다. 하지만 이 과정에서 다른 사업 영역까지 부가적으로 생겼다. 이처럼 대규모 물량을 소비하다 보니 식자재를 판매하는 회사 입장에서 볼 때 푸드머스는 또 하나의 '시장'이다. 애초 푸드머스의 사업 영역은 단체급식 등을 하는 대형 식당에 식자재를 공급해 주는 일이었다. 따라서 제품을 골라 오는 일은 푸드머스 스스로 해결해야 할 업무였다. 하지만 지금은 판매상 스스로 푸드머스를 이용하기 위해 찾아올 정도다. 푸드머스의 또 다른 비즈니스 영역인 '판매대행 서비스'는 이렇게 생겨났다.

시장을 여는 것은 '도전 정신'

이처럼 폭발적인 성장을 이끌어온 이창근 시장은 그 비결을 '도전'이라고 말한다.

스마트 비즈니스라는 개념을 도입한 것도 한 가지 예에 속한다. 온라인으로 무대를 옮긴 다음 이창근 사장은 물류를 아웃소싱하는 쪽으로 가닥을 잡았다. 이 과정에서 발생한 문제는 식자재 유통시장의 고질적인 문제점을 해결하는 것이었다. 이 역시 그는 '도전'으로 맞섰다. '100% 고객 만족 제도'가 바로 그것이었다. "저희는 모든 식자재 유통을 엑소후레시라는 식품 전문 물류업체에 맡겼습니다. 9백여 사업장에 제품을 공급하다 보니 저희 직원이 배달 과정에 직접 찾아가 상태를 확인할 수 없죠. 대신 고객이 제품의 품질에 만족하지 않는다면 저희는 무조건 고객의 판단을 수용합니다. 받은 제품 중 30%는 쓸 수 없겠다고 하면 70%의 값만 받습니다. 무조건 고객의 말을 믿는거죠. 덕분에 고객 입장에서는 안심하고 주문할 수 있습니다. 저희 성장 비결 중 하나죠."

뿐만 아니다. 최근 이창근 사장은 온통 제품의 차별화에 골몰하고 있다. 그가 주목하는 부분은 식자재를 규격화하여 농산물을 공산품처럼 만들어 유통하는 것이다. "수박을 예로 들어보죠. 어제의 1등품과 오늘의 1등품이 어디 같나요. 그리고 감자 큰 것 하나라고 말하면 그게 대체 어느 정도 크기를 말하는 겁니까. 이처럼 농산품의 경우 규격화가 안 돼 있죠. 공산품화한다는 것은 전처리가 된다는 걸 의미합니다. 미리 손질이 되어 있고, 요리의 종류에 따라 쓰기 편한 크기로 잘라져 있다면 더 좋겠죠. 이를 준비하고 있습니다."

푸드머스는 여기에 또 하나, 유통기한에 대한 도전도 준비 중이다. 생물 상태 그대로 유통한다면 불가능하겠지만 앞서 말한 것처럼 미리 손질이 되어 있다면 이를 살짝 얼려 유통하는 것도 가능하다. 푸드머스는 이미 이를 위한 자체 연구까지 진행해 왔다. 연구 결과에 따르면 살짝 냉동한 경우에는 보관을 오래해도 쉽게 변질되지 않았다고 한다. 이러한 제품의 상품화를 위해 미리 영양사들을 상대로 얼리지 않은 제품과 살짝 얼린 제품의 맛 차이 등을 테스트하고 있는 중이다.

이러한 공산품화, 표준화를 위해서도 이창근 사장은 대형화가 필요하다고 말한다. 그리고 이미 식자재 유통 및 급식업계의 대형화는 두드러진 추세로 나타나고 있다. 이 사장은 이러한 변화가 푸드머스의 또 다른 기회가 될 것임을 예견하고 있다.

"어떠한 제품이든 제대로 된 유통시장을 갖추려면 규격화와 표준화가 필요합니다. 식자재가 B2B 소재로 부적합하다는 말이 나온 이유는 직접 눈으로 보고 만져보고 사야 하는 제품이라는 특징 때문이었죠. 하지만 품질 규격화가 이뤄지고, 크기나 용도에 따른 표준화가 이뤄진다면 B2B가 안될 이유가 없습니다. 이를 위해서는 시장 자체가 커야 합니다. 그리고 제품별로 구매하는 물량도 커져야 하죠. 최근 급식시장의 급성장, 그리고 대형화 추세는 이를 가능케 하고 있습니다. 저희에겐 기회죠."

[자료원] 중앙일보, 2003.8.25., 천영호 기자.

[사례연구 2] 고객 참여 연구소

많은 기업들이 인터넷 매체를 활용해 다수의 창조적 고객(소비자)들을 자신의 연구 및 마케팅 프로세스에 끌어들이고 있다. 창조형 고객이 기업 내부의 관료화를 없애고 혁신성을 높이는 자극제가 될 수 있기 때문이다. 세계적 대기업들이 저성장 시대의 대응 전략으로 '창조형 고객(creative consumer)' 활용에 적극 나서고 있다. IT(정보기술) 발달과 SNS(사회적 관계 서비스) 확산에 따라 고객의 정보력과 지식이 전문가 수준으로 높아지면서, 고객의 아이디어를 단순히 참고하는 수준에서 나아가 개발·생산·마케팅 등 경영 전반에 걸쳐 창조형 고객을 직접 참여시키는 기업이 늘고 있다.

◇ 소수 정예 형태의 창조형 고객 급부상

기업이 고객의 의견을 경영 활동에 반영하려는 노력 자체는 예전부터 있었다. 하지만 과거에는 기업이 불특정 다수를 상대로 신제품 개발 아이디어를 발굴하거나(개발 단계), 출시 직전의 제품에 대한 테스트를 맡기거나(생산 단계), 인터넷 소문을 확산(마케팅 단계)시키는 역할을 맡기는 등의 1회성 단순 활동이 대부분이었다.

이에 반해 불특정 다수가 아닌 소수 정예로 구성된 창조형 고객은 보조자가 아닌 주도자로서, 일회성이 아니라 지속적으로 기업과 관계를 맺는 것이 특징이다. 이들 창조형 고객은 시장과 상품에 대한 이해도가 높아 기업 내부에선 생각해 내기 어려운 참신한 아이디어를 꾸준히 내놓는다. 또 능동성과 전문성 외에 기업이나 타인과 교류에 관심이 많은 관계

지향적 특성을 지녔다는 장점을 갖고 있다. 전문가적 지식을 갖춘 소비자 중에 특정 분야에 지나치게 몰입해 사교성 부족으로 기업과 지속적 관계를 맺기 어려운 '오타쿠'와는 확실히 다르다.

에릭 본 히펠 미국 MIT 대학교수는 "기업이 혁신을 위한 내부 역량 강화가 한계에 직면할 때일수록 창조형 고객과의 협력이 필수적"이라고 강조한다.

◇ 공동 창작 연구소를 설립한 BMW

독일 자동차 회사인 BMW는 2010년부터 인터넷에 '공동 창작 연구소'(Co-creation Lab)라는 새로운 온라인 연구소를 운영하고 있다. 이 온라인 연구소는 BMW가 자동차 산업에 관심이 많은 '공동 창작자'의 아이디어를 새로운 제품이나 서비스 개발에 적극적으로 반영하기 위해 만들었다. 현재 1000여명이 넘는 인원이 이 연구소의 '공동 창작자'로 이름을 올려놓고 있다. 이들은 BMW가 개발하는 미래 자동차의 디자인 개념을 평가하는 것은 물론, BMW가 실시하는 각종 경연 대회에 디자인 개선 등의 아이디어를 적극적으로 올린다. 세계적 자동차 회사가 전문가에 버금가는 실력을 갖춘 외부 집단으로부터 지속적으로 아이디어를 수혈(輸血)받고 있는 것이다.

BMW는 '공동 창작 연구소'에 이름을 올린 공동 창작자의 BMW에 대한 책임감을 높이기 위한 다양한 장치를 운영한다. 공동 창작 연구소가 실시한 프로젝트의 수상자에게 BMW 본사 기획회의에 직접 참여할 수 있는 기회를 제공한다. 또 수상자 인터뷰를 BMW 홈페이지 등에 올려 일반인에게 '젊고 개방적인 BMW'라는 인식을 심어주는 데 공을 들인다.

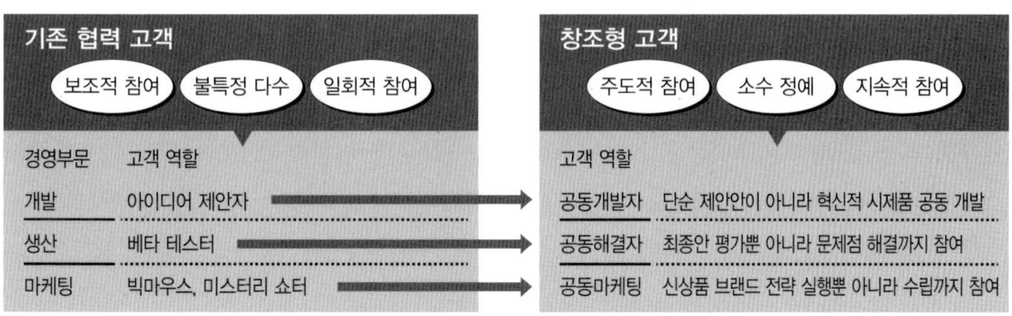

〈기존 협력 고객과 창조형 고객의 차이〉

◇ 창조형 고객 협력 강화로 성공한 유니레버

이들 창조형 고객과의 협력은 기업이 소비자 심리 탐색, 상품 개발, 생산, 커뮤니케이션 등 전반적인 경영 활동의 성공 가능성을 높이고 비용 절감에 기여하고 있다. 대표적인 성공 사례가 1980년대부터 20년 이상 고객 협력 프로그램을 지속적으로 업그레이드한 유럽계 다국적 기업 유니레버다.

유니레버는 1980년대 단순히 상품 기획 아이디어를 고객으로부터 청취하기 위해 고객 협력 프로그램을 도입했다. 하지만 이후 협력 범위를 꾸준히 확장, 지금은 상품 기획 이전부터 출시 이후까지 경영 전 분야에 걸쳐 창조형 고객과 협력하고 있다.

실제로 유니레버가 2000년대에 출시한 제품 중에는 기존에 잘 알려져 있지 않던 소비자 심리를 세심하게 잡아내 고객의 마음을 사로잡는 데 성공한 제품이 많다. 특히 2008년 출시된 남성용 데오도란트(땀 냄새 제거제) '링스/액스'는 창조적 고객과 협력을 통해 '대박 상품'으로 거듭났다. 유니레버는 당시 불특정 다수 고객의 아이디어 수렴을 위한 의사소통 채널은 열어놓는 한편, 실질적 협력을 위해 16~24세 남성 18명이 참여한 소수 정예 창조 집단인 '헤드박스'를 구성했다. 유니레버는 이들 창조적 고객과 적극적인 협력을 통해 "땀 냄새 방지 기능을 강조하는 기존 커뮤니케이션 방식을 고수한다면, 소비자가 땀 냄새 제거제 구매를 쑥스럽게 여기는 현상이 없어지지 않을 것"이라는 사실을 알아냈다. 유니레버는 결국 제품의 향을 고급화하고 제품의 포장을 세련되게 바꿔, 땀 냄새 제거제를 '신체 결함 보완용'이 아닌 '패션용' 제품으로 재정의하는 데 성공했다.

◇ 레고의 동호회 육성

완구용 블록 회사인 레고는 2000년대 중반 외부 동호회 회원의 아이디어가 조직에 자극제가 된 이후 제품 개발 과정에 창조형 고객의 참여를 크게 늘리고 있다. 실제로 레고는 2000년대 '레고 팩토리' 설계에 참여한 외부 동호회 회원이 질적으로 우수한 제안을 내놓아 레고 개발 조직 전체를 긴장시킨 이후 제품 개발 과정에 창조형 고객의 참여를 크게 늘렸다. 레고는 또 이들의 아이디어를 발굴하기 위해 성인 대상 동호회 활동을 적극 지원하고 있다. 현재 25만명으로 구성된 레고 성인 동호회 회원은 전 세계 곳곳에서 '레고 팬 축제'를 개최, 자신들이 디자인한 제품을 자발적으로 전시회에 출품하고 있다.

[자료원] 조선일보 12.10.21

[사례: 파워 인터뷰] 크리스 앤더슨 인터뷰 – 제조업의 민주화혁명

에피소드 #1. 인류의 기원을 찾아 떠난 탐사팀이 외계 행성에 도착한다. 외계인 본거지인 거대한 동굴 속을 탐험해야 하는 상황. 탐사팀은 공 모양의 날아다니는 로봇을 먼저 보내 동굴 내부를 3차원 스캐닝해 그 이미지를 모선으로 전송한다(영화 '프로메테우스').

에피소드 #2. 미국의 한 농장. 농부가 농업용 드론(drone·무인 비행체)을 아이 어깨 두드리듯 툭 치니, 드론이 주인 말을 알아들었다는 듯 농장으로 날아가 농약을 뿌리기 시작한다(영화 '루퍼').

최근 서울에서 만난 크리스 앤더슨(Anderson·53)씨가 영감을 얻었다는 영화 두 편의 장면이다. 두 편 다 그가 5년 전 창업한 회사 '3D로보틱스'와 관련이 있다. 이 회사는 드론을 만드는 회사이며, 드론을 만들 때 3D 프린터를 활용하기도 한다. 물론 3D 프린터의 핵심 기술의 하나는 3차원 스캐닝기술이다. 그는 "공상과학 소설이나 영화에 등장하는 것 가운데 실현되지 않는 것이 거의 없다"면서 "미래에 불가능한 것이 얼마나 적은 것인지 놀라게 된다"고 말했다.

앤더슨씨의 미래 예측에 대해서도 비슷한 말을 할 수 있을 것이다. 그가 예측한 건 거의 모두 현실이 됐다. 그를 가장 유명하게 만든 '롱테일(long tail) 이론'은 인터넷 시대 기업들의 경영 방식을 송두리째 바꿔 놓았고, 그가 주창한 '프리미엄(freemium=free+premium) 과금(課金) 방식'은 전 세계 앱 시장의 90% 이상을 지배하는 룰이 됐다. 게임이나 앱을 무료로 제공해 기본 서비스는 누구나 즐기게 한 뒤 부가 서비스에는 요금을 매기는 방식이다.

앤더슨씨의 미래 예측 중 가장 압권은 드론이었다. 그가 드론 제조업체인 3D로보틱스를 창업한 2009년만 해도 드론은 세간의 관심을 받기 전이었다. 그러나 그는 드론의 미래를 확신하고, 12년 동안 달고 있었던 '와이어드(Wired)지 편집장' 자리까지 용감하게 집어던졌다. 지금은 어떤가. 뉴스에 드론이란 말이 매일처럼 등장하고, 아마존이 드론으로 물건을 배송하겠다고 선언하는 세상이 됐다. 우선 그에게 드론의 미래가 어떻게 될지 물어봤다.

"아마존이 배송에 활용하려고 드론을 시험하고 있죠. 사람들은 아마존이 고객들 집 앞까지 물건을 전부 배달하게 되는 'B2C(기업과 소비자 간 거래)'를 상상하겠지만, 그것보다 더 먼저 일어날 것은 'B2B(기업 간 상거래)'일 겁니다. 어떤 물류 창고에서 다른 물류 창고로 이송하는 식 말입니다. 이 방식이 훨씬 실행하기 안전하고, 법적 문제도 피해 갈 수 있을 겁니다. 집까지 드론으로 배달한다는 비전은 기술적으로도 법적으로도 아직 매우 어렵습니다. 그리고 대부분의 나라에서 불법이에요. 물론 언젠가 드론이나 무인 로봇을 통해 아마존 제품이 배송되는 날이 올 수 있겠지만, 이런 일이 현실로 벌어지는 것은 일러야 10년 뒤 일이라고 생각합니다."

드론에 대해 얘기하면서 그의 얼굴은 상기되기 시작했다. 그는 "드론의 미래에 대해서는 장시간 연설을 해야 할 만큼 할 말이 많다"면서 "가격이 낮아지고 있고, 접근이 용이해지고 있고, 유비쿼터스(언제 어디서나)를 향해 달려가고 있다"고 말했다. 그는 또 "드론에는 카메라가 탑재돼 있기 때문에 사람들이 자기 이야기를 드론을 통해 전하게 될 것"이라며 "그 밖에 무궁무진한 상업용 애플리케이션이 가능할 것"이라고 전망했다.

앤더슨씨가 새로 내놓은 미래 예측은 '1인 제조 기업 세상'이다. 모든 사람이 아이디어만 있으면 제조업체를 운영할 수 있다는 것이다. 위클리비즈가 선정한 지난해 경제·경영서 10권 중 하나로 꼽혔던 '메이커스'란 책이 그 예측을 담고 있다. 그는 책에서 발명가였던 외할아버지 예를 든다. 외할아버지는 원하는 시간에 자동으로 작동되는 스프링클러를 발명해 특허를 받고 상품화했다. 그러나 그 과정이 30년이나 걸렸고, 외할아버지가 발명한 다른 기술 수십 개는 제조업체들로부터 외면받고 묻혔다. 아무리 좋은 아이디어가 있어도 제조업체가 채택해주지 않으면 그만이었다. 앤더슨씨의 표현에 따르면 외할아버지는 "거대 자본주의 현실에서 길을 잃은 공돌이"였다.

그는 실제로 외할아버지가 만들었던 스프링클러를 그대로 재현해 봤다. 다른 점은 외할아버지가 아이디어를 실현해줄 제조업체를 찾고 협상하는 데 고난을 겪고 주도권을 빼앗겼던 것과 달리 크리스 앤더슨씨 스스로가 아이디어에서 제조·판매까지 모든 과정을 컨트롤할 수 있게 됐다는 것이다. 그는 인터넷 커뮤니티를 통해 자기가 만들 스프링클러에 대한 아이디어와 조력자를 찾았다. 또 제품을 만들고 파는 것까지 인터넷을 통해 가능했다. 그가 아이디어를 내고 상품을 출시할 때까지 투자한 돈은 5000달러가 안 됐다.

앤더슨씨는 1인 제조 기업이 등장할 수 있는 이유로 세 가지를 꼽았다. 3D 프린터의 등장이 첫째 이유. 소량 생산이라도 3D 프린터로는 얼마든지 가능하다. 거대 제조업체에 의존할 필요가 없다. 둘째, 아이디어나 설계 파일을 인터넷을 통해 교환하고 개선할 수 있다. 셋째, 인터넷을 통해 처음부터 글로벌 시장에 제품을 판매할 수 있다.

그는 아이디어를 가진 수많은 사람이 제조업자가 되는 세상을 "제조의 민주화"라고 불렸다. 이는 거대 제조업체의 대량생산이 해결할 수 없는 수많은 소비자의 욕구를 충족할 수 있다. 그의 롱테일 이론과 맥이 닿는 부분이다.

지금까지 롱테일 이론은 주로 인터넷과 소프트웨어 분야에 적용됐다. 예를 들어 과거 음반 매장은 아무리 큰 매장이라도 진열대에 1만5000장 이상의 CD를 진열하기 어려웠다. 결국 잘 팔리는 히트작만 진열되고, 팔렸다. 그러나 인터넷은 이런 물리적 한계를 뛰어넘게 만들었다. 온라인 상점인 아마존에 가보면 판매목록에 MP3 음악 파일이 2000만개 이상 올라와 있다. 창고에서 CD라는 형태로 먼지를 뒤집어썼을 비인기 음악, 소수 애호가만 좋아하는 음악도 소비자의 선택을 받을 수 있는 기회가 열린 것이다. 이런 비인기 상품 시장을 크리스 앤더슨은 '꼬리(tail)'라고 표현한 것이다. 히트작 시장인 '머리'에 대응되는 개념이다. 롱테일 이론이란 인터넷으로 인해 꼬리 부분이 길어지고(판매되는 상품 가짓수가 늘어남을 의미), 통통해진다는 것이다(비인기 상품 판매가 늘어남을 의미).

롱테일은 영원하다

앤더슨씨가 새로 주장하는 것은 이런 롱테일 세상이 인터넷에 이어 제조업으로까지 확산된다는 것이다.

—애니타 앨버스 하버드대 교수는 적어도 엔터테인먼트 업계에선 롱테일이 아니라 블록버스터 전략이 중요하며, 시장은 여전히 승자 독식 세상이라고 주장했는데〈2013년 7월13일자 위클리비즈〉, 지난 10년 동안 선생님의 롱테일 이론에 대한 생각이 바뀐 것이 있나요?

"미안하지만 애니타 앨버스 교수 주장이나 이론에 대해 자세히 살펴본 적이 없어요. 하지만 인터넷에서 활약하는 어떤 이도 롱테일 이론에 반대하는 것을 본 적이 없습니다."

—만약 꼬리와 몸통 하나를 선택해야 한다면 몸통을 선택해야 하는 것 아닌가요. 꼬리는 아무래도 틈새일 수밖에 없으니까요.

"그게 바로 롱테일 이론을 바라보는 가장 큰 오해입니다. 사람들은 롱테일 이론에 대해 블록버스터의 종말이나, 독과점의 종말이라는 식으로 이해하기도 합니다. 당연히 어떤 산업이나 블록버스터는 계속 유효하지요. 중요한 것은 그들이 더 이상 시장을 독점할 수 없다는 겁니다. 우리 삶에는 블록버스터 외에도 많은 다른 것이 있습니다. 웹이야말로 당신이 상상하는 가장 순수한 형태의 롱테일 이론 사례일 겁니다. 누구든 유튜브를 10분만 사용해 보면 거기에 블록버스터를 넘어서는 롱테일의 세상이 담겨 있다는 것을 금방 알게 될 테니까요."

—선생님에게 물건을 만든다는 것은 무엇입니까.

"참여입니다. 지난 10년간 큰 사회적 혁명이 일어났습니다. 소비자가 직접 프로듀서가 될 수 있게 됐지요. 제게 만드는 일이란 소비에만 참여하는 게 아니라 무엇인가 행동하는 일에 참여할 수 있게 된 것을 의미합니다. 무엇인가를 할 때 우리는 마음을 열고 배워야 합니다. 스스로에 대해서도, 세상에 대해서도 좀 더 배워야 할 것입니다. 소비 그 이상의 세계로 가기 위한 많은 기회에 대해 열린 마음을 갖고 서로의 아이디어를 나누는 것입니다."

—선생님의 회사 3D로보틱스도 그렇지만, 요즘 회사 중엔 고용된 직원 외에 외부 개발자나 사용자들이 제품화에 참여하는 경우가 많습니다. 결과물을 어떻게 배분하는 것이 합당할까요?

"무엇보다 결과물이 내 것이 아니라고 생각하는 것이 중요합니다. 그리고 합당한 보상을 해줘야 합니다. 저희는 이것을 '계층적 보상(the hierarchy of reward·기여도에 따라 보상의 수준을 올리는 것)'이라고 부릅니다. 우리 회사는 참여자들의 기여가 처음 받아들여졌을 때 그들에게 티셔츠를 줍니다. 그들이 기여를 했다는 것을 사람들이 알 수 있게 해주는 겁니다. 더 많은 기여를 했다면 머그잔이나 제품에 대한 할인 혜택을 줍니다. 그리고 가장 큰 기여를 한 사람들, 그 프로젝트 실행의 주도적 역할을 한 사람들에게는 회사 주식을 주기도 합니다."

—오픈 이노베이션(개방형 혁신)의 경우 많은 사람의 협업 성과물이므로 지식재산권 문제가 나올 수 있지 않나요.

"물론 지식재산권을 지키기 위해 아주 강력한 장벽을 칠 수도 있습니다. 그러나 어떤 경우에는 지식재산권을 포기함으로써 오히려 생태계를 더 강화시킬 수 있습니다. 안드로이드가 아이폰의 점유율을 압도한 것이 좋은 예입니다. 즉 가장 중요한 요소는 당신의 아이디어를 그냥 주라는 겁니다. 미친 짓처럼 보일 수도 있습니다. 그러나 그냥 줌으로써 더 많은 것을 얻을 수 있게 될 것입니다. 아이디어 자체로는 충분하지 않습니다. 웹에 그 지식과 아이디어를 던지고 어떻게 되는지 지켜보십시오. 더 빨리 원하는 결과를 얻게 될 겁니다."

—책 '메이커스'를 보면 '재능의 롱테일'이란 말이 나옵니다. 쉽게 설명해주시길 부탁합니다.

"인재 채용에 혁명이 일어나고 있다는 겁니다. 자본주의 혁신에 대해 두 가지 상반되는 모델이 있습니다. 첫 번째는 1960년대 경제학자 로널드 코스(Coase)의 이론으로 기업은 '거래 비용'을 줄이기 위해 탄생했다는 겁니다. 하나의 지붕 아래 지정된 역할과 책임을 담당하는 직원들을 둠으로써 커뮤니케이션 비용을 줄이는 식으로 효율을 추구한다는 것이지요. 다른 하나는 선마이크로시스템즈의 공동 창업자인 빌리 조이(Joy)가 제시한 이론으로 기업에 최고의 인재가 모여 있는 것만은 아니라는 겁니다. 세계 곳곳에 더 나은 인재가 있을 수 있지만, 채용이 어렵기 때문에 지역적으로 가깝고 채용이 더 쉬운 사람을 고르는 대안을 택한다는 것입니다. 다시 말해 가장 똑똑한 사람, 가장 적합한 사람을 뽑는 것이 아니라 가장 쉬운 사람, 근처에 있는 사람을 뽑을 뿐입니다.

그러나 우리가 무언가를 하려 할 때 가장 적합하고 스마트한 사람은 회사 외부 어딘가에 있을 수 있습니다. 미국에 있을 수도 있고 브라질에 있을 수도 있지요. 문제는 가장 적합한 사람, 가장 똑똑한 사람을 찾는 것이 어렵다는 것입니다. 따라서 조이의 이론을 극복하는 가장 좋은 방법은 똑똑한 사람을 찾는 것이 아니라 똑똑한 사람이 스스로 당신을 찾아오도록 하는 것입니다. 이것은 웹 커뮤니티를 기반으로 오픈 이노베이션을 위한 플랫폼을 만듦으로써 가능해집니다."

그는 그 사례로 자신의 회사 사례를 또 들었다. 그가 회사를 차리기 전 단계로 드론에 대한 커뮤니티 사이트를 만들었을 때 19세 멕시코 청년이 올린 글에 탄복해 그는 청년과 교류를 시작했다. 그는 결국 그 청년과 함께 창업을 했다. 그 멕시코 청년은 현재 27세이며, 3D로보틱스의 부사장이다.

내 창의성의 원천은 '점들을 연결하는 것'

—선생님은 새로운 흐름을 남보다 먼저 보고 큰 그림을 잡아내는 능력을 지닌 것 같습니다. 비결이 무엇입니까?

"제 주변을 둘러싸고 있던 사람들과 아이디어입니다. 저는 운 좋게도 트렌드를 앞서가는 많은 뛰어난 이와 접촉할 기회를 많이 가질 수 있었습니다. 아주 특별한 순간의 연속이었습니다. 그리고 그런 기회를 통해 내가 무엇을 해야 할지 알 수 있게 됐습니다.

저는 그리고 점들을 연결하기 시작했습니다. '점들을 연결한다는 것(connecting the dots)'은 원래 아이들에게는 번호 순서대로 점을 연결해 그림을 그리는 일종의 퍼즐을 말하는데, 어른들에게는 많은 데이터 속에서 하나의 아이디어와 다른 아이디어를 연결해 큰 그림을 그려내는 능력을 의미합니다. 뛰어난 사람들과의 만남에서 점들을 연결하고 빅트렌드를 보는 건 아주 쉬운 일이었습니다."

—미디어 기업들이 수익 모델을 찾기 위해 힘겨운 싸움을 벌이고 있습니다. 이들에게 조언하신다면.

"뉴욕타임스나 파이낸셜타임스가 유료화에 어느 정도 성공을 거둔 것은 이들이 프리미엄 신문이기 때문입니다. 하지만 다른 대부분 신문의 프리미엄 서비스는 그다지 성공적이지 않았습니다. 제 생각에는 더 많은 콘텐츠를 제공하고, 콘텐츠의 질을 높이는 것보다, 콘텐츠를 독자들에게 어떻게 잘 보여주고 독자들이 편하게 재미있게 즐길 수 있도록 할지, 즉 소프트웨어 부분에 훨씬 더 공을 들여야 할 것 같습니다."

—디지털 제조업 혁명에 맞서는 마지막 보루는 자동차산업 아닐까요? 지금까지 수많은 도전자가 있었지만 100년 전 형성된 디트로이트 빅3의 구조가 깨지지 않고 있습니다.

"거기에는 동의하지 않습니다. 테슬라모터스가 완벽한 사례입니다. 그들은 마치 컴퓨터 회사와 같습니다. 컴퓨터에 배터리와 소프트웨어를 사용하듯이 자동차에 배터리와 소프트웨어를 사용합니다. 그들은 바퀴 위에 컴퓨터를 얹어놓은 셈이에요."

[자료원] 조선일보, 2014.03.29.

사례 질문

1) 롱테일 이론의 의미와 예를 설명하시오.
2) 제조업의 민주화의 의미, 예 그리고 핵심기술을 설명하시오.
3) 드론의 현재와 미래의 잠재력을 설명하시오.

CHAPTER

05

스마트 비즈니스 기술구성

스마트 비즈니스를 구현하기 위해 필요한 정보기술 구성요소를 배운다.

제5장

스마트 비즈니스 기술구성

Key Point

- 스마트 비즈니스를 구현하기 위해 필요한 정보기술 구성요소를 배운다.

주요 내용

- 하드웨어
- 시스템 운영 소프트웨어
- 스마트 비즈니스 시스템 개발도구
- 스마트 비즈니스 시스템 보안
- 전자지불시스템
- 자료관리 [사례] GE의 빅데이터
- 스마트 비즈니스를 위한 업무용 프로그램
- [사례] 스마트폰의 모바일 결제 기술

스마트 비즈니스 기술 구성요소-1

구분	세부요소
하드웨어	서버컴퓨터
	네트워크 장비
	운영장비
기본운영 소프트웨어	운영체제(OS)
	웹 어플리케이션 서버
	유틸리티 프로그램
개발도구	개발언어
	개발패키지
	프로젝트 관리시스템

스마트 비즈니스 기술 구성요소-2

구분	세부요소
보안시스템	방화벽(firewall)
	암호화
	전자인증
전자지불 시스템	전자지불 시스템
자료 관리	DBMS 등
	데이터웨어하우스
응용프로그램	사무용 프로그램
	그룹웨어
	업무별 응용프로그램

제1절 하드웨어

하드웨어 선정 및 확보

스마트 비즈니스를 실행되기 위해서는 우선적으로 하드웨어를 선정하고 확보할 필요가 있다. 하드웨어를 선정하고 확보하는 것은 스마트 비즈니스 실행에 필요한 여러 기술대안 가운데 최적의 것을 선택하는 의사결정으로서 스마트 비즈니스 전략수립의 한 과정이다. 그러나 오늘날 클라우드 서비스가 발전하면서 클라우드 전문업체로부터 서버와 스토리지를 빌려 사용할 수 있게 되면서 하드웨어를 소유할 필요는 현저하게 줄었다. 하드웨어를 확보하는 방법은 다음과 같다.

- 직접 구매하여 보유한다.
- 전문업체의 장비를 임대하거나 공유한다(클라우드 서비스)
- 리스를 통해 장비를 보유한다.
- 정부의 창업지원센터 등이 제공하는 장비를 활용한다.

1.1 서버와 클라이언트 컴퓨터(PC, 노트북, 휴대폰 등)의 확보

서버는 24시간 대기해야 하는 컴퓨터이다. 전자상거래시스템에 필요한 웹서버는 hypertext 문서의 송수신을 위한 HTTP 프로토콜을 이해하고, 이에 따라 요청받은 동작을 수행하는 하나의 프로그램이다. 예를 들어 머천트 서버(Merchant Server)는 고객이 쇼핑몰에서 직접 물건을 선택할 수 있도록 쇼핑몰을 구축하는 서버이다.

일반적으로 서버를 확보하는 방법은 다음과 같이 다양하다. 기업의 상황과 조건에 맞는 옵션을 찾아야 할 것이다. 그러나 PC나 휴대폰 등 클라이언트 기기는 직접 구매한다.

- 자체시설 : 구매하여 확보하는 방법이다.
- 위탁관리 : 서버호텔, 인터넷 데이터 센터(internet data center)
- 렌탈(임대) : 클라우스 서비스를 이용하면 된다.
- 리스 : 구매와 렌탈의 혼합형태이다.
- 벤처 및 창버 지원센터의 설비를 저렴하게 공동 이용하는 방법이다.
- 무료서비스(소상공인지원센터, 중소기업지원센터 등)를 활용하는 방법이다.

위의 옵션들 중에 하나를 선택하 때 다음 사항을 고려해야 할 것이다.

- 비즈니스(데이터 및 거래량 등)의 규모
- 비즈니스의 성장가능성
- 가격(비용)
- 자체 보유 기술(운영 및 관리인력)
- 기술축적의 필요성
- 신기술발전의 속도와 그것에 따른 위험

[쉬어가기]

클라우드 컴퓨팅(cloud computing)은 인터넷 기반(cloud)의 컴퓨팅(computing) 기술을 의미한다. 인터넷 상의 유틸리티 데이터 서버에 프로그램을 두고 필요할 때마다 클라이언트 기계(컴퓨터나 휴대폰)로 불러와서 사용하는 웹 기반 소프트웨어 서비스이다. 오늘날 클라우드 서비스는 소프트웨어나 애플리케이션을 넘어 데이터 저장에 이르기까지 좀 더 광범위한 서비스 개념으로 사용된다.

1.2 네트워크 장비

스마트 비즈니스를 실행하기 위해 필요한 네트워크 장비는 다음과 같다.

- 허브는 데이터를 분배하고 중계하는 하드웨어이다. 무선네트워크의 경우에는 무선공유기(중계기)를 말한다. 통신을 위해서는 클라이언트 기계(PC, 노트북 등)에 무선랜카드가 장착되어 있어야 한다.
- 라우터는 네트워크 연결부분에 위치하여 데이터를 보낼 때 네트워크 경로를 결정한다. 허브의 일부로 포함될 수도 있다.
- DSU(digital service unit), CSU(channel service unit)는 데이터를 광역통신망으로 내보낼 때 적절한 프레임으로 변환시켜주는 장치이다.
- 네트워크 케이블 (광케이블 등)이 필요하다. 무선인 경우에는 필요가 없고 대신 무선수신기(안테나)가 구비되어야 할 것이다.

네트워크 장비를 확보할 경우에도 서버 컴퓨터 확보에서 고려하는 요소를 동일하게 적용함으로써 최적의 선택을 할 수 있다. 다만 작은 규모의 중소기업이나 창업기업은 위의 값비싼 장비(라우터, DSU, CSU 등)를 모두 구매할 필요는 없으며, 인터넷 연결을 위한 장비와 공유기(중계기) 등을 구매하는 것으로 충분할 것이다.

1.3 시스템 운영 지원장비

원활한 스마트 비즈니스의 실행을 위해서는 서버 등 하드웨어와 네트워크 장비 외에도 데이터센터의 원활한 운영과 작동을 위해 다음과 같은 장비들이 필요할 수 있다. 특히 24시간 중단 없이 운영되어야 하는 예약시스템의 경우 무정전전원공급장치(UPS)와 같은 장비가 필요할 수 있으며, 정밀부품이나 화학물을 생산하는 제조업체의 스마트팩토리는 전압규제장치(AVR)가 필요할 수 있다.

- UPS(Uninterruptible Power Supply) 무정전전원공급장치
- AVR(Automatic Voltage Regulator) 전압규제장치
- 항온 항습 장치
- 전기 시설
- 흡진 시설
- 보안 장비
- 일반 사무 집기

제2절 시스템 운영 소프트웨어

스마트 비즈니스의 실행에 필요한 소프트웨어가 설정되어 있어야 비로소 시스템이 가동될 것이다. 하드웨어가 인프라가 되는 설비라면 기본 운영 소프트웨어는 이 하드웨어를 운영하는 방법과 절차를 말한다. 운영체제, 웹 애플리케이션 서버, 유틸리티 프로그램 등이 이에 해당된다. 스마트 비즈니스 시스템의 운영에 사용되는 소프트웨어는 자체개발도 가능하지만 대부분 소프트웨어 전문업체의 것을 구매하거나 임대할 수도 있다.

2.1 운영체제(Operation Systems)

운영체제는 컴퓨터 하드웨어 자원을 비롯하여 다른 소프트웨어 자원의 효율적인 관리와 입출력 및 파일관리 등 운영과 통제를 담당하는 소프트웨어이다. 즉 컴퓨터 시스템을 구성하고 있는 모든 자원을 효율적으로 사용하며, 컴퓨터 시스템을 운영할 때 인간의 간섭을 최소화하는 것이 운영체제의 목표이다.

MS Windows, 애플의 맥OS X, Linux, 구글의 크롬, 각종 모바일 운영체제(애플 iOS, MS 윈도우모바일, 구글 안드로이드, 리눅스 리모 등)가 그 예이다.

2.2 웹 애플리케이션 서버

웹 애플리케이션 서버는 인터넷과 기업의 정보시스템(인트라넷으로 불리는 내부 정보시스템) 사이에 위치하면서 인터넷 기반의 정보시스템 개발을 쉽게 도와주고 안정적인 트랜잭션(거래) 처리를 보장해주는 미들웨어 소프트웨어이다. 기업의 정보시스템이 인터넷을 기반으로 하는 비즈니스 응용프로그램을 구현하기 위해서는(외부조직과의 연결을 도모하는 엑스트라넷의 구현) 필수적인 개발 플랫폼이다. 기존 클라이언트 서버 기반의 정보시스템을 인터넷 기반으로 전환하기 위해서도 웹 애플리케이션 서버는 반드시 필요하다.

과거 기업들은 보안의 취약성, 대용량 트랜잭션 처리의 어려움 때문에 기존 정보시스템을 인터넷 기반으로 전환하는 일을 망설였다. 그래서 홈페이지 운영이나 제한된 업무만 인터넷기반으로 운영하였다. 그렇지만 인터넷 보안이 향상되었고 전자상거래, SCM, 인터넷 뱅킹, 사이버 증권거래 등 스마트 비즈니스가 일반화되면서 웹 애플리케이션 서버가 반드시 필요한 기술적 요소가 되었다.

2.3 유틸리티 프로그램

유틸리티 프로그램은 사용자들이 컴퓨터를 좀 더 편리하게 사용할 수 있도록 도와주는 프로그램이다. 유틸리티 프로그램의 종류는 다음과 같다.

- 매체변환 유틸리티: 파일변환S/W, 동영상편집기 등
- 바이러스 치료 유틸리티
- 파일압축관리 유틸리티
- 음성인식 소프트웨어: 소프트웨어에 사용자가 음성을 쉽게 입력하게 해주는 소프트웨어이다. 일부 최신 운영체제는 이러한 기능을 이미 탑재하고 있다.

이 외에도 저장 매체 상태 체크 유틸리티, 파일관리 유틸리티 등이 있으나 오늘날 대부분 운영체제의 일부로 편입되었다.

제3절
스마트 비즈니스 시스템 개발도구

스마트 비즈니스를 실행하기 위해서는 비즈니스 모델에 맞는 적합한 시스템을 개발해야 하며 개발도구가 있어야 이를 구현할 수 있다. 개발(프로그래밍, 코딩)을 쉽게 할 수 있도록 돕는 개발기술 환경의 변화로 더 많은 개발자와 참여자를 확보할 수 있었고 편리한 인터페이스를 구현할 수 있어 인터넷의 확산에도 큰 공헌을 하였다. 인터넷의 확산은 다시 더 많은 사용자를 확보했고 사용자 참여가 용이한 환경은 또다시 인터넷의 확산에 기여하는 순기능적 순환구조를 형성하였다. 이 시스템 개발도구는 개발언어, 개발패키지, 프로젝트 관리시스템으로 나누어 설명하고자 한다.

3.1 개발언어

오늘날 인터넷 환경(하이프링크 방식)에 적합한 웹 프로그래밍 언어로는 HTML (HyperText Markup Language), JavaScript, SGML(Standard Generalized Markup Language), XML(eXtended Markup Language), ASP(Active Server Page) 등이 있다.

한편 정보시스템을 개발할 때 사용한 전통적인 언어는 C, C++, C#, JAVA(객체지향) 등이 있다. 이러한 개발언어는 한 가지만 선택하는 것이 아니라 개발용도에 적합한 언어를 선택하여 개발하고 이를 전체적으로 통합해야 한다.

오늘날 빅데이터 응용분야가 각광을 받으면서 주목을 받고 있는 언어로 Python(파이썬)과 R 등이 있다. 오픈소스 소프트웨어인 파이썬은 스크립트 언어로써 컴파일 없이 소스코드를 그대로 실행하고, 쉽게 복제 가능한 객체를 사용하기에 매우 편리하다. 다양한 라이브러리 지원을 받아 시스템, 네트워크, 웹서버 구축, 빅데이터 분석 등 IT 전 분야에서 널리 사용되는 언어이다. R 역시 오프소스로써 데이터 전처리, 내장 통계 함수를 활용한 데이터 분석, 다양한 시각화를 할 수 있으며, SQL(DB언어)과 연결하여 사용하므로 DB에 대한 충분한 이해가 선행되어야 하는 언어이다.

[심화 학습] 웹 프로그래밍 언어

웹 프로그램은 기본적으로 클라이언트/서버 방식으로 클라이언트(웹 브라우저)가 특정 페이지를 웹 서버에 요청하게 되면 웹서버가 이를 처리한 후 결과를 클라이언트(웹 브라우저)에게 응답을 하는 구조이다. 즉 전자상거래 사이트는 물론 대부분 기업의 홈페이지는 클라이언트/서버 방식으로 양방향소통을 할 수 있어야 한다.

비교적 단순한 홈페이지를 구축한다면 HTML 태그와 JavaScript 만으로도 충분하다. 하지만 기업의 웹사이트의 경우, 방대한 데이터 관리를 위해 수시로 데이터에 접근해야하고, 동시에 접속하는 사용자의 수가 많아 사이트의 성능이 떨어지지 않도록 해야 하는 등 신경을 써야 하는 부분이 많다. 즉 HTML만으로는 쇼핑몰과 같은 실시간으로 수많은 데이터의 변화를 처리하거나 저장하는 동적인 프로그램을 작성하기란 불가능하다. 즉 시시각각으로 변하는 데이터를 처리하고 결과를 보여주기 위해 개발된 언어가 CGI, ASP, PHP, JSP 등이다.

특히 JSP는 Java Server Pages의 약자로 선 마이크로시스템즈사의 자바 서블릿(Servlet) 기술을 확장시켜 웹 환경에서 Java 만으로 서버 쪽 모듈을 구현하기 위한 기술이다. JSP는 서버 쪽에서 DBMS와 같은 백 엔드 서버와 연동하여 이들 백 엔드 서버의 데이터를 가공하여 웹을 사용하는 최종적 사용자에게 디스플레이해 주고, 조건이 바뀌면 바뀐 내용을 다시 동적으로 디스플레이해 줄 수 있는 기능을 구현할 수 있다.

3.2 개발 패키지

개발 패키지란 스마트 비즈니스 시스템의 개발을 도와주는 개발도구의 집합(환경)이다. 개발 패키지는 운영체제와의 연결, 데이터베이스와 연동, 사용자 인터페이스 생성 등을 쉽게 할 수 있도록 지원해준다. 예를 들면 다음과 같은 것들이 있다.

- 인터넷 전용 개발 패키지
  - 자바 개발 키트(Java development kit : JDK), 드림위버, 나모 웹 에디터, 프론트 페이지, 인터데브, 스프링 등
- 업무용 프로그램 개발 패키지
  - 델파이, 파워빌더, 비주얼 스튜디오, 닷넷, Abab(SAP ERP 개발도구) 등

[심화 학습] 스프링 프레임워크개요

스프링(Spring)은 오픈소스 프레임워크로서 복잡한 엔터프라이즈 애플리케이션 개발을 보다 단순하도록 하기 위해 만들어졌다. 특징으로는 첫째, 복잡한 EJB[6]를 쓰지 않고 평범한 자바 객체(POJO)로도 프로그래밍을 할 수 있다. 둘째, 어떤 객체에 의존관계가 있는 다른 객체를 생성하거나 찾아오지 않아도 종속객체가 주어진다는 종속객체 주입(DI) 방법을 채택하고 있다. 즉 객체간의 결합도를 낮게 유지 시켜주는 기술이다. 셋째, 에스펙트 지향 프로그램(AOP)은 비즈니스 로직과 시스템 서비스(보안, 트랜잭션, 로깅) 등을 분리해 개발할 수 있도록 해준다.

요약하면 JAVA에서 DB관련 작업을 편하게 해주는 프레임워크이다. iBATIS in action에서 iBATIS는 "SQL 실행 결과를 자바빈즈(EJB) 혹은 Map 객체에 매핑해주는 퍼시스턴스 솔루션으로 SQL을 소스 코드가 아닌 XML로 따로 분리·관리하여 지루한 SQL 문자열 더하기에서 해방시켜 준다. 또한 XML에서 동적 SQL 요소를 사용하여 쿼리 문장을 추가 코딩 없이 자유롭게 변환할 수 있게 해준다(코딩작업 40% 정도 감소).

3.3 프로젝트 관리시스템

효율적 프로젝트 관리가 필요한 이유는 무엇일까? 만일 스마트 비즈니스 실행에 필요한 기술 구현 과정에서 적절한 통제와 관리를 하지 않는다면, 구축 목표의 달성과 일정 준수 및 예산범위내의 비용집행 등을 보장할 수 없으며, 그로 인해 스마트 비즈니스의 목표도 달성될 수 없을 것이다. 따라서 효율적인 프로젝트 관리가 반드시 뒷받침되어야 한다.

특히 스마트 비즈니스 프로젝트 관리는 업무, 기술 등 모든 분야에서 복잡하고 대규모로 진행되기 때문에 한 두 사람의 활동만으로는 프로젝트 관리가 잘 될 수 없다. 따라서 프로젝트 관리를 전문적으로 지원하는 프로그램이 필요하고, 이것이 스마트 비즈니스 프로젝트 추진의 성공을 더욱 보장할 수 있다.

예를 들여, 2018년 대한민국 ICT융합 엑스포에 참가한 헤븐트리소프트웨어는 클라우드

---

6) 엔터프라이즈 자바빈즈(Enterprise JavaBeans; EJB)는 정보시스템을 구축할 때 서버 측 컴포넌트 모델이다. 즉 EJB는 애플리케이션의 업무 로직을 가지고 있는 서버 애플리케이션이다. EJB 사양은 Java EE의 자바 API 중 하나로, 주로 웹 시스템에서 JSP는 화면 로직을 처리하고, EJB는 업무 로직을 처리한다.

환경에서 이용할 수 있는 프로젝트 관리 시스템 'Clovine'를 소개하였다. Clovine은 스케줄관리, 클라우드 환경에서 사용자 공유시스템, 실시간 동기화, 파일관리에 특화된 프로젝트 솔루션이다. 또한 블록체인 기술로 이루어져 있어 보안에 민감한 기업에 보다 특화된 솔루션이다.

제4절
스마트 비즈니스 시스템 보안

개방형 인터넷이 보안에 상대적으로 취약한 것은 인터넷의 장점에서 비롯된 것이다. 인터넷의 특징 가운데 하나인 높은 개방성과 표준화된 네트워크 아키텍처인 TCP/IP 프로토콜의 호환성이 역설적으로 네트워크와 장비 보안을 취약하게 만드는 것이다. 따라서 적절한 보안 조치가 취해지지 않는다면 지켜져야 할 자료와 정보 등이 해킹과 불법적 접근으로 인해 지켜지지 못하는 상황이 발생할 것이다.

4.1 스마트 비즈니스 시스템 보안의 목표

스마트 비즈니스 시스템 보안은 5가지 목표를 추구한다. 5가지 목표는 상호연결되어 있다.

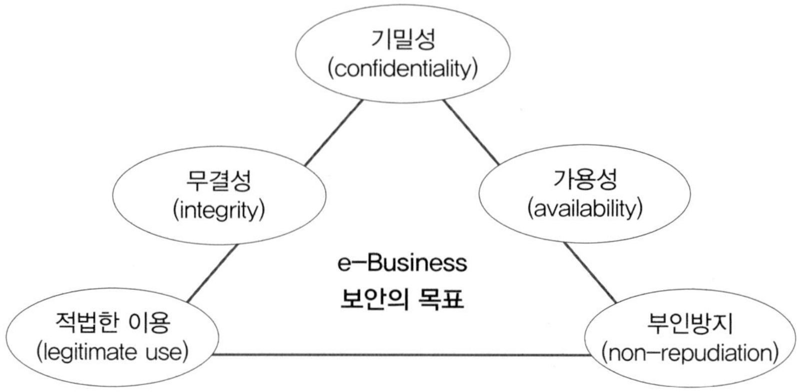

▸ 기밀성(confidentiality)

전송되는 데이터가 승인된 합법적 사용자에게만 노출될 수 있도록 하고, 다른 사람에게는 감추어져야 하는 것이다. 보안기술이 추구하는 가장 기본적인 개념으로 승인된 사용자 외에는 해당 시스템과 데이터에 접근할 수 없도록 하는 것이다.

▸ 무결성(integrity)

전송되는 데이터나 프로그램이 불법적으로 변경이나 삭제되지 않고 원래 상태를 유지하도록 하는 것이다. 이는 사전에 당사자 간에 약속된 방식이나 공인된 방식으로만 프로그램이나 데이터가 교환되거나 변경되어야 함을 의미한다. 무결성 목표는 데이터의 암호화를 통해 상당부분 해결될 수 있으며, 부인방지 목표와도 연결된다.

▸ 가용성(availability)

시스템 자원을 안정적으로 운영해서 늘 사용할 수 있도록 하는 일이다. 즉 승인된 사람들이 해당 데이터나 시스템 자원에 장애 없이 지속적으로 접근해서 유용하게 사용할 수 있음을 의미한다. 해커의 디도스(DDOS) 공격으로 서버가 다운이 되면 시스템의 가용성이 심각한 해를 입은 것이다. 예약시스템, 금융시스템, 전자상거래시스템은 100% 가용성이 달성되어야 하는 시스템들이다.

▸ 적법한 이용(legitimate use)

데이터나 시스템 자원을 허가되지 않은 사람이나 허가되지 않은 방식으로 이용할 수 없도록 하는 것이다. 인증(authentication) 이나 사용자 신분확인(패스워드, 지문인식 등)을 통해 불법 사용자가 시스템 자원과 데이터에 접근하지 못하도록 하는 것이다. 이 적법한 이용은 앞서 말한 기밀성과 무결성 목표를 추구하는데 기초가 되는 목표이기도 한다. 즉 적법한 이용을 엄격하게 집행하면 보다 쉽게 기밀성과 무결성 목표를 달성할 수 있을 것이다.

부인방지(non-repudiation)

인터넷에서 각종 경영활동(거래, 계약 등)에 참여했던 사실을 부인하지 못하도록 하는 것이다. 이는 거래당사자간의 신뢰와 관련된 것이어서 전자상거래를 활성화하기 위해서 매우 중요한 보안 목표이기도 하다. 이를 위해서는 인터넷을 기반으로 발생한 활동들의 서버와 통신경로를 추적할 수 있도록 기록되어야 하며, 또 신뢰할 수 있는 제3의 기관(third party)이 관여해서 거래사실을 기록할 필요도 있다.

4.2 스마트 비즈니스 보안 기술

보안기술은 방화벽, 암호화, 전자인증 순으로 설명하고자 한다.

방화벽(firewall)

시스템 자원에 대한 불법적 접근 및 데이터 불법 유출을 방지하는 기본 도구로써 시스템의 보안사고 예방 및 사고 발생 시 피해 확대 방지 역할을 수행한다.

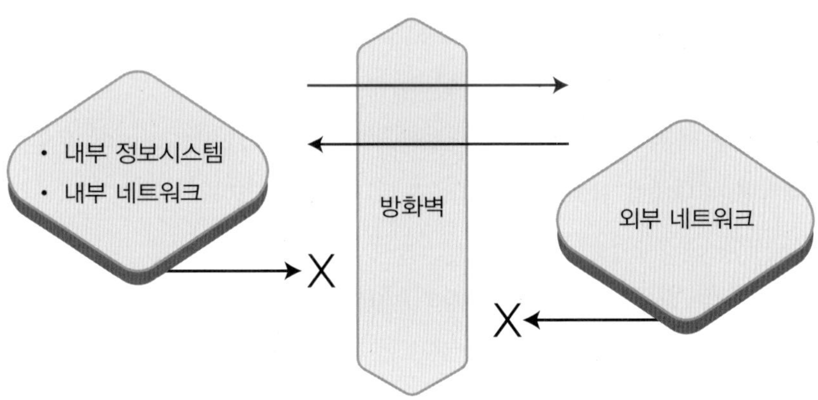

기술적으로 조직 내부의 네트워크(인트라넷)와 인터넷을 비롯한 외부 네트워크(엑스트라넷)간에 정보교환을 할 때 필수적으로 갖추어야 하는 보안시스템이다. 즉 기업 내부 정보

시스템에 불법적인 외부자의 진입을 막고 문제가 있는 이메일, 프로그램, 데이터 등이 내부망에 진입하지 못하도록 막는 한편 기업 외부의 네트워크간의 정보를 교환할 때 기밀 데이터와 정보의 불법 유출을 차단해 준다. 방화벽은 그림처럼 내부와 외부 사이에 오가는 각종 트레픽을 사전에 검열하여 문제가 있는 것을 사전에 감지하여 차단하는 프로그램이다.

방화벽은 내부 네트워크를 외부 네트워크와 분리하여 외부에서 내부로 불법적으로 연결하려는 시도를 강력히 방어하기 위해 특정 지점에서 검열(Screening), 차단(Filtering)하는 보안 프로그램이다. 즉 접속을 원하는 외부 이용자의 신분을 확인하고 암호화 여부, 허용 프로토콜 등을 제한하는 방식이다. 방화벽의 종류는 다음과 같은 것들이 있다.

- 패킷 필터링 방화벽(Packet Filtering Firewall)
- 이중 홈 게이트웨이 방화벽(Dual-Homed Gateway Firewall)
- 차폐 호스트 방화벽(Screened Host Firewall)

암호화(encryption)

■ 암호화 과정

먼저 암호화되지 않은 상태의 평문을 암호문으로 변환하는 암호화 과정 (encryption, encoding)을 거친다. 이제 암호문이 수신자에게 도착하면 역으로 암호문을 평문으로 변화시키는 복호화 과정 (decryption, decoding)을 거친다. 암호화를 통해 기밀성, 무결성, 적법한 사용 등의 보안목적을 달성할 수 있다.

암호화와 복호화 과정에서 사용되는 암호화 키(cryptographic key)의 운영 및 관리 방식에 따라 대칭형, 비대칭형 암호화 알고리즘으로 나눌 수 있다.

■ 대칭형 암호화 알고리즘(Symmetric Algorithm)=비밀키 알고리즘(Secret Key Algorithm)

고전적인 암호화 방법의 하나로써 송수신자가 동일한 비밀키를 알고 공유한다. 송신자는 비밀키를 가지고 메시지를 암호화하고 수신자 역시 동일한 비밀키를 가지고 메시지를 복호화 한다. 그래서 비밀키 알고리즘이라고도 한다. 장점은 암호화와 복호화 과정이 단순하여 처리속도가 빠르다. 반면 비밀키를 안전하게 공유하기가 쉽지 않아 키관리가 어렵다는 단점이 있다.

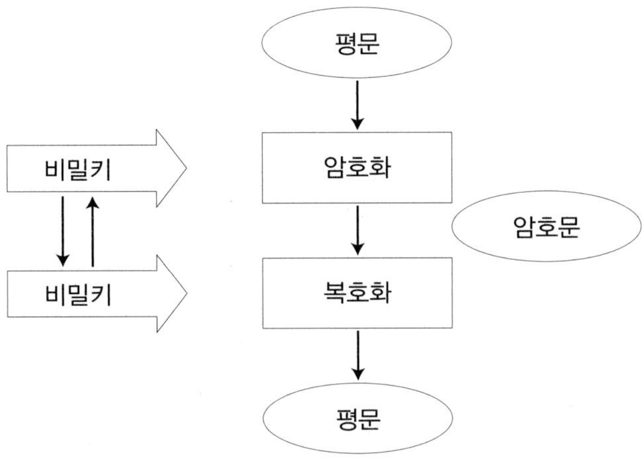

대칭형 암호화 알고리즘

■ 비대칭형 암호화 알고리즘(Asymmetric Algorithm)=공개키 알고리즘(Public-Key Algorithm)

공개키(신뢰하는 기관이 부여함)와 비밀키라는 한 쌍의 키가 암호화와 복호화과정에 사용된다. 공개키는 모두가 알 수 있도록 공개되지만 비밀키는 개인만이 알고 보관하며 암호화와 복호화를 할 때 공개키와 비밀키가 함께 사용된다.

장점으로는 비밀키를 전송하거나 공유하지 않으므로 키의 관리가 보다 안전하다. 반면 암호화와 복호화 과정에 최소 2회 이상의 암호화와 복호화 과정을 거쳐야 하므로 자연히 처리속도가 대칭형에 비해 느리므로 많은 양의 데이터를 암호화하기는 어렵다는 단점이 있다. 그러나 오늘날 컴퓨터의 성능이 우수하기 때문에 크게 문제되지는 않는다.

전자화폐를 거래할 때 적용되는 기술이다.

전자 인증(Electronic Authentication)

전자문서를 작성한 자의 신원과 전자 문서의 변경 여부를 확인할 수 있도록 비대칭 암호화방식을 이용하여 전자서명 생성키로 생성한 전자문서의 일종이다. 해당 전자문서가 고유한 것이고 무결(Integrity)함을 원격으로 인정하고 증명하는 것이며, 금융거래를 할 때 필요한 공인인증서도 여기에 해당된다. 공신력 있는 인증기관의 역할이 요구된다.

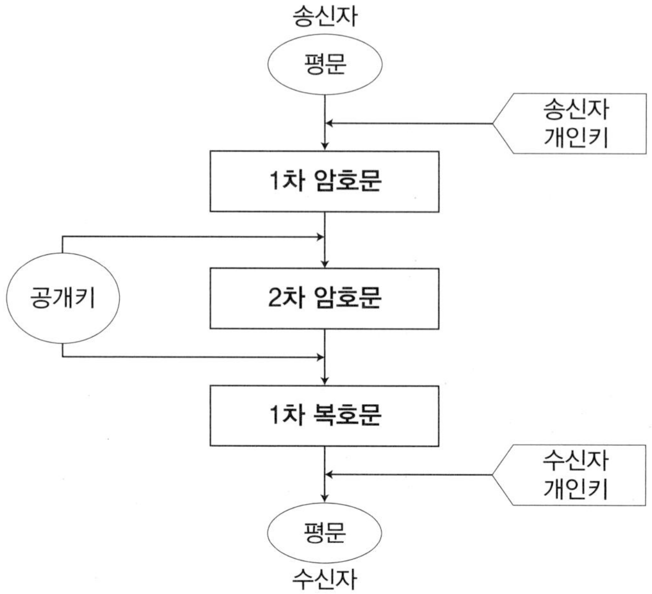

비대칭형 암호화알고리즘

■ 인증기관(Certificate Authority: CA)의 특징

전자문서의 인증을 받기 위해서는 공인된 인증기관(Certificate Authority: CA)이 반드시 필요하다. 일반 은행 금융거래를 위해서는 금융결제원이, 증권거래를 위해서는 한국증권전산이 CA가 된다.

인증기관은 전자서명을 원하는 사용자(개인, 기업)가 전자 서명키를 생성한 뒤 이 가운데 공개키를 인증기관에 제출, 등록하면 인증기관은 발행한 비밀키로 전자서명을 수행, 개인이나 단체에 공인인증서를 발급한다. 우리가 자주하는 인터넷뱅킹을 위해 인증서를 발급받는 과정을 생각하면 쉽게 이해할 수 있다.

인증기관(Certificate Authority: CA)의 보안은 특별히 중요하다. 가상공간에서 발생하는 거래행위에서 인증기관은 당사자간의 신분확인, 거래성사, 결과에 대한 부인방지, 안전한 지불 등을 보장한다. 이러한 역할을 수행하기 위하여 인증기관은 등록된 개인의 공개키와 비밀키를 관리하고 전자서명(비밀번호 입력으로 대체 가능)을 통해 거래 당사자를 확인하며, 개인의 자격이 미달할 경우에는 인증서를 취소하거나 사용될 수 없도록 필요한 조치 실행한다.

공인인증서 발행의 최상위기관은 한국인터넷진흥원(KISA)이며, KISA는 민간을 대상으로 한 공인인증서 발급기관으로 한국전자인증, 한국정보인증, 금융결제원, 코스콤, 한국무역정보통신을 지정하고 있으며, 사업자를 대상으로 한 공인인증서 발급기관으로는 금융결제원, 코스콤, 한국무역정보통신을 지정하였다(2017년 기준).

제5절
전자지불시스템

전통적인 시장경제에서 화폐가 있듯이 디지털 시장경제에서도 전자 지불 수단이 필요하다.

5.1 전자화폐의 이해

일반적으로 화폐는 지불, 저장, 가치척도로서 기능을 동시에 충족시키는 자산이다. 전자화폐 역시 일반적인 화폐의 기능 충족해야 함은 기본이며, 여기에다 정보기술을 응용하여 기존의 화폐가 수행하는 기능과 역할을 보다 효율적이고 편리하게 개선한 화폐라 할 수 있다.

전자화폐는 디지털 기술 환경 및 네트워크 환경에서 사용에 적합한 물리적 화폐의 변형이므로 다음과 같이 물리적 화폐의 특성을 계승할 필요가 있다. 그러나 현실적으로 모든 전자화폐는 하드웨어(PC, 스마트폰 등)를 거쳐 결제되고 송금되므로 추적도 가능하고 익명성이 완전히 보장되는 것은 아니다. 이는 모든 하드웨어는 정보통신법에 의해 ID가 붙여지고 관리되기 때문이다. 그리고 비트코인과 같은 전자화폐는 받지 않는 곳이 많아 아직 범용성에 한계가 있다.

- 범용성: 사용의 제약이 없다

- 안전성: 위조될 수 없어야 한다.
- 익명성: 사용자의 신원이 밝혀져서는 안된다. 즉 꼬리표가 있어서는 안된다.
- 추적 불가능성: 사용자의 추적을 할 수 없어야 한다.
- 양도성: 타인에게 가치를 쉽게 양도할 수 있어야 한다.
- 이중사용 방지: 두 번 이상 사용할 수 없어야 한다.

5.2 전자지불시스템의 종류

전자지불시스템은 일반적으로 전자매체(PC, IC카드, 네트워크 장비 등)를 통해 지급·결제·가치이전 등 화폐의 기능을 수행하는 전자지급수단이다. 여기서는 1) 전자현금(화폐), 2) 신용카드 지불시스템, 3) 전자자금이체, 4) 비트코인을 설명하고자 한다.

■ 전자현금(화페)

가상공간에서 통용되는 새로운 화폐의 발행을 목표로 설정된 시스템으로서 현실세계의 지불수단인 화폐를 전자적으로 구현한 것이다. 전자화폐는 화폐적 가치가 어떻게 저장되었는가에 따라서 IC 카드형과 네트워크형으로 나뉜다. IC 카드형 전자 화폐는 카드에 내장된 IC칩 중에 전자 화폐에 해당되는 전자정보가 저장되어 있다. IC칩이 내장된 카드나 스마트기기를 이용하여 단말기가 비치된 가맹점에서 결제를 할 수 있다. 체크(직불)카드는 본인 명의로 예탁된 예금 한도 내에서 결제를 할 수 있으며, 충전해서 사용하는 교통카드도 전자현금(화폐)의 일종이라 할 수 있다. 상품권 대용으로 사용하는 기프트카드 역시 일종의 전자현금이라고 할 수 있다.

한국의 카카오페이, 중국의 위챗, 알리바바 등은 스마트폰을 플랫폼으로 하는 충전식 전자지불시스템이다. 사용자의 은행 또는 증권계좌를 연결하여 금액을 충전한 후, 온라인결제 또는 오프라인결제를 할 수 있는 전자현금이다. 가맹점은 고객에게 발급된 바코드 또는 QR코드를 단말기로 읽어 들여 오프라인결제를 할 수 있다.

네트워크형 전자 화폐는 컴퓨터 통신상에서 각종 결재 행위에 사용되는 전자 화폐를 말하므로 전자자금이체에서 다시 자세하게 설명할 것이다.

■ 신용카드 지불시스템

우리나라에서 인터넷상에서 가장 보편적으로 사용되고 있는 지불시스템이다. 전자현금 시스템이 현실세계의 지불수단인 화폐를 전자적으로 구현한 것처럼, 신용카드 역시 현실세계의 신용카드 지불 절차와 동일하게 실행된다. 다만 온라인으로 결제를 할 경우에는 추가적인 보안절차를 거쳐야하므로 다소 번거로울 수 있지만 소액 거래보다는 신용카드 한도액을 넘지 않는 범위 내에서 거래 비용을 상회하는 상당한 정도의 금액을 거래할 때 적당한 결제수단이라 할 수 있다. 오늘날 신용카드는 스마트폰에 등록하여 온라인 인터넷쇼핑을 하는데 사용할 수 있어 플라스틱카드를 굳이 가지고 다닐 필요가 없다.

■ 전자자금이체

전자자금이체는 인터넷이 보편화되기 이전에도 대기업을 중심으로 활용되던 지불방식으로 네트워크형 전자화폐이다. 오늘날에는 PC, 스마트기기, ATM과 같은 자동화기기를 이용해서도 가능하다. 가상은행을 이용한 자금 이체는 시간, 공간의 제약 없이 서비스를 편리하게 이용할 수 있으며, 인터넷을 이용한 프로세스 처리가 무척 값싸기 때문에 수수료가 적거나 없다는 점이 장점이라 할 수 있다.

■ 비트코인(디지털화폐)

전자현금(화폐)와 혼돈될 수 있는 비트코인(Bitcoin)은 2009년 나가모토 사토시가 만든 디지털통화이며, 통화를 발행하고 관리하는 중앙장치(금융기관)가 존재하지 않는다. 비트코인의 거래는 PtoP기반 분산DB에 의해 이루어지며 공개키 암호방식으로 거래를 수행한다. 비트코인은 지갑파일 형태로 저장되며, 각 지갑에는 고유주소가 부여되며 그 주소를 기반으로 거래가 이루어진다. 주식처럼 사고 팔수 있으며 단위당 가치도 계속 변하는 것이 특징이다. 그리고 공식화폐로 인정하여 받아주는 가맹점이 적어 아직 범용성에는 한계가 있다.

특히 거래 내역을 중앙 서버에 저장하는 일반적인 금융기관과 달리, 블록체인은 비트코인을 사용하는 모든 사람의 컴퓨터에 분산 저장되므로 전통적인 금융기관은 배제된다. 그러나 누구나 거래 내역을 확인할 수 있어 '공공거래장부(Public Ledger)'라 불린다. 거래장부가 공개되어 있고 모든 사용자가 사본을 가지고 있으므로 해킹을 통한 위조도 불가능하다. 따라서 블록체인은 높은 신뢰가 생명인 금융거래 등의 서비스를 중앙시스템 없이 가능하게 했다는 점에서 높은 평가를 받는다(Nakamoto, 2008).

[알고 가기 1] 핀테크(Fin Tech)

위에서 설명한 전자지불서비스는 핀테크의 일부에 지나지 않는다. 재무(Financial)와 정보기술(Technology)의 합성어로, 인터넷·모바일 공간에서 이루어지는 결제·송금·이체, 인터넷 전문 은행, 크라우드 펀딩, 디지털 화폐 등 각종 금융 서비스를 통칭하는 말이다. 핀테크는 스마트폰, 인터넷을 통해 간편하게 금융 업무를 처리할 수 있도록 해주기 때문에 전 세계에 금융 혁명을 몰고 올 것으로 예측되고 있다. 베스트셀러 『머니 볼』의 저자 마이클 루이스는 2014년 11월 "금융 회사들은 스스로는 느끼지 못하지만 이미 사형을 기다리는 상태"라면서 "그동안 자금을 투자하려는 사람과 빌리려는 사람 사이에서 중개자 역할을 해왔는데, 인터넷과 테크놀로지가 월스트리트가 독점했던 이런 비즈니스를 파괴적으로 변화시킬 것"이라고 했다. (한국금융연수원, 2016; http://100.daum.net/encyclopedia/view/54XXX1090123 검색일 2018.10.2).

[알고 가기 2] 디지털 지갑 (Digital Wallet)

디지털 지갑(또는 스마트 지갑)은 데스크톱이나 스마트폰에 신용카드, 체크카드, 기프트카드, 포인트 카드 등 모든 결제수단을 디지털방식으로 한 곳에 모아 보다 안전하고 편리하게 결제를 할 수 있게 하는 기술이다. 디지털 지갑은 여권, 신분증, 운전면허증, 보험증서까지 저장하여 물리적 지갑을 완전히 대체하는 방향으로 발전하고 있다.

디지털 지갑에는 일부 개인정보와 배송정보도 저장되어 있어 스마트폰으로 상거래를 할 때 번거로운 정보입력이 필요 없으며, 스마트폰을 가맹점의 리더기에 갖다 대거나 QR코드를 읽히기만 해도 결제가 된다. 디지털 지갑은 리더기와 NFC(Near Field Communication), 블루투스 방식으로 통신한다. 삼성페이, 미국의 페이팔, 애플페이 등이 디지털 지갑의 예이며, 이 시장의 경쟁은 매우 치열하다.

제6절
자료 관리

오늘날 데이터와 정보는 기업의 경쟁력의 원천이므로 체계적이며 과학적으로 관리하여야 한다. 기업이 축척하는 데이터의 양은 이미 사람이 수작업으로 처리할 수 있는 한계를 넘었기 때문에 정보기술의 도움이 절대적으로 필요하여 다음과 같은 최첨단 DB기술 및 데이터 분석 기술들이 발전하게 되었다. 이러한 모든 DB기술은 전통적인 기존 시스템을 인터넷에 연동하여 사용할 수 있도록 설계되고 개발되어야 한다.

- DB와 DBMS
- 데이터웨어하우스
- 데이터마이닝과 OLAP(Online Analytical Processing)
- 빅데이터

6.1 DB와 DBMS(Database Management System)

DB와 DBMS는 데이터 관리를 위한 전통적인 기술이며, 특히 스마트 비즈니스 환경에서는 조직외부와의 연결성이 더욱 강조되고 있다. Database(DB)란 조직 또는 개인이 특정 목적을 위해 다양한 형태의 데이터를 일정한 관리체계에 준하여 저장해 놓은 집합체를 말하며, 이러한 DB를 비즈니스 애플리케이션과 효과적으로 연결하기 위해 DBMS라는 미들웨어가 필요하다.

DBMS는 데이터베이스를 생성하고 효율적으로 관리해주며 응용프로그램들이 접근하여 필요한 데이터를 쉽게 활용할 수 있도록 도와주는 미들웨어의 일종이다. DBMS는 애플리케이션(소프트웨어)과 물리적인 데이터 파일(디스크 메모리)과의 중간 역할을 담당함으로써 프로그래머나 사용자가 데이터가 어디에(where), 어떻게(how) 저장되어 있는지 알아야 할 필요가 없도록 한다. 결과적으로 애플리케이션과 데이터간의 상호의존성을 줄여줌으로써 프로그램 개발이나 유지보수에 따른 비용을 현저하게 줄여준다. DB와 DBMS의 장점은 다음과 같다.

- 데이터의 중복 저장이 감소함으로 데이터를 보다 효율적으로 관리할 수 있다.
- 데이터의 중복 저장이 없으므로 정확성과 일관성이 증가한다.
- 자료접근이 보다 빠르고 쉬워진다.
- 데이터를 중앙집중적으로 관리하면 보안성이 더욱 증가한다.
- 프로그램으로부터 데이터구조(양식)가 독립됨으로써 프로그래밍 생산성이 증가한다. 즉 데이터구조가 바뀌었다고 프로그램을 수정해야 하는 이유가 줄어든다. 따라서 애플리케이션의 유지보수가 보다 쉬워진다.

6.2 데이터웨어하우스(Data Warehouse)

엄청나게 증가하는 데이터의 양을 효과적으로 관리하고 이용하기에는 전통적인 DBMS가 한계가 있기에 대두된 신 개념의 데이터관리기법이다. 기업을 운영하면서 생성되는 내부데이터와 외부데이터를 주제별로 통합해 저장해 두었다가 별도의 복잡한 프로그래밍 없이 최종사용자가 다차원 분석(Multi-dimensional analysis)을 할 수 있는 통합데이터관리시스템이다.

전통적인 DB구조 하에서 생산정보시스템은 제품모델별 생산관련 자료를, 영업정보시스템은 제품모델별 판매자료를, A/S지원시스템은 제품모델별 서비스이력자료를 각기 제공할 뿐 제품모델별로 생산, 영업, 서비스이력자료를 통합하여 다차원적으로 제공할 수 없었다. 그렇지만 데이터웨어하우스에서는 의사결정에 필요한 주제(고객, 매출, 제품 등)별로 구성되어 있어 쉽게 다차원 분석결과를 저장할 수 있다. 이렇게 가공된 정보들은 특정 사용자그룹이나 부서를 위해 데이터마트 형식으로 제공함으로써 의사결정을 긴밀하게 돕는다. 구축효과는 다음과 같다.

- 정형화된 보고서를 신속하게 만들 수 있다. 의사결정자가 지정한 요약 보고서 양식에 의거하여 처리된 보고서가 항시 저장되어 있기 때문이다.
- 비정형적 보고서도 어려운 프로그래밍이 없이 의사결정자가 간단히 원하는 항목을 지정함으로써 산출할 수 있다.
- 의사결정자의 자료분석 및 예측능력이 향상된다.

6.3 데이터마이닝(Datamining)과 OLAP(Online Analytical Processing)

데이터웨어하우스와 연계하여 고차원적 데이터분석을 가능하게 하는 도구 내지 기법을 말한다. 즉 이전에 발견되지 않았던 데이터 간의 상관관계를 분석하는 것이다. 마케팅전략 수립 및 고객관계 향상에 필요한 의사결정을 하는데 도움을 줄 수 있다. 데이터마이닝 결과는 다음과 같은 것들을 포함한다.

연합: 한 사건과 다른 사건이 동시에 발생하는 것(맥주 구입자가 땅콩을 함께 사는 확률). 연합사건을 잘 연구하면 마케팅과 영업활동에 큰 도움을 받을 수 있다.

연속: 한 사건이 다음 다른 사건을 유발하는 것 (휴대폰을 산 후 액세서리 구매하는 행위)

분류: 패턴을 인식하고 새롭게 분류된 데이터를 창출하기 (예를 들어, 최근 3년간 세일기간 동안 3회 이상 구매한 사람들, 분만 후 1년 이내의 여성그룹)

집단화: 이전에는 알려지지 않았던 사실, 집단을 발견하고 가시화하기. 새로운 사업기회를 찾는데 도움이 될 수 있다.

예측: 데이터 내에서 단순히 발견되는 패턴을 통해 미래에 관한 예측을 할 수 있다. 예를 들어 신용카드가 도용되고 있을 때 발생할 수 있는 일련의 패턴을 찾아 더 큰 피해가 발생하는 것을 사전에 막을 수 있다.

OLAP(Online Analysis Processing)는 특별한(ad-hoc) 분석이나 다양한 데이터를 당겨 와서 복잡한 질문에 답할 수 있도록 설계된 온라인 분석도구이다. OLAP는 다차원 큐브(cube)라 불리는 구조적 개념에 기초하여 데이터를 조작하므로 2차원에 불과한 관계형 데이터베이스의 한계를 극복할 수 있다. 즉 전통적인 관계형 데이터베이스는 데이터를 생성、수정、삭제하기는 매우 편리한 시스템이지만 실시간으로 대용량의 데이터를 분석하기에는 많은 한계가 있다. 특히 여러 개의 테이블(표)에 있는 다양한 데이터를 이용하여 질의에 응답할 때는 속도가 떨어진다. 반면 OLAP는 다차원의 데이터를 여러 각도로 조작하면서 원하는 결과를 신속하게 얻을 수 있다.

6.4 빅데이터

빅 데이터란 양적으로 거대하고, 정형, 비정형 데이터를 포함하여 다양한 형태를 가지고, 생산→유통→소비(이용), 즉, 데이터의 활용주기가 짧기 때문에 전통적인 DB관리와 분석 방법으로는 감당하기 힘든 데이터의 집합을 의미한다.

빅 데이터는 크게 거래 데이터(big transaction data)와 상호작용 데이터(big interactional data)로 구분할 수 있다. 거래 데이터는 기업이 기존의 전통적인 시스템이 이미 보유하고 있는 데이터로써 생산·재고·판매 데이터 등을 말한다. 상호작용 데이터는 SNS 데이터, 웹사이트 클릭스트림 데이터, 각종 이미지 및 텍스트, RFID 등의 센서를 통해 생성된 데이터, 유전자 등 과학 관련 데이터 등 신기술에 의해 생성되는 데이터로써 일반적으로 사람과 사람, 사람과 기계, 기계와 기계의 상호작용으로 생성되는 데이터이다.

요컨대 빅 데이터는 규모(volume), 다양성(variety), 변화의 속도(velocity) 등 3V로 그 특징들을 설명할 수 있다. 규모는 생성되는 데이터의 양과 빈도(frequency)에 의해 결정된다. 월마트의 전 세계 8,500여 개의 매장이 생성하는 거래 데이터는 2,500테라바이트가 넘고 방대한 양의 데이터를 수집하고 통합하기 위해 자체 통신위성까지 갖추고 있다. 데이터웨어하우징 인스티튜트 (Data warehousing Institute)에 의하면, 미국 기업의 37%가 분석 목적으로 보유하고 있는 데이터의 규모가 빅데이터 수준인 10테라바이트 이상인 것으로 보고되고 있다. 다양성은 데이터 종류(형태)의 다양성을 의미한다. 이제까지 기업이 주로 관리해온 판매, 원자재 구매, 제품재고, 생산내역과 같은 데이트는 관계형 데이터베이스로 관리되는 구조적 데이터라 할 수 있다. 그러난 빅 데이터는 웹서비스를 이용한 사용자들의 흔적들(클릭스트림), CCTV의 영상 데이터, 위치정보, SNS의 내용, RFID등과 같이 센서를 통해 수집된 데이터 등 다양한 종류의 데이터를 포함한다. 빅 데이터는 데이터의 실시간 처리와 지속적 접근을 요구하는 경우가 많아 데이터의 생성, 수집, 분석, 유통이라는 사이클(속도)이 매우 빨리 진행되는 경우가 많다.

[사례] GE의 빅데이터

GE는 2011년 11월 미국 실리콘밸리 인근 샌 라몬에 글로벌 소프트웨어 센터를 설립하고 10억 달러 투자계획을 발표했다. 산업인터넷을 본격 추진하기 위해 차세대 지능형 시스템을 개발 한다는 것이다. 이 디지털 시스템을 통해 산업 장비에서 생성되는 페타바이트(약

100만 기가바이트)급의 정보를 자동으로 분석하고 활용해, 고객의 자산과 사업의 운용을 최적화한다는 것이다. 현재 GE는 전 세계 1만여 명의 소프트웨어 인력과 협력해 빅 데이터와 관련된 다양한 소프트웨어 솔루션들을 개발하고 있다.

전통적 제조업의 대표주자인 GE가 소프트웨어에 대한 과감한 투자와 비전을 제시한 사실에 많은 이들이 의아하게 생각했다. 냉장고, 세탁기 등과 같은 가전제품으로 익숙한 GE지만, 최근 항공기 엔진, 발전 설비, 기관차, 의료진단 장비 등을 개발 공급하는 첨단 기술 인프라 기업으로 변모했다. 항공기 엔진, 병원 장비의 센서에 인터넷을 연결하고 여기서 발생한 데이터를 분석해 고객사인 항공사와 의사들에게 추가적인 가치를 제공한다는 것이다.

GE의 제프리 이멜트 (전)회장은 빅 데이터의 중요성에 대해 "산업인터넷은 GE가 고객들에게 제공하는 서비스에 혁명을 일으키고 있다. 이를 통해 고객들은 효율성과 생산성을 더욱 높일 수 있게 되었다"며, "산업 데이터는 그 양이 방대할 뿐만 아니라, 매우 중요하고 복잡한 형태의 빅 데이터다. GE는 고객과 사회가 필요로 하는 성과를 제공하기 위해 이러한 데이터를 관리하고 분석할 것이다. 이를 위해 예측 솔루션을 개발하고, 성과를 측정하는 센서를 GE제품에 장착하고 있다"고 했다.

제7절 스마트 비즈니스를 위한 업무용 프로그램

7.1 범용 프로그램

일반적인 사무자동화용 소프트웨어는 다음과 같은 종류들이 있다.

- 워드 프로세스: 한글, MS-Word
- 스프레드시트: 엑셀
- 프레젠테이션 프로그램: 파워포인트, 플래시, 각종 데이터 시각화도구
- 그룹웨어: 로터스 노츠(Lotus Notes), 핸디오피스
  - 직원들이 효율적으로 의사소통을 하고 정보를 공유할 수 있도록 해준다. 전자우편,

전자결제, 전자게시판, 전자문서관리 등을 수행할 수 있다.

7.2 전용 프로그램

특정 업무를 처리하는 프로그램으로 응용프로그램(application)을 말한다. 예를 들어 주문처리/수주관리 프로그램, 생산계획 프로그램, 재고관리 프로그램들이 있다. 앞에서 설명한 통합시스템인 ERP, CRM, SCM시스템들 모두 응용프로그램들의 집합체로 볼 수 있다.

스마트 비즈니스 환경에서 응용프로그램들은 인터넷 기술을 적용하여 조직외부와 쉽게 연결될 수 있도록(Web-friendly) 개방형으로 설계되어야 한다. 예를 들어, 구매자가 웹브라우저를 이용하여 기업의 구매시스템에서 직접 주문을 넣을 수도 있고, 전자상거래 사이트에서는 주문의 처리상황이나 대금결제상황을 조회할 수 있도록 해야 하다. 따라서 응용프로그램 개발을 위해서 업무분석을 할 때도 조직 내부의 직원들에 한정할 것이 아니라 고객, 공급자, 협력업체 및 정부와의 정보흐름과 정보요구사항을 함께 고려하여야 하는 것이 중요하다.

[사례] 스마트폰의 모바일 결제 기술

◈ 소비자가 독자적 결제 시스템 갖춘 스마트폰을 사용 때마다 쇼핑 · 금융 정보를 남긴다. 구글과 애플은 마스터카드사 · 씨티은행과 제휴하여 광고주들에게 이러한 정보를 넘겨 큰 수익 올리고 있다. ◈

구글은 최근 미국 거대 금융회사 마스터카드·씨티그룹과 '스마트폰을 신용카드처럼 사용하고 양방향으로 활용하는 기술'(NFC·키워드) 분야의 신규사업 제휴를 맺었다. 구글은 독자적인 '모바일 신용카드 결제시스템'을 만들어, 자사의 안드로이드용 스마트폰에 넣어 전 세계에 팔겠다는 전략이다. '지갑 없이 돈을 쓰는 시대'를 장악하겠다는 것이다. 애플은 '아이폰5'에 NFC 기능을 넣었다. 애플은 자사의 독자 NFC 결제 시스템을 개발, 이를 아이폰 이용자들의 '금융 허브'로 키운다는 전략이다. NFC(Near Field Communication)는 10cm 정도 떨어진 전자기기들이 서로 정보를 주고받는 '양방향소통' 무선통신기술이다.

구글·애플 등 글로벌 거대 IT기업들이 '모바일 결제' 시장의 주도권을 잡기 위해 경쟁에

본격적으로 뛰어들었다. 시장조사기관 IE마켓리서치는 2014년 NFC를 이용한 전 세계 금융결제 금액이 무려 3700억달러(약 400조원)에 달할 것으로 전망했다. 애플·구글이 전 세계 금융 정보 확보를 노릴 수 있는 힘은 세계 스마트폰의 운영체제를 과점(애플 iOS 20%, 구글 안드로이드 33%)했기 때문이다. 그리고 구글·애플의 '거래 정보 요구'에 신용카드 회사들이 외면하기 어려울 것이다.

◆ 스마트폰의 진화… 상품 구매하고 현관문도 여는 시대

그간 스마트폰은 이메일·음악·영화·내비게이션·게임 등 숱한 기능을 흡수했다. 신용카드 등 금융기능까지 더해지고 이들 기능을 애플과 구글이 컨트롤하게 되면 전 세계 스마트폰 가입자들은 구글과 애플의 장악 하에 들어가게 된다.

과거의 모바일결제는 휴대폰에 금융 결제 칩을 탑재해 '휴대폰→카드결제기'로 정보가 단일방향으로 전달되는 구조였다. 그러나 오늘날 커피전문점이나 대형 마트 등의 결제기는 결제칩이 없이 고객의 스마트폰 속 바코드나 QR코드를 스캔함으로써 편리하게 결제할 수 있다.

◆ SK텔레콤 · KT, 국내 시장 지키기

"애플은 2억 명이 넘는 소비자의 금융결제 정보를 보유한 세계 최대의 개인 금융 정보 보유 업체다." 애플 CEO가 지난 2월 '아이패드2'를 발표하는 자리에서 한 말이다. 애플은 아이튠스에서 1달러 이하의 음원을 팔면서, 2억 명이 넘는 소비자 결제 정보를 확보했다. 애플은 소비자의 이름·이메일·전화번호 등 개인 정보는 물론이고, 구매 기록을 분석해 음악취향·생활습관 등의 정보를 갖고 있다. 애플은 NFC 도입을 통해 일상생활의 거래정보를 취득해 소비자의 구매력·소비성향 정보까지 확보하고 있다. 한편 구글은 전 세계 스마트폰 이용자들의 결제 정보를 활용해 보다 효과가 좋은 광고를 팔겠다는 전략을 갖고 있다. 예컨대 커피전문점에서 과거에 커피를 구매한 스마트폰 이용자가 근처에 왔을 때 '모바일 할인 쿠폰'을 전송하는 식이다.

애플·구글의 공세에 KT와 SK텔레콤이 각각 작년 말과 올해 2월 NFC 기능을 탑재한 휴대폰을 1종씩 선보였다. 하지만 SK텔레콤·KT 등 국내 업체들은 금융거래 정보를 모두 카드회사에 넘겨주고 있다. 이런 상황에서 애플·구글이 국내 소비자 거래 정보까지 장악할 우려가 제기되고 있다.

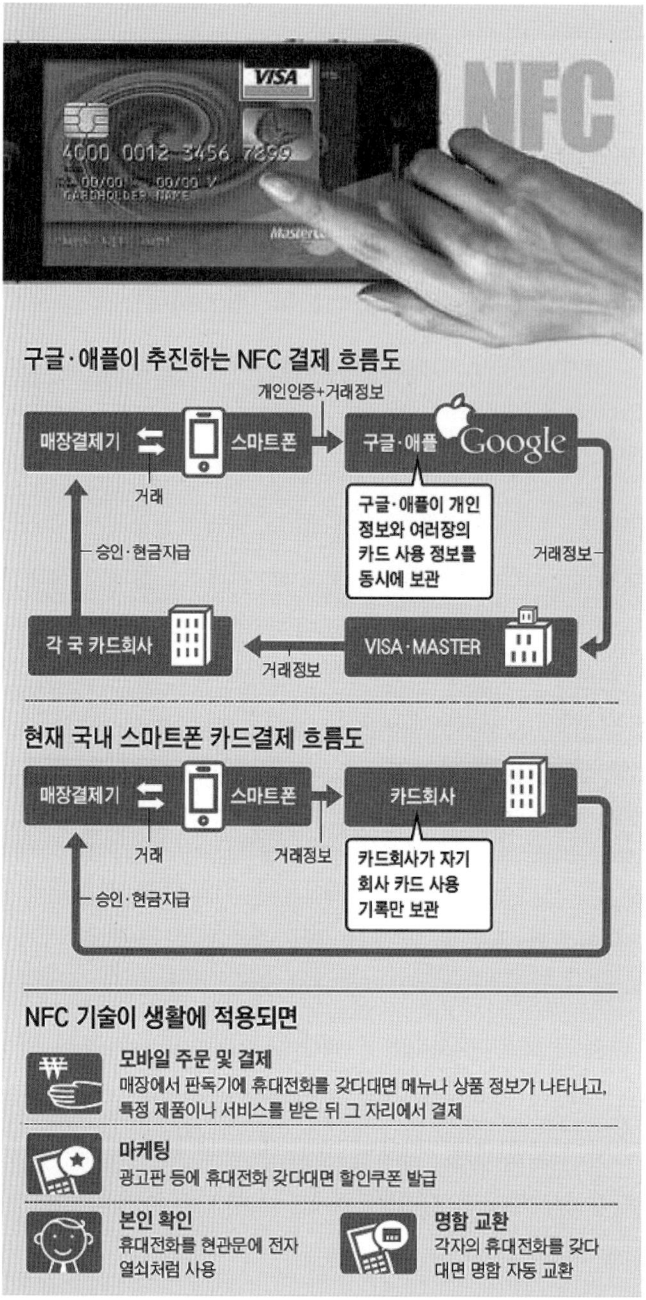

애플과 구글이 전 세계에서 무차별적으로 개인정보를 긁어모으는 데 대한 거부감도 적지 않다. 유럽·중동 등 애플·구글에 비(非)우호적인 정부들이 이 같은 개인정보 수집과 신용카드 거래 정보 저장에 대해 제동을 걸고 있다. 그런 개인정보가 해커들에게 유출이 되는 경우 그 피해는 더욱 커지게 된다. 기업들은 개인이 식별가능하지 않은 데이터로 저장되므로 문제가 없다고 주장하지만 인터넷에 흩어져 있는 개인정보를 모두 모아 엮는다면 개인의 신상이 드러날 수 있는 세상이 현실이다. 기업이 개인정보를 이용하여 제공하는 편리성의 가치와 개인 사생활의 침해로 야기되는 손실의 가치 중 어디에 더 큰 비중을 두느냐 하는 문제이기도 하다.

[자료원] 조선일보 2013.4.

CHAPTER

06

스마트 비즈니스 전략

스마트 비즈니스 전략수립의 의미와 절차를 이해한다.

제6장
스마트 비즈니스 전략

Key Point

- 스마트 비즈니스 전략수립의 의미와 절차를 이해한다.

주요 내용

- 스마트 비즈니스 전략의 필요성
- 스마트 비즈니스 전략의 의미
- 스마트 비즈니스 전략 수립 절차
- 스마트 비즈니스 시스템의 구현
- [사례] 글로벌 IT기업들의 프리미엄 콘텐츠 사업

제1절
스마트 비즈니스 전략의 필요성

스마트 비즈니스가 기업 경영성과에 공헌하기 위해서는 적절한 전략 수립이 필요하다. 전략적 관점에서 의사결정을 수행하지 않는 경우, 그 기업은 시장에서 도태되거나 경쟁에서 처지게 됨으로써 나중에는 조직의 존재마저 위협받게 되기 때문이다.

1.1 경영전략의 필요성

전략이란 경쟁적 우위를 획득하는 방법에 대한 이론이다(Druker, 1994). 시장 환경적 측면에서 경영전략의 수립은 불확실한 미래 환경에 대한 준비과정으로서 꼭 필요하다. 의사결정의 성격 관점에서 조직전체에 영향을 미치는 일관성 있고 통일된 비전, 목표, 기준의 설정이 있어야 하며 이를 위해서 반드시 경영전략이 필요하다.

특히 경영활동의 수행 관점에서 볼 때 경영전략은 계획-조직화-지휘-통제로 이어지는 경영활동의 출발점이므로 더욱 필요하다. 비전, 경영목표, 방향성, 성과측정기준 등이 먼저 설정되어 있어야 이어지는 일련의 의사결정도 일관성을 유지하여 조직 전체가 정한 방향으로 나아갈 수 있다. 예를 들어, 원가절감을 통한 경쟁력의 확보라는 기본 전략을 세웠다면 공급자에게도 원가절감의 노력을 요청해야 하며, 사내에서도 원가절감에 필요한 세부실천방안들을 도출하여 실행해야 할 것이며, 노조와 임금협상을 할 때 이것이 반영되어야 할 것이다.

1.2 스마트 비즈니스 전략의 필요성

스마트 비즈니스 전략은 인터넷 기반 기술, 디지털 정보기술 그리고 4차 산업혁명 주도 기술을 경영에 적극적으로 도입해야 하는 환경에서 불확실한 미래에 대비한다는 측면에서 필요하다. 기존의 경영전략에 덧붙어 인터넷 및 디지털 중심 사회라는 특성이 강조되기 때문에 스마트 비즈니스 전략이 특히 필요하다.

미래 환경의 불확실성과 예측의 어려움이 과거와는 비교할 수 없을 정도로 커가고 있고, 기술발전주기와 제품의 생명주기는 점점 짧아지며, 산업 내 업종 내 기업들의 경쟁의 강도가 더욱 심해가기 때문에 기존의 전통적 경영전략 수립만으로는 불충분하다. 이에 스마트 비즈니스 전략이 더욱 필요해 지고 있다.

제2절
스마트 비즈니스 전략의 의미

전략은 1회성으로 끝나는 것이 아니라 경영성과를 향상시키기 위한 지속적인 과정으로 이해해야 한다. 아울러 스마트 비즈니스 전략 또한 기업의 경영활동에 인터넷 및 디지털 정보기술, 4차 산업혁명 주도 기술을 통합 적용함으로써 경영성과를 극대화하기 위한 지속적 노력과 연속된 일련의 활동으로 이해해야 한다. 따라서 경영전략을 수립할 때 스마트 비즈니스 전략은 매우 중요한 일부가 되어야 한다. 스마트 비즈니스 전략은 때로 경영전략의 추진에 주도적인 역할을 하기도 하고 측면을 지원을 하는 역할도 수행한다.

2.1 경영전략의 의미

첫째, 경영전략수립의 첫 단계는 분명한 비전, 목표 그리고 방향을 설정하는 일이다. 비전은 기업이 도달하고자 하는 어떤 상태와 모습을 말하며 이는 글로써 그림으로써 명료하게 표현될 필요가 있다. 비전은 경영환경이 불확실하면 할수록 더욱 필요한 것이다. 목표는 기업이 달성해야 하는 장기적 방향과 시간별로 각 단계마다 도달해야 하는 성과를 말한다. 목표와 방향이 분명해야 이를 달성하기 위한 최선의 대안이 선택될 수 있으며, 세부적 의사결정을 내리는데 필요한 지침이 될 수 있다.

둘째, 기업의 경영활동에 영향을 미칠 수 있는 주요한 변화를 예측할 수 있다. 경영전략을 수립하기 위해서는 먼저 환경 분석을 수행한다. 즉 자사 및 해당 사업 및 부서에 영향을 미치는 환경요인을 체계적으로 살펴보고, 환경변화의 방향 및 영향분석, 새로운 기회(Opportunity) 및 위협(Threat) 요인의 파악, 기회와 위협에 대응할 수 있는 자사의 역량(Strength)과 취약점(Weakness)들에 대한 분석을 수행하는 것이다. 잘 알려져 있는 SWOT분석이다.

셋째, 비전과 경영목표를 달성하기 위한 최선의 방법을 설계한다. 목표를 달성하기 위한 구체적인 수단, 즉 행동계획(action plan)을 제시해야 할 것이다.

넷째, 수립된 목표 달성 및 이러한 활동을 지원하기 위해 적용되는 방법에 따라 경영자원의 효율적 활용이 가능해진다. 기업은 항상 제한된 자원으로 최대의 효과(성과)를 거둘 수 있는 것에 투자해야 하므로 높은 성과가 기대되는 부분에 자원을 집중적으로 배정하거나 장기적으로 높은 부가가치를 창출할 수 있는 사업들에 균형 있게 배분해야 한다. 따라서 효과적인 자원 배분을 위해서도 경영전략의 수립은 매우 중요하다.

2.2 스마트 비즈니스 전략의 의미

스마트 비즈니스 전략의 의미를 <그림 6-1>과 같이 4가지로 나누어 일반적인 경영전략과 구분하여 설명하고자 한다.

<그림 6-1> 스마트 비즈니스 전략구축의 의미

▸ 비전, 목표 및 방향 설정

일반적 경영전략에서는 인터넷 기술, 디지털 기술, 4차 산업혁명 주도 기술을 중요하게 고려하지 않았으므로, 달성 가능한 구체적 목표에서 스마트 비즈니스의 환경과 차이가 존재할 수밖에 없다. 그러나 스마트 비즈니스 전략이 함께 접목되면 비전이 달라질 수 있으며, 달성 가능한 목표수준이 향상될 수 있으며, 설정되어야 할 목표의 범위 또한 확대될 수 있다. 이는 시간관점에서 경영활동의 진행 이정표에 따른 목표수치가 훨씬 앞당겨져서 설정될 수도 있음을 의미한다. 일반적 경영전략과 스마트 비즈니스 전략은 비전과 목표설정이라는 의미에서는 동일하지만, 비전의 내용과 목표의 양적 측면에서는 분명 차이가 존재할 수 있다.

▸ 환경 및 기술 변화의 예측

예측의 대상이 되는 변화의 내용이 스마트 비즈니스 전략에서는 일반 경영전략과 많이 다르다. 일반적 경영전략에서는 전체를 대상으로 환경분석을 하지만, 스마트 비즈니스 전략에서는 일반적 환경분석 외에 정보기술의 발달과 잠재력 그리고 이것이 경영 환경 변화에 미치는 영향을 예의 주시하면서 분석해야 한다. 즉, 신규기술의 개발, 새로운 기술표준의 등장, 경쟁업체의 기술 확보 동향 등을 분석하면서 자기 조직에 미치는 영향을 예측해야 한다. 특히 4차 산업혁명을 주도하는 첨단 IT기술의 발전과 잠재력 그리고 이러한 분야에서 자사가 보유하고 있는 역량과 취약성은 전략가가 매우 주시해야 하는 분야이기도 하다.

예를 들어 물류업종에서 드론의 활용으로 배송의 효율성과 스피드를 증진할 수 있으므로 드론의 기술적 발전에 주목할 필요가 있으며, 고객의 위치정보를 적극 활용하여 통합쇼핑도우미서비스를 개발할 수 있으므로 위치정보 확보와 활용에 필요한 기술발전과 규제 등을 집중적으로 분석할 필요가 있을 것이다.

목표달성을 위한 최선의 방법 설계 및 선택

스마트 비즈니스 전략에서는 목표를 달성하기 위해 선택할 수 있는 방법의 범위가 일반적 경영전략보다 훨씬 다양하다. 이는 인터넷 기술을 비롯한 다양한 정보기술 그리고 떠오르는 신규기술을 활용할 수 있기에 문제해결 대안이 많아진다. 따라서 일반적 경영전략보다 스마트 비즈니스 전략이 목표달성 가능성이 높다고 할 수 있으며, 보다 목표 지향적이라 할 수 있다. 다만 이러한 첨단정보기술들을 최대한 적합하게 적용하는 것에 달려있다.

쿠팡은 배송서비스의 품질향상을 위해 배송직원을 교육하고 배달지 고객의 기본정보를 제공한다. 예를 들어, 고객의 가정에 3세 미만의 아이가 있다는 정보를 제공하면 배달직원은 아이가 취침 중일 수도 있으므로 현관 벨을 누리지 않도록 한다는 것이다. 한편 이러한 정보는 때로 민감한 개인정보이므로 직원에게 제공하는 일이 합당한지 고민할 필요가 있으며, 문제가 된다면 대안은 무엇인지 생각해야 할 것이다.

경영자원의 효율적 활용

스마트 비즈니스 전략에서도 일반적 경영전략과 같이 경영자원의 효율적 적용에 대한 가이드를 제공한다는 점에서 동일하다. 그러나 대상이 되는 경영자원이 인적자원, 자본, 설비에 인터넷 기술, 전통적 정보기술 그리고 4차 산업혁명 기술에까지 확대된다는 차이가 있다.

2.3 스마트 비즈니스 전략의 특성

스마트 비즈니스 전략을 수립할 때 다음과 같은 독특한 특성을 염두에 둘 필요가 있다.

- 변화를 수용하는 미래지향적 역량 구축
- 변화에 대한 두려움과 저항 극복
- 스마트 비즈니스 리더십 확보 및 조직전념도 향상
- 경영활동 통제의 용이성

변화를 수용하는 미래지향적 역량 구축

스마트 비즈니스는 때로 경영 패러다임을 바꾸는 혁신활동이다. 스마트화 되는 환경변화를 예측하고 이를 준비하는 과정을 통해 조직은 그런 변화를 수용하는 틀을 갖추게 된다는 점에서 스마트 비즈니스 전략은 그 의미가 더욱 부각될 것이다.

조직의 미래지향적 역량은 개인의 역량의 강화와 이를 전체화하는 과정을 통해 체계화되며 스마트 비즈니스 전략을 실천하는 과정에서 그 역량이 향상되며, 전략의 가치는 현실화될 수 있다. 첨단 ICT를 적용하여 개인의 업무생산성을 높이면 점차적으로 조직 전체의 혁신역량도 향상될 것이다.

변화에 대한 두려움과 저항 극복

혁신활동은 조직내부의 저항과 무관심, 냉소에 직면할 가능성이 있으며, 또 변화를 두려워하고 회피하려는 경향도 항상 존재한다. 정도의 차이는 있을 지라도 이러한 조직내부의 장애를 극복하지 못하면, 혁신활동은 실패할 것이다.

그러나 스마트 비즈니스 전략이 미래에 대한 분명한 비전, 목표 그리고 기대성과를 제시하고, 대응해야 하는 변화를 설명하고, 변화관리프로그램을 잘 실천할 때 혁신을 조직 내부에 성공적으로 정착시킬 수 있다. 즉 스마트 비즈니스 전략이 존재함으로써 두려움과 저항 없이 변화를 수용할 수 있다는 점에서 의미가 있다.

특히 사무자동화, 스마트팩토리, AI와 같은 첨단IT들은 직원들을 대체할 수 있는 위협이 될 수 있다. 이러한 첨단기술의 도입이 계획된다면 그것을 영향을 받을 수 있는 직원들을 위한 자세한 로드맵의 제공이 필요할 것이다. 빅데이터와 데이터분석이 기업의 중요한 미래 핵심역량으로 판단된다면 기존 IT직원들이 어떻게 대응하고 스스로를 어떻게 준비할 지를 교육하는 기회를 제공해야 할 것이다.

스마트 비즈니스 리더십 확보 및 조직전념도 향상

기업의 주요한 경영활동과 혁신활동이 성공하기 위해서는 경영진의 리더십과 지원이 중요한 것처럼 스마트 비즈니스 환경에서도 역시 경영자의 스마트 비즈니스 리더십이 매우 중요하다.

전략은 조직이 나가야할 방향과 목표 및 그 목표를 달성하기 위한 실천 가능한 수단을 제시한다는 점에서 조직 구성원 모두의 의식 전환을 요구한다. 마찬가지로 스마트 비즈니스 전략은 CEO, CIO, CTO에게 경영 전반의 스마트화를 이끌 리더십의 근거를 제공하며 각 경영계층 및 기능별 전문인력에게 요구되는 역할과 자질에 관한 지침을 제공할 수 있다. CIO와 CTO는 스마트 비즈니스 전략을 근거로 CEO의 전사적 전략의 적절한 실행방법에 대해 조언할 수 있으며, CEO는 스마트 비즈니스 전략이 경영 전략의 효과적인 실행에 적합한지를 확인할 수 있다.

요컨대 조직 전 구성원이 자발적으로 스마트 비즈니스 실행에 참여하는 전념도가 향상되어 역량의 집중화가 실현되어야 전략의 실천력이 향상될 수 있다.

경영활동 통제의 용이성

계획에 따라 조직의 목표가 달성되었는지를 확인하기 위해서는 계획 대비 경영 성과를 정기적으로 측정해야 한다. 통제활동(control)은 이 둘 사이에 차이가 있을 경우 이 차이를 수정하는 활동을 의미한다. 스마트 비즈니스 환경에서는 SEM(Strategic Management System)[7]을 구축하고, 다양한 정보기술(BI, IoT, 센서, 지능형CCTV 등)을 활용해서 모든 경영활동 진행상황과 성과를 실시간으로 파악하고, 계획과 비교해서 차이를 쉽게 파악할 수 있다. 특히, 고객관계관리와 관련된 CRM, 공급자와 관련된 SCM 등은 조직 외부의 구성원과 시스템을 통제할 수 있어 존재하는 차이를 개선할 수 있다. 이때 개선을 위한 수단

---

7) 4장에서 설명.

과 방법이 더 다양하며 선택의 범위도 넓다는 점이 특별하다.

제3절
스마트 비즈니스 전략 수립 절차

전략을 수립하는 것은 통일된 체계와 절차에 근거해서 과학적 기법과 분석을 통해 최선의 실행대안을 도출하는 데 의미가 있다. 전략수립이 현재 및 미래의 경영환경 변화를 반영하고 있지 못하거나, 조직이 처한 환경에 부합하지 못한다면 이는 적절한 전략수립 체계가 없이 진행되었기 때문이다.

3.1 방법론과 방법의 적용

스마트 비즈니스 전략을 수립하는 것은 과학적, 체계적, 종합적, 미래지향적 사고를 필요로 한다. 따라서 스마트 비즈니스 전략수립에 참여하는 전문 인력은 공통적 관심과 적용되는 기법에 대한 통일된 사고를 가져야 하지만 아이디어 도출에서는 유연한 접근이 필요하다.

전략수립을 위해서 올바른 방법론(Methodology)이 필요하며, 그 방법론 안에서 일관성이 유지되는 적용 가능한 방법(Method)을 선택해서 스마트 비즈니스 전략의 수립에 적용해야 한다.

방법론이란 전체 과제 및 사업을 수행하는 방법과 그에 관련된 지식들의 총체적 집합체이다. 방법론은 각 방법 및 지식들의 상호일관성, 조화, 상호작용을 중시한다. 예를 들면, SWOT분석, CSF분석 등이다. 방법이란 목적을 달성하기 위해 적용하는 양식(form), 수단(means), 기법(skill), 기술(technology), 절차(step) 등을 말한다. 예를 들면, 설문조사는 수단이 될 수 있으며, 브레인스토밍, 델파이 기법도 이런 방법이 될 수 있을 것이다.

만일 방법론에 대한 사전 합의가 되어있지 않았다면 전략의 전체적 통일성과 일관성이 확보될 수 없으며, 도출 결과 역시 체계성과 상호작용에 대한 완벽성이 보장되지 못한다. 따라서 내실 있는 스마트 비즈니스 전략 수립을 위해서는 적절한 방법론을 선택하고 이에 따라 전략도출 과정을 실행해야 할 것이다.

[심화 학습] 방법론과 방법

방법론은 과학적 인식과 실천적 행동의 방법에 대한 연구를 과제로 삼는 이론이다. 방법이란 주어진 목표를 달성하기 위한 확실한 절차를 의미한다. 한편 방법론이라는 용어는 철학이나 여러 과학에 공통적으로 관련된 논의에만 제한되어 쓰이며, 방법론이란 방법을 대상으로 삼는 전 분야를 가리킨다. 그러므로 방법론은 개별적 방법론과 같지 않고 이 방법들의 메타 이론이라 할 수 있다.

예를 들어 아리스토텔레스가 철학을 위해 사용한 공리적 방법은 삼단논법을 통하여 과학자체를 연역하는 방법이었다. 자연과학에서 경험적, 실험적 방법, 수학이라는 방법이 있으며, 논리학에서는 변증법, 언어분석적 방법, 현상학적 방법 등이 있다.

[자료원] 다음백과 (2018.10.5. 검색)

3.2 스마트 비즈니스 전략 수립 절차

스마트 비즈니스 전략은 〈그림 6-2〉처럼 진행될 수 있다. 최근 급격한 기술적 환경의 변화를 겪고 있는 신용카드사를 예로 들어보자.

〈그림 6-2〉 스마트 비즈니스 전략 수립 절차

1단계

신용카드사는 고객의 편의를 극대화하기 위해 '원스톱 고객서비스' 또는 '편리한 모바일 결제서비스'라는 비전 또는 사명을 설정할 수 있을 것이다.

2단계

스마트 비즈니스 대상 유형은 카드를 사용하는 중에 불편을 겪는 고객들이며 주로 전화 상담고객, 홈페이지 방문객 등이 될 수 있을 것이다. 또는 스마트폰을 일상처럼 쓰고 있는 20~40대 직장생활을 하는 신용카드 보유자들일 수도 있다.

3단계

최근 증가하는 스마트폰 보유자, 경쟁카드사의 공격적 마케팅, 해외여행객의 증가 등을 분석하여 신용카드사의 위협이나 기회를 파악할 필요가 있다. 예를 들어, 카카오페이와 같은 충전식 모바일 결제서비스는 스마트폰을 통한 제품이나 서비스 구매자의 숫자가 늘어나는 상황에서 큰 위협이 될 수 있을 것이다. 그리고 자사의 내부 시스템의 역량과 한계점을 분석할 수도 있을 것이다. 모바일 홈페이지의 AI음성인식 능력, SNS마케팅 역량 등이 분석대상이 될 수 있다.

4단계

세 단계를 거치면서 얻은 지식을 근거로 스마트 비즈니스 전략을 도출할 수 있다. 고객이 전화로 방문하든 홈페이지에 접속하든 한 번의 방문으로 모든 문제를 해결하고 떠날 수 있도록 기존의 홈페이지와 콜센터의 기능들을 통합하는 전략을 세우거나, 스마트폰으로 자사의 신용카드를 쉽게 사용할 수 있는 '앱카드' 시스템, AI음성인식 통합콜센터의 구축전략을 세울 수 있다.

3.3 스마트 비즈니스 전략 수립 시 고려사항

방법론 중심

방법론을 준수하지 않는 스마트 비즈니스 전략 수립은 혼란과 비용 및 시간낭비를 낳는다. 기획자가 방법론에 무지하면 개인의 관점만 강조하여 다수 및 다른 부서와의 상호작용을 소홀히 한다. 거시적 관점에서 효율적인 전략수립을 위해서 방법론을 중심으로 스마트 비즈니스 전략이 수립되어야 한다.

조직 구성원들의 집중력

스마트 비즈니스 전략을 수립할 때 조직 구성원들 모두가 스마트 비즈니스를 염두에 두고 집중할 수 있어야 한다. 한 분야에 다수가 사고를 하면 집단지성(collective intelligence)의 시너지를 창출할 수 있어 새로운 방법과 아이디어를 얻을 수 있다.

디지털 경제 및 경영환경 중시

디지털 경제 및 경영환경을 중심에 놓고 사고해야 한다. 지식정보화 시대에 인터넷 기반 기술, 디지털 기술, 4차 산업혁명 선도기술이 제시하는 가능성을 늘 염두에 두어야 한다.

신속한 스마트 비즈니스 전략 수립

분석과 자료수집에 지나치게 많은 시간을 할애하지 말고 실천 가능한 참신한 아이디어를 중심으로 전략을 신속하게 수립하여 시장 기회를 빨리 선점하고 고객에게 강력한 이미지를 줄 수 있어야 한다. 이를 위해서는 관리 가능한 몇 가지 분야를 선정하여 집중 연구하는 것이 효율적이다. 해외시장개척, 신상품개발, 신기술개발, 기술표준화, 고객과의 소통채널 혁신, SCM의 가상화 등이 있다.

변화관리에 관심

스마트 비즈니스 경영이라는 경영 패러다임이 변화할 때 항상 저항과 두려움 그리고 갈등이 야기된다. 이러한 부정적 정서를 방치할 경우 스마트 비즈니스로의 변화가 좌절될 수 있다. 따라서 스마트 비즈니스 전략을 수립할 초기단계에서부터 변화관리를 꼭 포함시켜야 한다.

제4절
스마트 비즈니스 시스템의 구현

고객과의 컨텍 포인트인 웹사이트와 모바일 앱(App)의 구축은 스마트 비즈니스의 출발점이므로 이를 중심으로 스마트 비즈니스의 구현 내용을 설명하고자 한다.

4.1 콘텐츠 및 시스템 기획

웹사이트와 모바일 앱의 목표를 세우는 것이 일차적으로 중요하다. 기업의 단순 홍보용 웹사이트를 만드는 것인지, 고객과의 상호작용을 위한 게시판과 커뮤니티 기능이 포함되는 웹사이트인지, 전자상거래를 위한 웹사이트인지 등을 분명하게 결정해야 한다.

웹사이트와 모바일 앱의 기획을 위해서는 관련된 정보수집과 분석과정을 거치게 된다. 정보수집은 문헌자료 조사나 온라인을 통한 조사 등의 간접조사와 현장방문, 인터뷰와 같은 직접 조사 방법이 있다. 이러한 과정을 거쳐 '어떤 콘텐츠와 서비스를 누구에게 제공할 것인가'에 대한 정의와 '어떻게 콘텐츠와 서비스'를 제공할 것인가를 명확히 하게 된다. 결과적으로 다음과 같은 사이트 구조설계가 나올 것이다.

웹사이트와 앱 구조 설계

사이트의 구조는 메인 페이지에서부터 시작하여 하이퍼링크 되는 모든 페이지들의 관계를 보여 준다. 사이트 구조는 논리적이며 체계적일수록 사용자가 쉽게 적응하여 편리하게 적응할 수 있으므로 매우 중요하다. 흔히 웹 사이트의 맵을 보면 사이트의 전체 구조를 쉽게 알 수 있다. 특히 작은 화면의 스마트폰에서 사용될 앱의 구조는 보다 간결하고 메뉴를 쉽게 쓸 수 있도록 직관적으로 배치되고 링크되어야 한다.

구조설계가 잘된 웹사이트에서는 고객이 공간 이동(navigation)을 쉽게 할 수 있으며 길을 잘 잃지도 않는다. 즉 고객이 신속, 정확하게 필요한 서비스나 정보에 도달할 수 있는 것이다.

CMS(Content Management System) 솔수션을 구매하면 웹사이트의 구조를 신속하게 잡을 수 있으며 적당한 콘텐츠만 채우면 되므로 쉽게 사이트를 구축할 수 있다. 흔히 대학의 학과들은 이 CMS가 제공하는 탬플릿(template)을 이용하여 개발되었기 때문에 동일한 구조 하에 내용만 다른 콘텐츠를 제공한다. 그러나 창의성과 개성이 결여된다는 단점이 있다.

화면설계 (인터페이스 디자인)

메인 페이지를 시작으로 주요 페이지들의 기본 레이아웃과 전체적인 스타일을 디자인하는 단계이다. 세련된 색상의 배합, 기하학적 도형, 서체 그리고 일관성 있는 화면설계를 통해 전체 사이트의 분위기와 품격을 높일 수 있다. 여기에는 기업의 로고, 상호, 메뉴바의 디자인도 포함된다. 매력적인 화면설계를 위해서는 창의적인 웹 프로그래머, 웹 디자이너, 그래픽 디자이너 등 다양한 분야의 전문가들의 협업이 필요하다.

아울러 구조와 화면을 설계할 때 사용자가 주로 쓰게 될 기기의 기술적 사양(데스크톱, 스마트폰, 브라우저 종류, 그래픽처리 능력 등)을 고려하여야 하며, 정보가 매우 많은 전자상거래 사이트의 경우에는 검색창이 눈에 쉽게 띄는 곳에 있어야 할 것이다.

정보구조 설계

웹사이트 구조와 화면의 설계가 마무리 되면 그 안을 채우게 된 정보의 구조도 대략적으로 결정된다. 예를 들어, CEO의 인사 페이지에는 인사말, 사진, 프로필 등으로 구성될 것이며, 기업소개 페이지에는 비전과 경영목표, 인재상, 연혁, 제품과 서비스, 재무정보, 보유특허나 시상내역 등이 자리 잡을 것이다.

오늘날 웹사이트나 앱을 채울 수 있는 정보의 유형은 텍스트, 이미지, 동영상, 오디오 등 매우 다양하다. 문제는 각 페이지의 목적을 최대로 잘 달성할 수 있는 정보들을 잘 조합하여야 한다는 점이다. 비전과 경영목표를 소개할 경우, 정지된 그래픽정보를 제공할 수도 있으며, 애니메이션에 오디오를 첨가하면 그 효과가 더 좋을 것이다.

일반적으로 정보는 계층적 구조에 드릴다운 방식으로 구성될 것이다. 기업소개 페이지에서 제품과 서비스가 다양할 경우, 다양한 제품군으로 나누어 점진적으로 세부적인 정보까지 제공하는 드릴다운 방식으로 조직되어야 할 것이다. 그리고 넓고 얕은 정보구조가 추천된다. 너무 많은 단계로 드릴다운 되는 정보구조에서는 사용자들이 혼란스러워하거나 길을 잃을 수도 있기 때문이다.

4.2 콘텐츠 및 시스템 개발

컨텐츠 기획에서 수립된 내용을 개발도구를 활용해서 개발에 착수해야 한다.

한편 전자상거래 사이트를 개발한다면 단순히 정보를 전달하는 수준을 넘어 주문, 개인화 기능(장바구니, 주문내역 확인 등), 대금결제, 고객DB연동 등의 고사양의 앱 애플리케이션의 개발과 함께 가야 한다. 개발 시 고려해야 사항들은 다음과 같다.

첫째, 대형 프로젝트인 경우, 개발 모듈들을 나누고 역할분담이 반드시 필요할 것이다. 특히 경영진이나 고객이 요구하는 만기일에 시스템을 완성하기 위해서는 반드시 개발 일정계획을 세워 진행해야 한다. 이를 위해서는 체계적인 프로젝트 관리시스템의 활용이 필요하다.

둘째, 개발도구와 기술적 사항들을 고려하여야 한다. 특히 개발하고자 하는 시스템이 기존의 내부시스템(ERP), 인터넷과의 연동 또는 외부시스템(SCM)과 연장을 고려한다면 기존 시스템과의 인터페이스(연결) 부분을 생각해서 그것들을 구현하는데 적합한 개발도구를 선정해야 한다. 전자상거래시스템이라면 데이터의 보다 적극적인 활용에 필요한 DB애플리케이션이나 데이터분석기능도 필요할 것이다. 특히 PC, 테블릿, 스마트폰과 같은 사용자의 기기환경도 고려되어야 한다.

셋째, 이어 설명되는 인적자원관리와 관련해서 개발에 필요한 전문인력의 확보가 필요하다. 만일 조직 내에서 필요한 전문인력(프로그래머, 웹디자이너 등)을 확보할 수 없다면 외부로부터 확보하는 아웃소싱 방안도 고려할 수 있다.

넷째, 제작된 콘텐츠나 시스템의 품질 보증에 필요한 검증 절차와 책임자가 필요하다. 특히 개발된 소프트웨어는 반드시 베타버전(시험용)을 만들어 고객이나 내부이용자가 사용해 보도록 하는 절차가 필요하다. 콘텐츠는 그 내용의 정확성(accuracy), 완전성(completeness), 적시성(timing)의 관점에서 면밀하게 검토되어야 한다. 특히 개인정보보호법이 강화된 오늘날 개인정보활용에 대한 동의를 받는데 필요한 동의서의 내용과 절차는 매우 꼼꼼하게 점검할 필요가 있다.

4.3 인적자원 관리

인적자원 계획의 흐름은 〈그림 6-3〉과 같다. 기본적으로 스마트 비즈니스 전략을 효율적으로 실행하기 위해서는 제대로 된 인적자원이 확보되어야 한다. 따라서 먼저 스마트 비즈니스 실행 활동에 요구되는 인적수요를 먼저 예측하여야 할 것이며 그것에 맞는 조직계획을 수립해야 한다.

스마트 비즈니스 시스템을 개발하고 관리하는데 필요한 세부 기술목록(list of skills)은 다음과 같다.

- HTML 문서작성 능력
- Web Architecture 설계 능력
- CGI/ASP[8] 프로그램밍 능력
- 프로그래밍언어
- Database 조작 능력
- 그래픽 처리기술 능력

이 외에도 네트워크 솔루션, 하드웨어, 보안 솔루션, 대금결제 솔루션 등에 대한 전문적 지식을 갖춘 기술요원이 필요하며, 4 관리지원 업무는 경영, 국내외 법규 및 제도, 교육과 프로젝트 관리, 홍보 및 커뮤니케이션, 서비스 품질통제 등의 업무를 수행할 수 있는 관리지원요원들이 필요하다.

이어 현재 조직이 보유하고 있는 구성원들의 직무능력과 기술을 분석하여 인적수요에 어느 정도 부응할 수 있는 지를 분석해야 한다. 만일 조직 내부에 그런 직무능력이나 기술을 가진 사람이 없거나 부족하다면 충원에 대한 계획을 세우거나 외부에서 공급받을 수 있는 기술인지를 판단해야 할 것이다.

---

8) CGI Common Gateway Interface, ASP Active Server Page. 분산처리환경에서 동적인(dynamic) 홈페이지의 구축과 다른 시스템과의 연동에 필요한 개발도구들.

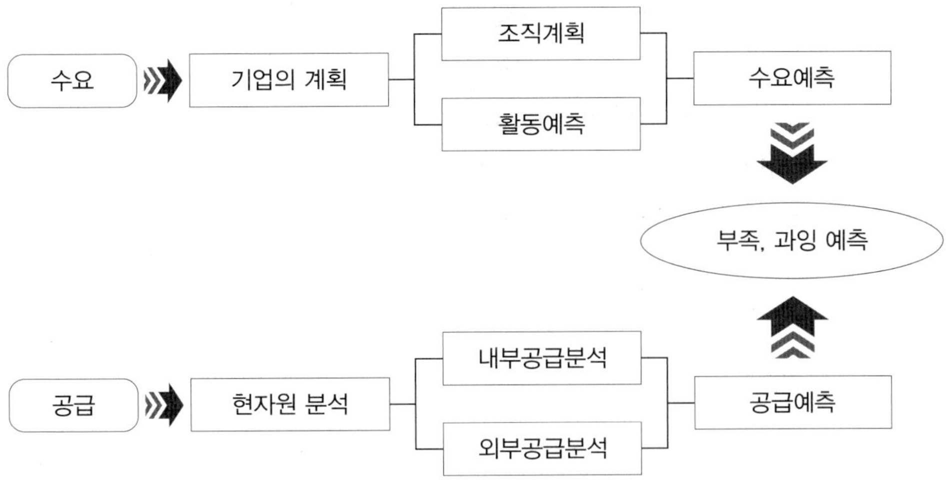

〈그림 6-3〉 인적자원 수요 · 공급분석

4.4 투자 계획 및 수익 분석

투자 계획과 수익 분석은 〈그림 6-4〉와 같이 진행할 수 있다. 먼저 사업의 가능성(사업성, 비즈니스모델의 타당성)을 탐색하면서 초기 투자자원을 확보해야 한다. 이 후 상세한 사업계획을 수립한 후 이를 근거로 추가적인 투자자원을 계속 확보하면서 한편으로는 스마트 비즈니스 플랫폼이 될 웹사이트와 모바일 앱을 계속 개발해야 할 것이다. 스스로 초기 투자자원을 확보하기가 어려운 경우에는 상세한 사업계획을 일찍 수립해서 잠재적인 투자자나 금융기관을 찾아야 필요도 있을 것이다.

이후 웹사이트와 앱은 계속적으로 업그레이드해야 하고 성공적으로 운영하고 관리를 해야 할 것이다. 혹 사업이 잘 되어 매출이 창출되어 지속적인 투자에 필요한 재원을 확보할 수도 있지만 그렇지 않다면 초기 벤처기업의 가능성을 보고 거액을 투자할 수 있는 외부 투자자의 확보가 필요할 것이다. 예를 들어, 소프트뱅크의 손정의 회장은 성공가능성이 높은 스타트업기업을 끊임없이 찾아 거금을 투자하고 지분을 확보하는 방식으로 사업을 확장하고 있다. 포탈기업 야후, 중국의 BtoB 기업인 알리바바 등도 손정의 회장의 투자로 비즈니스가 성공적으로 확장될 수 있었다. 이러한 과정은 1회성으로 끝나는 것이 아니라 다시 투자자원확보-Site개발이라는 재순환 과정을 반복적으로 거치면서 성공적인 스마트 비즈니스 시스템과 비즈니스 모델로 완성되어 가는 것이다. 현재 공룡 IT기업인 아마존이나 페이스북 등도 10년 이상을 계속적인 투자만 했을 뿐 수익을 창출하지는 못한 과거가 있다.

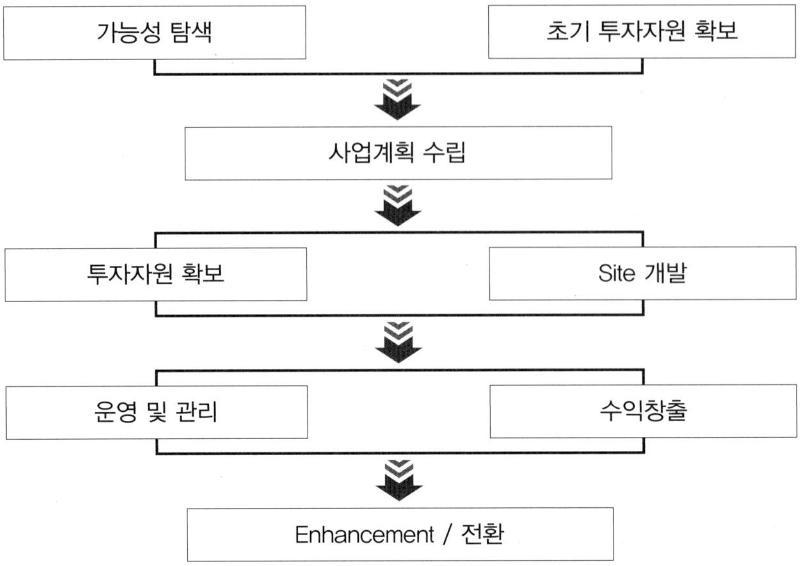

〈그림 6-4〉 투자계획 / 수익분석 과정

투자자원 확보 방안

투자자원을 확보하기 위한 방안은 다음과 같다.

- 자기자본 : 개인이나 조직으로부터 자금을 확보하는 방법이다.
- 공동출자 : 공동출자형태로 타인이나 조직으로부터 자금을 만들 수도 있다.
- 벤처 및 창업 지원 공공 자금: 중소기업청(venture.smba.go.kr), 한국산업공단, 창업지원센터와 같은 정부기관의 지원을 모색할 수도 있다.
- 엔젤 펀드 : 개인 투자자나 기업형 투자회사로서 자금과 경영노하우를 제공받을 수도 있다.
- 클라우드 펀딩: 인터넷 등에서 사업모델을 설명한 후 필요한 자본금을 소액 투자자로부터 확보하는 방법이다.

■ 이 외에도 금융대출, 사이트 분양, 주식공모(코스닥 상장), 매출-이익 창출 등의 방법이 있을 수 있지만 스타트업 기업들에게는 쉽지 않은 방법들이다.

투자자원 확보를 위한 준비

사업계획서의 작성은 매우 중요하며 다음과 같이 용도에 따라 내용과 양식이 달라져야 한다.

- 자체 사업진행 목적
- 일반투자자 대상 투자유치 목적
- Venture Capital 유치 목적
- 정부지원금 신청용
- 해외 투자 유치: 영문 사업계획서

투자자원이 어떤 분야에 많이 있는 지에 대한 흐름을 파악하는 일이 매우 중요하다. 예를 들어 정부가 추진하는 정책에 따라 지원 예산이 많이 배정되는 분야와 관련된 사업계획서를 만들면 자금 확보가 보다 쉬울 것이다. 매년 한국산업단지공단, 중소기업청, 지식경제부 등 정부기관들은 중소기업들을 위한 지원예산을 많이 배정하고 있다. 한편 민간부문에 있어 자금의 흐름도 놓치지 않는 것이 중요하다.

그리고 투자금을 내고자 하는 개인과 기관들의 투자의사결정 기준도 잘 파악하여야 한다. 지원기관과 지원기금의 성격에 따라 성장성, 안정성, 기술능력, 재무능력 등 평가하는 기준이 모두 다르기 때문이다.

예산지출의 요소

예산지출을 구성하는 요소들은 다음 표와 같이 정리될 수 있을 것이다. 비즈니스 모델에 따라 항목들은 조금의 변화가 있을 것이다.

예산 항목	금액(단위 원)	산출근거	집행부서	집행 예정일
하드웨어, 소프트웨어, 네트워크 구매 및 임차	6,000,000	서버 1대: 2,500,000 소프트웨어: 2,000,000 네트워크: 1,500,000	개발팀	18.12.1
개발센터운영비	12,000,000	1,000,000 / 월	개발팀	매월 1일
시설투자비	•	•	•	•
기술확보, 정보취득비	•	•	•	•
보증금 및 임대료	•	•	•	•
경영지원	•	•	•	•
마케팅 및 홍보	•	•	•	•
인건비(경영지원)	•	•	•	•
인건비(개발 및 운영)	•	•	•	•
외주비용(자문료 등)	•	•	•	•

수익창출 방안

수익창출방안은 투자계획 및 수익분석은 물론 사업계획서에 있어 매우 중요한 부분이다. 유효한 비즈니스 모델로 인정받기 위해서는 확실한 수익창출 방안이 확보되어야하기 때문이다. 아래 방안들은 가장 일반적인 수익창출 방안 일뿐, 스마트 비즈니스에서 수익창출 방안은 창의력에 따라 무궁무진하다.

- 서비스/정보 판매 - 종량제에 근거한 수익창출모델로써 데이터사용료, 음원, 영화 다운로드 때 받는 요금으로 고객이 사용한 만큼 지불하는 금액이다.
- 회원제 서비스 - 정액제에 근거한 수익창출모델이다. 신문구독료(정액)를 지불하면 인터넷뉴스를 무한으로 볼 수 있다.
- 광고 수입 - 포탈과 SNS기업들은 검색 및 배너광고를 통해 광고수입을 창출한다.
- 오프라인 비즈니스의 병행을 통한 매출 및 수익창출
- 지적재산 로얄티 수입 - 학술논문이나 보고서 등을 판매하여 수입을 창출한다.
- 서비스 대행 수수료 - 쿠팡, 위메프 같은 Social Commerce기업들은 공동구매를 대행하고 수수료를 받는다.

- 협력적 제휴 수입 – 마케팅을 목적으로 고객정보를 타 업체와 공유함으로 수입을 창출할 수 있다.
- 솔루션 및 프로그램 판매 – 구글 플레이스토어는 스마트폰 앱과 게임을 판매하여 수익을 창출한다.
- 사이트 임대 수입 – 옥션, G마켓 등은 오픈마켓을 통해 소자본 사업자들이 쉽게 전자상거래를 할 수 있는 환경을 지원하고 임대료를 받는다.
- 2차 정보 가공 판매 수입 – 경영의사결정에 도움이 될 수 있는 고급정보들(상권정보, 부동산 정보 등)을 제공하여 수입을 창출하는 방법이다. 유통업 공룡 아마존이 워싱턴포스터(WP)를 인수한 것은 고급콘텐츠 비즈니스를 위해 양질의 뉴스를 확보하기 위해서였다.

4.5 기술전략

스마트 비즈니스의 기술전략에서 고려되어야 할 항목은 제5장 스마트 비즈니스 기술구성에서 설명한 내용과 동일하다.

기술을 습득하는데 소요되는 비용과 시간, 기술표준의 유무 등을 고려해야 할 것이다. 기술(특허 등)이 갖는 수명은 기술도입의 위험을 결정하지만 예측하기가 쉽지 않다. 따라서 CIO나 기술담당중역은 신기술동향을 지속적으로 관찰하고 평가해야 한다. 상당히 표준화된 기술은 도입 위험이 그다지 크지 않지만 업계에서 처음으로 도입하는 기술의 경우 보다 신중해야 할 것이다.

아울러 새로운 기술을 도입할 때 자체적인 기술의 활용 및 축적 능력이 있는지도 평가해야 할 것이다.

4.6 마케팅/영업 계획

스마트 비즈니스 환경에서의 마케팅/영업 계획은 전통적 마케팅, 인터넷 그리고 모바일 마케팅을 중심으로 수행한다. 인터넷 및 모바일 마케팅은 유무선 인터넷을 이용한 홍보, 광고, 판매, AS를 포함한 제반 마케팅 활동을 의미한다. 유무선 인터넷 환경과 모바일기기는 고객과 양방향 소통을 극대화할 수 있는 전자매체이다. 예를 들어, GPS기술을 기반으로 스마트폰에 구현할 수 있는 위치기반서비스는 고객의 상황에 맞는 적절한 광고와 서비스를 실시간으로 할 수 있으며, SNS와 연계하여 상품이나 서비스의 인지도롤 제고할 수도 있다.

스마트 비즈니스 환경이라고 하여 전통적인 마케팅 방법을 완전히 무시할 수는 없다. 때로 웹사이트나 모바일 앱를 홍보하기 위해 신문이나 잡지 그리고 방송과 같은 전통적인 매체를 활용할 수도 있기 때문이다.

4.7 고객서비스 계획

고객서비스 계획은 통합시스템의 하나인 CRM(고객관계관리)의 범주에서 생각할 수 있다. 고객관리를 위한 기본 지향점은 다음과 같다.

- 기존 고객과의 접촉빈도를 확대한다.
- 기존고객의 충성도를 향상시키도록 노력한다.
- 기존 고객의 이탈을 최소화한다.
- 충성도가 낮은 고객과의 관계는 정리한다.
- 신규고객을 지속적으로 확보한다.

기존고객을 강조하는 이유는 신규고객을 확보하는 일보다 훨씬 비용·효과적이기 때문이다. 고객관계를 지속적으로 관리하기 위해 최신 IT는 매우 긴요하게 활용될 수 있다. 스마트폰에는 버튼 하나만 누르면 현장에서 바로 쓸 수 있는 쿠폰과 포인트가 있다. 거리를 걷다 선물로 받은 e-기프트카드를 이용하여 커피나 케익을 구매할 수 있으며, 레스토랑에서 할인쿠폰으로 할인결제를 할 수도 있다. 피자전문점의 앱이 스마트폰에 깔려 있으면 앱에서 주문을 넣은 후 기다리지 않고 피자를 바로 픽업하여 귀가할 수도 있다.

서비스의 검색, 주문, 결제에 이르는 일련의 과정을 거쳐 가면서 고객들은 수많은 자신의 정보를 가상공간에 뿌려놓는다. 기업들은 그 정보를 잘 수집하고 활용하여 고객을 더 잘 이해할 수 있다.

4.8 운영계획

〈그림 6-5〉는 운영계획에 포함되어야 하는 메뉴를 보여주고 있다. 일반적으로 운영계획에 포함되는 것들은 사업자등록, 도메인 이름 등록, PR 및 홍보, 예산집행지침, 인력관리, 시설관리 등이 있다. 이 외에도 기업에 영향을 미칠 수 있는 정부의 정책과 규제에 지속적인 관심을 가져야 하며, 협력할 수 있는 파트너 기업들을 꾸준히 모색해야 하며, 정보기술의 표준화 동향과 경쟁업체의 동향을 꾸준히 모니터링 해야 한다. 아래 그림은 사실 비단 스마트 비즈니스만이 아닌 모든 기업을 운영할 때 관심을 가지고 관리해야 되는 영역들이다. 예를 들어, 자라(Zara)는 2017년 11월에 유니클로가 ㈜도레이와 특별의류소재를 개발하기 위해 전략적 제휴를 한 사실에 주목해야 할 것이며, 그들이 신소재를 가지고 어떤 신상품을 만들 계획인지 알고 대비를 해야 할 것이다.

스마트 비즈니스는 기본적으로 관리의 과학화를 추구한다. 온-오프라인에서 확보한 데이터를 분석하여 그 결과를 효율적인 운영계획에 활용하기 때문이다.

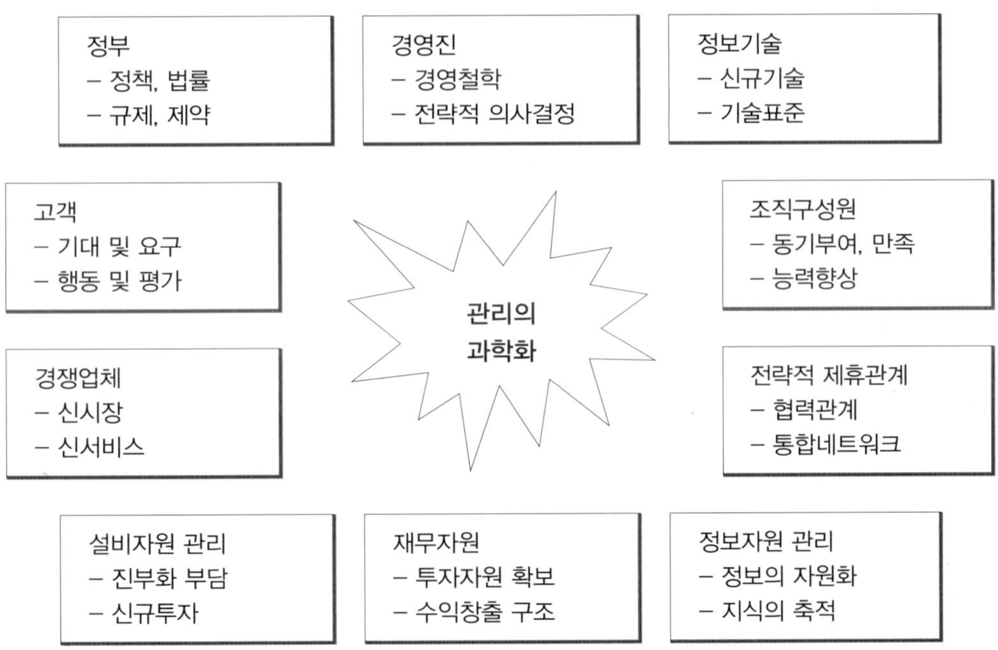

〈그림 6–5〉 운영계획 메뉴

4.9 스마트 비즈니스 아웃소싱

다양한 스마트 비즈니스 시스템을 구축하고 운영할 때 모든 것을 자체적으로 또는 스스로 해야 할 필요는 없다. 오늘날에는 위에서 언급한 많은 분야에 전문적인 서비스를 제공하는 업체들이 많이 있어 이들을 적절하게 활용하는 것인 전체 비용 면에서 더 효과적일 수 있다. 아웃소싱은 선택과 집중을 통하여 보다 높은 가치를 창출하는 부분에 희소한 자원을 집중하고 비전략적인 부분은 외부 전문업체에 맡기는 것이다. 따라서 매우 전략적인 사고로 아웃소싱 문제에 접근해야 한다.

비즈니스 목적으로 인터넷이 핵심적인 매체인 경우, 특히 웹사이트나 스마트폰 앱을 구축할 때 이 일을 아웃소싱하는 경우가 많아졌다. 대기업의 경우, 마케팅 부서가 외부업체에 웹사이트의 개발을 위탁하기도 하며, 구축이 끝난 다음에는 내부정보부서가 운영하는 경우가 많았다. 그렇지만 인터넷 전자상거래업체나 인터넷을 기반으로 운영되는 사업들은 아래의 이유 때문에 정보시스템 기능의 모두 또는 대부분을 아웃소싱하기도 한다.

그 이유로는 첫째, 아웃소싱을 함으로써 기업이 기민하게 움직일 수 있기 때문이다. 시스템을 구축하기 위해 일 년 이라는 시간조차도 길 경우, 스마트 비즈니스 인프라 구축을 전문업체에 아웃소싱하면 몇 달 또는 몇 주안에 시스템을 구축할 수 있기 때문이다. 둘째로 핵심적인 기능에만 초점을 맞추고 민첩하게 움직일 수 있는 작은 규모의 기업으로 남아 있을 수 있기 때문이다. 셋째, 아웃소싱을 하게 되면 금방 낡아져 쓸모가 없게 되는 컴퓨터 및 네트워크 장비에 귀한 자금이 묶일 필요가 없기 때문이다. 마지막으로 쉽게 선택적 아웃소싱을 할 수 있을 뿐만 아니라 업체를 필요에 따라 쉽게 바꿀 수도 있기 때문이다.

그러나 아웃소싱이 전혀 문제가 없는 것은 아니다. 외부업체에 많이 의존하게 되면 내부인력이 일부 핵심적인 시스템이나 사용자 인터페이스의 구축에 필요한 지식과 노하우를 축적할 수 없게 되어 기술변화에 신속하게 대응할 수 있는 능력이 떨어질 수 있다. Fintech(핀테크) 관련 시스템이 사업의 핵심이라면 재무 및 금융지식을 시스템화할 수 있는 지식은 그 기업의 전략적 자산일 것이다. 이를 만일 아웃소싱으로 확보하였다면 기업은 핵심역량의 상당부분을 결여하게 될 것이다.

그리고 인터넷을 이용하여 웹기반 이벤트 판매촉진행사를 할 때 행사기간 동안 자사의 서버가 감당할 수 없는 트래픽이 발생할 것이다. 이 때 자사의 서버용량을 증대하기 보다는 전문서버업체의 서비스를 잠시 빌려 쓰는 것이 보다 비용효과적일 수 있다. 이렇듯 서버를 빌리거나 클라우드 서비스를 이용하는 것도 스마트 비즈니스의 아웃소싱이기도 하다.

스마트 비즈니스 아웃소싱과 전통적인 IT 아웃소싱 간의 핵심적인 차이는 고객기업으로부터 구매하거나 이전받는 장비나 이동 배치해야 하는 IT요원 그리고 이전해야 하는 소프트웨어 라이선스 등이 많지 않다는 점이다.

[사례] 글로벌 IT기업들의 프리미엄 콘텐츠 사업

세계 최대의 SNS(소셜네트워킹서비스)인 페이스북이 뉴스 시장에 진출했다. 창립 10주년(2월 4일)을 하루 앞둔 지난 3일 페이스북은 '페이퍼'(paper)란 이름의 새로운 앱을 출시했다. 친구들의 소식을 받아보는 사회 관계망 서비스에서 출발한 페이스북이 미디어로 '변신'을 시도하는 것일까. 마크 저커버그 페이스북 CEO는 지난 1월 30일 페이스북 실적발표회에서 "페이퍼를 가장 '개인화된 신문'으로 만들 것"이란 뜻까지 밝혔다.

페이스북뿐만이 아니다. 이미 구글·야후·애플 등이 뉴스에 특화된 앱을 만들기 시작했고, 아마존 창업자인 제프 베조스는 지난해 워싱턴포스트를 인수했다. 이베이(e-bay)의 창업자인 피에르 오미디야르는 2억5000만 달러를 투입해 직접 온라인 매체를 창간키로 했다. 왜 IT 거대기업과 거물(巨物)들은 뉴스로 몰려드는 것일까.

IT거물들의 뉴스 진출

페이퍼는 지금까지 나온 모바일 뉴스 앱 중 신문을 가장 많이 닮았다. 상·하 2단으로 구성돼 있는 화면의 윗부분에는 특정 언론사의 '헤드라인'을 제공하고, 그 아래는 신문의 섹션처럼 IT 트렌드를 보여주는 '테크(tech)', 유명인의 아이디어를 엿보는 '아이디어', 스포츠 뉴스를 보여주는 '스코어' 등 19가지의 섹션이 차지하고 있다. 화면이 바뀔 때도 종이를 넘기는 듯한 느낌을 준다. 버스·지하철 등에서 한손으로 작동할 수 있도록 특화된 서비스라는 점도 눈에 띈다.

페이퍼 출시 한 달 전에는 글로벌 포털 기업인 야후가 비슷한 서비스를 내놨다. 야후는 지난 1월 미국 라스베이거스에서 열린 CES 2014에서 자체 뉴스 앱인 '뉴스 다이제스트'를 공개했다. 뉴스 다이제스트는 하루 두 차례씩 뉴스를 제공하며, 한 번 보낼 때 최대 10건의 뉴스를 제공한다. 포털처럼 뉴스와 관련된 이미지와 동영상·지도 등도 손쉽게 찾아볼 수 있게 했다. 구글도 신문처럼 섹션별로 구분한 뉴스 스탠드를 작년 11월 출시했다. '구글 뉴스 스탠드'는 마치 신문의 지면(紙面) 편집처럼 화면을 크고 작은 크기의 바둑판 모양으로 나눠 사진과 뉴스를 제공하고 있다. 이곳에서 전 세계 1900여개 언론사의 뉴스를 볼 수 있다. 애플은 앱스토어에 '뉴스스탠드'라는 카테고리를 따로 만들어 계약을 맺고 입점(入店)한 언론사의 앱을 보여준다. 뉴스가 범람하는 온라인 상황에서 뉴스스탠드를 이용하면 보다 '정제된' 뉴스를 받아볼 수 있다. 애플은 콘텐츠를 판매했을 때 발생하는 매출을 언론사들과 나눠 갖는다.

뉴스로 모바일 플랫폼 승자(勝者)를 노리다.

스마트폰과 같은 모바일 기기는 뉴스를 소비하는 플랫폼으로 급부상했다. 미국은 모바일 기기 이용자의 약 30%가 이미 페이스북을 통해 뉴스를 접하고 있다. 미국의 여론조사기관인 퓨(PEW)리서치에 따르면, 스마트폰의 보급 확대 등에 따라 성인 휴대폰 소유자의 63%가 자신의 휴대폰을 '온라인'으로 가는 수단으로 이용하고 있다. 퓨리서치센터의 아론 스미스는 "젊은 성인들에게 휴대폰은 온라인 콘텐츠에 접근하기 위한 기본 장치로 자리 잡았다"고 말했다. 국내에서도 네이버의 경우 모바일 검색 비중이 지난해 처음으로 50%

를 돌파하는 등 온라인 이용자들이 빠른 속도로 모바일로 이동하고 있다.

제프 베조스의 워싱턴 포스트 인수도 '모바일 플랫폼 전략'으로 평가받고 있다. 아마존이 전자책 읽기용 태블릿 단말기 킨들(Kindle)을 통해 워싱턴포스트 뉴스를 공급하지 않겠느냐는 전망이 나오고 있다. 무수한 콘텐츠가 생산되고, 복제되고, SNS를 통해 전파되는 환경에서 뉴욕타임스와 함께 130년 넘는 역사를 가진 워싱턴포스트가 만든 양질(良質)의 콘텐츠가 필요했던 것이다. 실제로 베조스는 워싱턴포스트 인수 직후 "우리는 (워싱턴포스트의) 독자 수보다 퓰리처상 수상자 수에 더 관심이 있다"는 말로 콘텐츠에 대한 관심을 내비쳤다. 도준호 숙명여대 미디어학부 교수는 "뉴스 콘텐츠는 일반 온라인 콘텐츠와 달리 가장 정제된 콘텐츠이기 때문에 온라인에서 사용자들을 결집시키는 데 매우 효과적인 수단"이라고 말했다.

양질의 콘텐츠를 확보하라

아마존이나 페이스북 같은 온라인 업계의 최고 강자(强者)들조차 '뉴스' 콘텐츠를 필요로 하는 것은 뉴스가 새로운 수익원이 될 수 있기 때문이다. 페이퍼가 페이스북의 새로운 광고 플랫폼이 되리라는 분석도 나오고 있다. 미국 IB 타임스는 "현재 페이퍼에는 광고가 포함되지 않지만, 사용자들이 페이퍼에서 더 많은 시간을 보낼수록 광고가 등장하는 것은 시간문제"라고 전망했다. 일반적으로 광고주들은 무분별하게 소비되는 콘텐츠보다 신뢰도 높은 콘텐츠 사이에 광고를 노출시키는 것을 선호하기 때문이다. 그런 점에서 뉴스는 어느 콘텐츠보다 신뢰도가 높은 편이다.

머리사 메이어 야후 CEO가 "정보 홍수 시대에 소비자는 원하는 정보를 얻기 어렵다. 앞으로 우리는 복잡한 것을 단순하고 분명한 것으로 바꿀 것이며 그 중심에 모바일과 미디어가 있다. 뉴스를 통해 구글을 뛰어넘겠다"고 공언한 것도 그런 점을 감안했다고 할 수 있다.

페이스북의 페이퍼나 야후의 뉴스다이제스트 등은 뉴스를 기계적으로 늘어놓지 않는다. 오히려 적극적으로 뉴스를 선별해 제시하는 방식을 취한다. '사람'이 직접 개입되는 것이다. 페이퍼는 자체 편집진이 10여개의 뉴스를 직접 선별하고, 야후 역시 편집팀이 선별한 뉴스를 업데이트한다. 이용자들이 보여주는 반응인 '좋아요' 등을 참고하지만, 트래픽이나 이용자 접속량 등을 이용하는 소위 알고리즘 편집은 배제한 것으로 알려졌다.

이를 위해 언론의 축적된 경험을 활용하기 위해 현직 언론인들도 적극적으로 영입하고 있다. 야후는 지난달 미디어 서비스 진출을 선언하면서 미국 CBS에서 활동했던 여성 앵커 케이티 쿠릭과 뉴욕타임스 출신 IT저널리스트 데이비드 포그를 영입했다. 독자 미디어 창간을 준비하는 이베이 창업자 피에르 오미디야르는 미국 NSA의 정보 수집을 폭로했던 영국 가디언지 기자 글렌 그린월드와 손을 잡았다.

[자료원] 조선일보 2014.02.14

CHAPTER

07

ERP (전사적 자원관리)

ERP가 등장한 배경과 의미,
주요기능과 구현과정을 이해한다.

제7장
ERP(전사적 자원관리)

Key Point

- ERP가 등장한 배경과 의미, 주요기능과 구현과정을 이해한다.

주요 내용

- ERP의 기초
- ERP의 주요기능과 기존 정보시스템과의 차이
- ERP의 모듈(module)들
- ERP의 구현
- [사례연구] 삼성전자의 글로벌 전사적 자원관리(G-ERP)시스템

제1절 ERP의 기초

정보화 추진에 관한 혁신적인 방법으로 전사적자원관리(Enterprise Resource Planning)를 들 수 있다. 그 동안 기업은 새로운 정보기술을 도입하고, 조직 구성원의 정보화 추진능력 향상을 위한 많은 노력을 기울였지만, 의사결정에 유용한 통합정보의 산출은 만족스럽지 못했다. 그러나 컴퓨터 성능의 향상, 각종 개발기술의 발전, 소프트웨어 전문업체의 진화 등으로 1990년대 중반부터 ERP가 그 대안으로 등장하였다.

1.1 ERP의 개념

가트너 그룹의 정의

ERP는 제조(manufacturing), 재무(financial), 물류(distribution) 그리고 다른 경영기능(business function)이 균형을 이루도록(제대로 기능을 발휘할 수 있도록) 지원하는 응용프로그램의 집합이다.

ERP와 전통적 정보시스템 개발과는 분명한 차이가 있다. 전통적 정보시스템 개발에서는 필요로 하는 기능별 애플리케이션들을 자체적으로 분석한 후 개발하지만 ERP에서는 ERP 전문회사가 개발해 둔 패키지에서 제공한 기능의 메뉴 가운데 자사가 필요한 것을 선택하여, 선택된 기능을 자사에서 실행하는 형태의 솔루션이다.

현실적 정의

ERP는 산업별, 업종별, 기능별 특성에 적합한 최적의 업무 프로세스(best practice·process), 최적의 자료(best data), 최적의 조직(best organization)을 설계하고 이에 최적의 정보(best information), 최적의 기술(best technology)을 적용해서 통합정보시스템으로 구현한 것이다. 즉 ERP전문업체가 사전에 구축해둔 최고의 정보시스템을 도입하는 것이다.

1.2 ERP의 등장 배경

당연히 ERP는 기존시스템(legacy system)이 가진 다음과 같은 문제점으로 인해 등장하였다. 물론 과거의 시스템은 그 당시의 제한된 정보기술을 기반으로 구축된 것이기 때문에 오늘날 기준으로 보면 당연히 부족한 부분이 많을 것이다. 특히 기업의 내부 정보시스템부서가 변화하는 환경과 사용자들의 폭주하는 새로운 요구사항에 적절하게 대응할 수 없었다는 문제가 컸다.

- 의사결정에 유용한 통합정보산출 미비

- 증가하는 데이터 및 정보를 수용할 수 있는 정보자원관리 미흡
- 잦은 환경변화에 따른 시스템 개발요구의 누적
- 유지보수 비용의 과다 및 불가능
- 급속히 변화는 신규 정보기술 수용의 유연성부족
- 시스템의 표준화가 가속화하고 있음

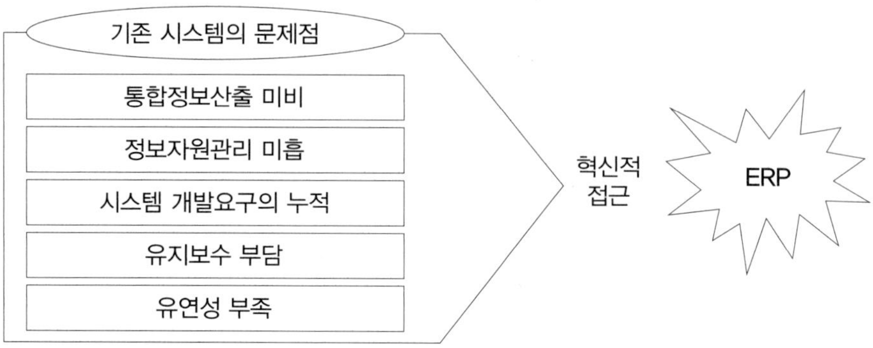

따라서 기업들은 급변하는 경영 및 기술 환경에 대응하여 생존과 성장을 위해 정보기술을 종합적으로 활용하는 혁신적 접근법에 관심을 기울이기 시작하였다. 즉 필요로 하는 기능을 담은 신규 시스템을 자체 개발하기보다는 전문 소프트웨어업체(SAP, Oracle, 더존, 영림원 등)가 만든 ERP가 제공하는 여러 기능(애플리케이션 또는 모듈이라고 함) 가운데 자사가 필요로 하는 것을 선택한 후 자사의 업무를 ERP가 제공하는 기능(프로세스, 절차 등)에 맞도록 조정하는 방식의 시스템개발에 관심을 가지기 시작하였다. 물론 이것이 가능했던 것은 ERP가 산업별, 업종별, 기능별로 가장 효율적인 업무처리방식을 기준으로 최근의 정보기술로 구현되었다는 전제가 있기 때문이었다.

1.3 ERP의 발전과정

〈그림 7-1〉은 처음부터 ERP가 하늘에서 그냥 떨어지지 않았음을 설명해준다. ERP의 발전은 기업이 내부 정보화(전산화)를 추진해 온 과정과 거의 맥을 같이 한다. 처음에는 주로 운영이 가장 복잡하였던 생산부문, 특히 자재조달 및 재고관리를 중심으로 MRP-1을 구축하였다. 정보화가 주는 이익이 이렇게 복잡한 생산부분에 적용했을 때 그 효과가 가

장 컸기 때문이었다. 그 후 정보화의 범위는 제조, 영업, 원가회계, 제품설계, 물류관리 등으로 계속 확대되어 갔으며 이러한 모듈들이 축적되고 통합되면서 업종별 ERP가 만들어진 것이다.

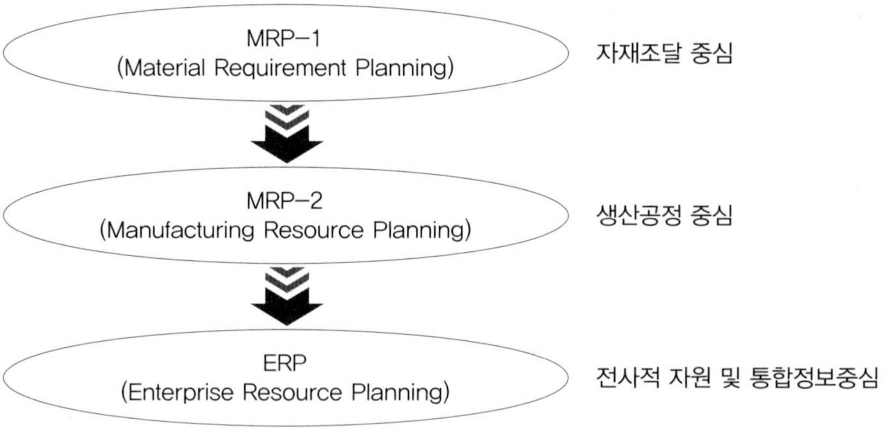

〈 그림 7-1〉 ERP의 발전과정

자재소요량 계획(Material Requirement Planning : MRP-1)

일반적으로 MRP하면 MRP-1을 말하며, 제품의 자재 소요량을 합리적으로 관리하기 위한 자재 및 구매 관리 중심의 경영기법이었다. 그러다 이 MRP-1은 자재의 생산, 구매, 재고의 문제를 처리하는 통합적인 생산계획 및 재고관리를 전산화한 시스템(MRP-2)으로 발전하였다.

MRP는 어떤 품목의 수요가 다른 품목의 수요로부터 파생하는 경우에 적용된다. 즉 과거의 자료에 의해 미래의 수요를 예측하는 것이 아니라 주별 생산일정계획에 의해 자재소요량을 예측하는 기법이다. 아무튼 MRP-1은 주요 관리의 대상이 자재관리-구매 부문에 한정되어 있었다.

[MRP-1 이해 사례]

알파기업은 제조회사이다. 2018년 11월 20일까지 제품 A 500개를 생산하여 주문자에게 납품해야 한다. 제품 A의 BOM(Bill of Material, 자재구성목록)은 아래 왼쪽 그림과 같다.

그리고 12월 10일까지 500개의 제품이 준비되기 위해서는 A 제품에 들어갈 부품들의 제조나 주문시점은 다시 역으로 추산되고 그것에 맞춰 생산지시나 주문서를 보내야 한다. 아래 오른쪽 그림은 투입 부품들의 제조 및 주문시점을 정하기 위한 리드타임의 추정과정을 알 수 있다. 초기 MRP-1은 이러한 복잡한 과정과 계산을 컴퓨터로 처리해 주는 시스템이었다.

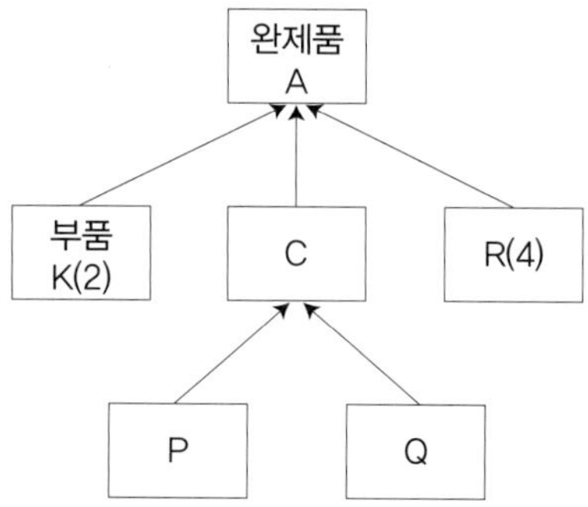

〈완제품 A에 필요한 부품내역〉

* 괄호 내 숫자는 소요개수

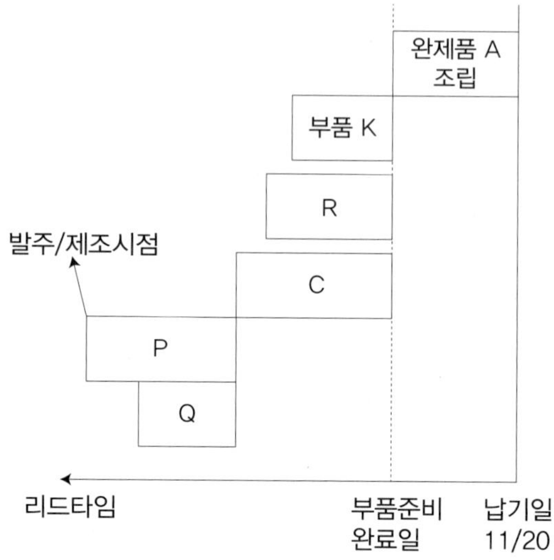

〈소요부품 리드타임역산과정〉

제조자원관리(Manufacturing Resource Planning : MRP-2)

MRP-1이 더욱 확장되고 발전된 개념이 MRP-2이다. MRP-2는 제조, 영업, 회계, 설계, 인사와 관련된 계획, 우선순위와 활동들을 관리하기 위한 생산 및 재고 통제시스템으로 그 대상이 회사 전체로 확대되었다는 특징이 있다. 그러나 기술적 한계로 인해 통합의 효과는 미비하였고 전사적 시스템이 되기에는 한계가 있었다.

ERP 도입의 효과

동입효과는 조직전체의 효과, 경영자 관점의 효과, 사용자 관점의 효과로 나누어 볼 수 있다.

- **조직 전체의 일반적 효과**
  - 회사의 경쟁력을 강화하고 체질을 개선할 수 있다. 프로세스의 개선으로 업무효율성(주문처리시간 단축, 고객대응력 향상)을 향상시킨다.
  - 고객서비스 및 고객만족도 향상
  - 의사결정의 효율성과 효과성 향상
  - 비용절감
  - 시스템표준화로 인한 효율성 증대

- **경영자 관점의 효과**
  - 신속한 의사결정
  - 회사의 역량의 결집
  - 새로운 사업기회의 발견
  - 위기에 탄력적 대응

- **사용자 관점의 효과**
  - 신속한 업무처리로 업무생산성이 향상된다.
  - 정보 접근의 더욱 용이해진다.
  - 요구사항에 적합한 정보의 가공처리가 더욱 용이해진다.
  - 내외부 고객의 만족도가 증대된다.

제2절
ERP의 주요기능과 기존 정보시스템과의 차이

2.1 ERP의 주요 기능

ERP의 주요기능을 다음 그림과 같이 요약된다. 일부 기능들은 상호 연결되어 있다. 예를 들면, ERP가 인터넷과의 연동 기능을 가진다는 의미는 개방형 환경을 지원하는 것과 연관이 있으며, 경영혁신 기능은 BPR지원과 일맥상통한다.

ERP 패키지가 보유해야 할 기능

- 산업별, 기능별 정보화 지원–표준화
- 국가별 지역별 차이 지원(localize)
- 제공기능의 수정과 변경(customize)
- 추가 모듈과 최신기술의 보완 및 강화 지원(add–on)
- 개방형 환경 지원
- 인터넷 연동 기능
- BPR 지원
- 변화관리(change management) 지원

산업별, 기능별 정보화 지원–표준화

ERP는 제조업을 위한 패키지에 한정되던 초창기 ERP를 넘어 금융, 식음료, 제약, 유통, 교육 등 산업별, 업종별 그리고 기능별로 전문화된 ERP 패키지가 많이 출시되어 있다. 이는 산업별, 기능별로 업무 프로세스가 표준화된다는 의미를 가진다.

기업들이 표준화된 프로세스를 갖춤에 따라 같은 업종 내 기업인수합병(M&A)을 할 때 소요되는 시간이 엄청 단축된다는 이점이 있다.

국가별 지역별 차이 지원–Localize

초국적 기업, 다국적 기업이 많은 오늘날 그 나라와 지역에 따라 독특한 기업 문화와 제도(세법 등)에도 맞을 수 있도록 현지화 할 수 있어야 한다. 특히 인사관리와 회계 분야에 특정 지역의 제도와 관행에 맞추어 줄 필요가 있다.

그러나 그 관행과 제도가 글로벌 표준에서 멀다면 그 기업은 글로벌 자금시장에서 자금을 투자자금을 확보하기는 어려울 것이다. 글로벌기업이라면 기본적으로 IFRS(International Financial Report Standard)를 준수한 재무제표를 제공하여야 할 것이다.

제공기능의 수정과 변경–Customize

모든 기업들이 ERP를 획일적으로 받아들일 수 없는 많은 부분이 있기 개별 기업의 독특한 상황과 필요에 맞도록 ERP를 수정하고 변경(customizing)할 수 있다. ERP 컨설턴트는 원칙적으로 커스터마이징을 추천하지 않지만 기존 패키지의 메뉴, 화면구성, 보고서 양식 등 기업이 요구하는 부분에 대해서는 수정할 수도 있다. 지나친 수정과 변경은 환경변화에 따라 시스템을 업그레이드할 때 문제를 야기할 수 있기 때문이다.

추가 모듈과 최신기술의 보완 및 강화지원

기술적인 제약이나 경영환경의 제약으로 인해 초기 ERP 버전이 구현하지 못했던 분야나 기능을 추가 개발할 수 있다. 예를 들어, 1990년대 중반에는 인터넷이 활성화되어 있지 않았다. 따라서 많은 애플리케이션이 개방적인 인터넷과 연동될 수 없었던 한계가 있었다. ERP패키지의 변경은 다음과 같이 3가지 수준에서 발생한다.

1) ERP 패키지 수정 변경은 기업의 실정에 맞게 고객이 원하는 내용으로 변경하는 것을 말한다. 그러나 핵심 기능은 수정할 수 없다.
2) ERP 패키지 기능 보완(Modification)은 처음에 미흡했거나 불완전했던 기능을 추가적으로 보완하는 것을 말한다.
3) 추가지원(Add-on)은 초기 ERP 버전에 포함되지 않았던 기능과 기술을 추가로 개발해서 포함시키는 것을 말한다. 예를 들어, 고급 그래픽기능을 보고서생성 프로그램에 추가하는 일이나, 송장의 바코드를 읽어 입력하는 기능 등이 있을 수 있다. 정보기술은 계속적으로 발전하기 때문에 이러한 변화를 유연하게 수용할 수 있는 ERP패키지가 기업의 입장에서 좋은 ERP일 것이다.

개방형 환경지원

초기의 ERP 패키지는 클라이언트/서버 환경으로 개발되어 다양한 이기종 하드웨어 환경과 다양한 소프트웨어 환경에서도 서로 잘 연동될 수 없도록 설계되었다. 오늘날 개방적 시스템 환경은 인터넷 기반기술을 고려하지 않았던 클라이언트/서버 기술과도 연동되어야 하므로 ERP 패키지에 더욱 강화될 필요가 있다. 즉 이제 기업의 ERP를 인터넷 웹브라우저를 이용해서 사용할 수 있어야 한다.

예를 들어, 제조업체가 전자상거래를 위한 웹사이트(B2C)를 개설하였다면 웹 환경에서 주문을 받아 처리하고 결제기능(엑스트라넷 부분)까지 기업의 ERP(인트라넷 부분)와 잘 연결된다면 시스템의 통합 수준이 더욱 높아질 것이다. 이를 위해서는 기존의 ERP가 웹환경으로 쉽게 전환될 수 있으면 좋을 것이다.

BPR지원

ERP 패키지는 해당 산업이나 업종에서 최적의 업무 프로세스를 근간으로 개발된 시스템이어서 현업의 업무 프로세스를 변경할 수 있도록 하는 BPR(Business Process Reengineering) 기능이 포함되어 있다. BPR은 업무 프로세스를 기본적으로 다시 생각하고 근본적으로 다시 설계함으로써 비용, 품질, 서비스, 속도와 같은 핵심적인 성과를 극적으로 향상시킬 수 있는 기법이다. 즉 최신 정보기술을 활용한 프로세스의 혁신, 조직문화의 변화, 제도의 변화를 통해 경쟁력을 높여줄 수 있는 경영혁신 방안이다.

변화관리(Change Management)지원

앞서 설명하였듯이 ERP를 구축하다보면 BPR이라는 프로세스혁신이라는 결과를 얻을 수 있다. 전통적 정보시스템 개발방식과 달리 ERP패키지에 내장된 새로운 업무 프로세스를 도입해야 하므로 때로 조직 구조의 변경까지 요구된다. 기존의 업무방식에 익숙해져 있는 조직구성원은 이러한 변화에 저항을 하는 경우가 잦다. 따라서 성공적인 ERP 도입을 위해서는 도입 초기단계부처 계획된 변화관리를 추진할 필요가 있다.

제3절
ERP의 모듈(module)들

ERP는 단일시스템이라기 보다 여러 개의 독자적 모듈로 구성된 통합시스템이다. 전통적으로 ERP는 다음과 같은 독자적 모듈들로 구성된다. 그리고 이 모든 모듈들은 통합 DB를 중심으로 연결되어 데이터를 공유할 때 비로소 제대로 된 전사적 시스템(enterprise system)의 진가를 발휘할 수 있다.

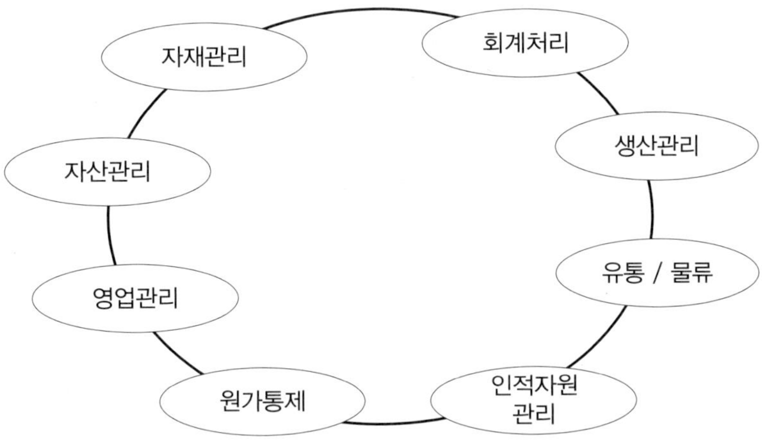

3.1 구매 및 자재 조달관리

구매 및 자재 조달관리은 자재소요계획, 구매, 재고관리, 송장검증, 재고자산 평가 등의 기능을 수행한다. 구매는 외부업체로부터 원자재를 사오는 것이고, 조달은 자체 생산설비가 있어 내부적으로 원자재를 확보하는 것이다.

ERP 패키지에서는 구매를 하거나 자재조달이 발생하면 자동으로 재무회계모듈 계정으로 전기된다. 구매한 자재는 재고자산(자산)이 되면서 동시에 외상구매를 하였다면 외상매입금(부채)으로 기록될 것이다. ERP가 MRP-1, MRP-2에서 발전되었기 때문에 이 부분에서 특별한 강점이 존재한다. 주요 기능들은 다음과 같다.

- 재고를 감시하고 구매부서에 구매오더 제안서를 자동으로 생성한다.
- 다양한 소요(필요)량 계획방법 등을 제공하는 자재소요계획 기능이 있다.
- 구매요청에서 구매오더(주문) 생성에 이르는 모든 일상적인 구매 기능을 수행한다.
- 재고 상황을 변화시키는 모든 트랜잭션이 실시간으로 처리되므로 언제라도 재고 현황을 파악할 수 있도록 하는 재고관리 기능이 있다.

- 거래처에서 구매오더(주문)로부터 입고 후에 송장을 통해 대금청구가 되었을 때 구매오더 금액과 송장 청구금액이 같은지를 비교하거나 입고금액과 송장청구금액이 같은지를 검증하는 송장검증 기능도 있다.

3.2 재무회계

전통적으로 재무회계시스템은 재무회계와 관리회계가 결합되어 보통 회계정보시스템으로 구축되지만 그 목적이나 산출내용은 엄격히 다르기 때문에 최근 ERP 패키지에서는 각각 재무회계와 관리회계로 구분하여 분리된 모듈로 구성되고 있다.

재무회계 모듈은 회사가 독립된 법인으로서 정부, 은행, 혹은 주주에게 제공할 재무제표(손익계산서, 대차대조표, 이익잉여금 처분계산서, 현금흐름표 등)를 생성하기 위한 모듈을 의미한다. 기업의 현금 및 자산에 대한 관리 및 통제기능을 수행하며, 내부 관리조직과는 무관하게 정확하고 투명한 회계처리를 원칙으로 한다.

기업의 자산, 부채, 자본에 영향을 미치는 모든 거래데이터(예: 매출, 외상매입, 외상매출, 설비구매 등)는 재무회계모듈로 전달되어 처리된다. 주요 기능으로는 일반회계, 외상매입금 및 매출금 관리, 미수금 관리, 미지급금 관리, 자금관리 등이 있다.

[전문회계용어 해석]

재무회계란 기업의 출자자(투자자)를 비롯한 이해관계자에게 재무보고를 하기 위하여 수행되는 회계 기록과 계산을 통틀어 이르는 말이다. 기업의 분배가능 이익을 산정하여 표시하는데 이를 위해서 각종 기업의 성과를 산정하고 기록한다. 한편 관리회계란 경영활동에 도움을 주기 위한 내부보고회계를 가리킨다. 즉 경영자가 계획하고 의사결정을 하는 데 도움이 되는 '의사결정회계'와 경영관리를 위한 '성과관리회계' 두 가지로 나눌 수 있다. 전자는 원가, 입지, 설비 등 경영에 관한 기본적 의사결정에 필요한 회계정보를 말한다. 후자는 협의의 경영관리로서 계획과 통제를 위한 회계정보를 제공한다. 예산, 손익계산, 표준원가계산 등이 주요 항목들이다.

3.3 생산관리

제조업의 생산현장을 관리, 통제하는 것을 주요 내용으로 하는 프로그램 집합으로써 구매 및 자재조달기능과 매우 밀접하다. 일반적으로 MRP-2를 지원하지만 최근 기능강화로 단순한 반복생산을 벗어나 간반(Kanban) 및 JIT개념의 린생산방식을 지원하기도 한다.[9)]

중장기 판매계획(또는 수요예측)을 여러 단계의 세부계획으로 나눈 후 실제 일·주·월 생산량을 결정하고 이러한 생산계획이 차질 없이 진행되도록 자재수급계획을 생성한다.

주요 기능은 판매계획(수요예측), 기준생산계획, MRP-1(자재소요량계획), 품질관리, 설비관리 등이 있다.

3.4 유통/물류

물류란 원자재나 완제품의 원활한 흐름을 지칭하는 용어이며, 물류시스템은 수주에서 출하까지, 최근에는 수주에서 고객에게 도착할 때까지 통합 계획 관리하는 것으로 SCM(공급망관리)의 핵심활동이다. 즉 제조활동과 유통과정에 필요한 물적 흐름을 효율적으로 관리, 통제하기 위한 조직 내부 및 외부의 물류활동을 대상으로 하는 프로그램의 집합이다.

영업(마케팅), 구매, 생산, 운송, 유통은 물 흐르듯이 연계되어 원활하게 운영될 때, 전체적인 생산성 향상에 기여할 수 있다. 즉 영업의 판매계획은 생산계획으로, 생산을 위한 원자재수급은 구매계획으로 즉각 연계되어 처리되어야 하며 생산된 제품은 발주자에게 즉시 배송되어야 한다. 따라서 유통과 물류를 위해서는 영업관리, 구매/조달 관리, 생산관리 모듈이 물 흐르듯이 연동되어야 한다.

---

9) JIT(Just In Time) 간판방식. 배달된 원자재를 재고로 남겨두지 않고 그대로 모두 사용하는 재고관리 방식이다. 즉 작업현장에 재고를 제로에 가깝도록 만들어 재고비용을 최대한 줄이기 위한 방식으로 원자재가 제조라인에 투입될 때에 꼭 필요한 양만 납품업자로부터 제공받는 생산방식이다. 이는 일본 도요타(豊田)자동차가 제조공정의 시간을 단축하고 재고 비용을 절감하기 위해 처음으로 개발하였다.

3.5 인적자원관리

조직 및 조직구성원을 대상으로 하는 시스템으로 인적자원의 교육훈련, 동기부여, 평가, 채용, 급여 등을 관리하는 시스템이다. 주요기능으로는 채용, 교육, 직무배치, 승진/ 승급, 급여, 보상, 복리후생 등이 있다.

인적자원관리는 지역적 문화의 차이가 많이 드러나는 모듈이어서 현지화 또는 지역화(localization)가 많이 요구되는 모듈이다. 특히 인센티브로 주어지는 성과급의 형태가 매우 다양하다.

인적자원관리 모듈에서 사용되는 자료는 회계시스템, 원가관리, 영업관리 모듈 등과 상호작용 한다. 예를 들어 급여와 같은 비용은 재무회계와 관리회계(원가통제) 모듈과 바로 연결된다.

3.6 원가통제 및 관리회계

원가통제 및 관리회계 모듈은 회사 내의 경영실적을 평가하기 위한 수단으로 손익분석과 원가분석의 기능을 제공한다. 필요에 따라 부서별, 조직 계층별, 제품별, 거래처 등의 기준으로 손익분석 및 원가분석 수행함으로써 경영실적을 평가하고 이윤을 극대화하는데 필요한 정보를 제공하는 내부통제용 모듈이다.

주요기능

- 표준원가 분석, 제조원가 분석, 활동기준원가(activity based cost : ABC) 분석, 손익분석 등의 기능을 수행한다.
- 원가통제 및 관리회계에 적용되는 정보는 ERP의 다른 모듈들이 생성하는 최신의 정보를 실시간으로 제공받아야 한다. 예를 들면, 인사관리모듈로부터 급여정보를, 재무회계 모듈로부터는 원자재의 원가정보, 기계의 감가상각비를 제공받는다. 이를 통해 각종 비용 및 원가통제, 성과평가에 필요한 정보를 산출해 준다.

3.7 영업관리

영업관리 모듈은 원활하고 효율적인 영업활동을 지원한다. 영업활동과 판매활동을 지원하므로 영업자동화시스템(Sales Force Automation), 고객관계관리(Customer Relationship Management)와 연계되는 모듈이기도 하다. SFA는 개인의 감각과 경험에 의존하던 영업 활동을 정보기술을 활용하여 속도와 질적 향상을 추구하는 전략적인 영업을 지원한다. 고객 데이터베이스를 기반으로 고객의 구매패턴과 요구사항을 분석하고 적절한 판매 전략을 세우는 일을 지원하며, 상품 기획에서 영업 제안, 납품에 이르기까지 영업 전반을 지원하는 시스템이다. 또한 모바일기기를 활용하여 현장에서 직접 영업 활동에서 생성되는 정보를 취득하고 고객에게 각종 분석 정보를 제공하기도 한다. 궁극적으로 고객관계관리(CRM) 시스템으로 통합되거나 진화하는 시스템이다.

주요기능

- 경쟁사관리, 고객관리, 홍보물 및 우편물 발송 등의 판매지원기능
- 문의, 견적서작성, 주문서작성, 인도일정계획, 다양한 가격정책 운영 등 보편적인 영업 의사결정지원
- 대금청구서작성 및 독촉장처리, 리베이트 등 대금청구 기능
- 각종 영업정보를 여러 가지 형태로 분석 가공하는 기능
- 향후 영업전망 시뮬레이션 기능

3.8 자산관리

토지, 건물, 기계, 설비 등 고정자산(fixed asset)을 관리하는 모듈로써 대부분 기업 자산으로 분류되므로 일부 패키지에서는 재무회계모듈에 포함되기도 한다.

주요 기능

- 고정자산을 등록 관리하고 감가상각, 이연상각[10] 등의 기능을 수행하며, 재무회계모

10) 비용을 평준화하기 위하여 지출되지도 않은 비용을 미리 나누는 방법

듈의 자산계정에 반영되고 처리할 수 있도록 한다. 예를 들어, 기계와 설비의 감가상각비는 원가 및 관리회계 모듈에 비용으로 반영되어야 할 것이다.

제4절 ERP의 구현

4.1 ERP 구현 절차

ERP 구현의 출발점은 아래 〈그림 7-2〉에서 보듯이 정보전략계획과 정보시스템계획이다. ERP는 기존 시스템의 대부분을 폐기하고 새롭게 시작하는 시스템으로 많은 비용이 소요되는 프로젝트이다. 따라서 기업들은 ERP의 도입을 전사적 전략계획과 정보시스템계획에 따라서 신중하게 결정해야 한다.

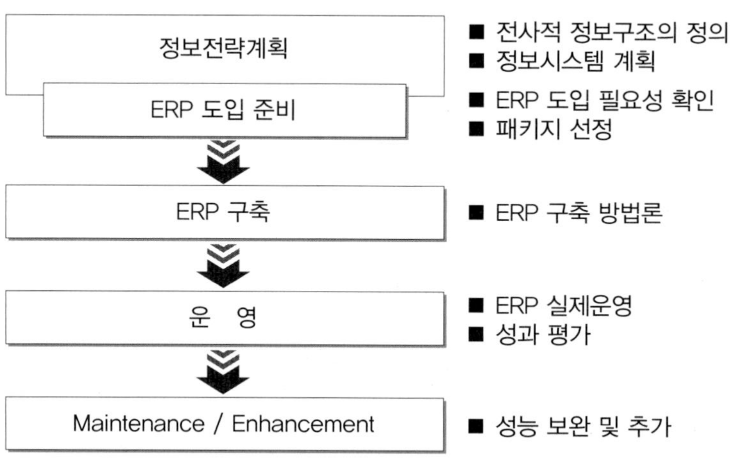

〈그림 7-2〉 ERP 구현절차

4.2 ERP 도입준비

ERP 도입준비 진행과정은 아래 그림처럼 ERP 도입의 타당성을 검토하는 것에서 시작한다. ERP의 도입으로 기업이 겪고 있는 경영 및 정보화 문제들을 해결할 수 있는지, 그 문제들을 해결하는데 드는 투자비용이 적절한지, ERP를 도입할 수 있는 조직 여건이 갖추어져 있는지를 따져보아야 한다. 그런 다음 ERP 도입이 최종적으로 결정이 되면 ERP공급자에게 요구해야 하는 사항들을 분석하여 열거한 RFP(Request for Proposal)를 준비하여야 한다. 이러한 과정의 최종 목적은 자기 회사에 가장 적절한 ERP솔루션을 제공할 수 있는 전문업체(ERP 계약자)를 선정하는 일이다.

ERP 도입 검토 : 타당성 검토

정보전략계획 과정에서 시스템체계 및 기술체계를 결정하기 앞서, ERP 도입여부를 결정하기 위해 ERP 도입의 타당성을 검토하는 작업이다. 주요 검토 항목들은 다음과 같다.

- 도입이유 및 목적은 분명한가?
- 최고경영자의 의지가 확고한가?
- 충분한 예산을 확보할 수 있는가?
- 도입 후 기대효과는 무엇인가?
- 기존 혁신운동, 정보화 프로젝트와 잘 조화되어 호환성과 연결성에 문제는 없는가? 예를 들며, 인사관리모듈을 그대로 쓸 경우 도입되는 시스템과 인사관리모듈이 호환되는데 문제는 없는지 등을 확인해야 할 것이다.

- 역량을 가진 프로젝트 리더가 있는가?
- 조직 전체가 변화를 수용할 준비가 되어 있는가?

도입 여부 결정

ERP 도입이 타당하다고 판단되면 최고경영자의 승인에 따라 도입을 결정한다. 도입하기로 결정이 되면 조직 내부의 프로젝트 추진팀을 결성하여 본격적인 추진 작업에 돌입한다. 즉, ERP 방법론 및 패키지 선정을 위한 본격적 준비작업을 시작하는 것이다.

요구사항 분석

자사에 적합한 ERP 방법론 및 패키지 선정을 위한 본격적 준비작업을 위해서 관련자료를 수집한다. 일반적으로 다음 3가지 분야의 작업을 수행하게 된다.

- 첫째, 기업현황 진단을 실시한다(As-Is분석). 이는 경영전반을 진단하는 것으로 현재의 정보화 현황에 대한 문제점을 알아보는 것이다. 현재의 문제를 정확히 알고 있어야 이의 해결을 위해 적합한 ERP 패키지를 선정할 수 있다.
- 둘째, 요구사항 정의를 실시한다(To-Be분석). 요구사항 정의는 업무요구분석과 정보화요구분석으로 나눌 수 있다. 업무요구분석은 부서별 또는 단위 기능별 업무추진상의 문제점을 업무프로세스 관점에서 필요사항을 파악하는 것이며, 정보화요구분석은 현재 사용 중인 정보시스템의 문제점과 요구사항을 조직단위별 그리고 사용자별 요구를 분석한다. 요구사항의 정확한 이해가 적합한 ERP 패키지의 선정에 매우 중요하다는 것은 당연하다.
- 셋째, 제안요청서(request for proposal : RFP) 작성하여 ERP 전문업체들에게 송부한다.

ERP 계약자 선정

ERP 프로젝트 실행을 위한 제안서를 업체로부터 받은 후 이를 평가하여 자사에 가장 적합한 ERP 패키지를 선정하고 계약을 한다. 공정한 평가를 위해서는 객관적인 평가절차를 수립하고 타당한 평가항목을 설정한 후, 조직 내부 인력과 조직 외부 전문가들이 골고루 참여하는 평가팀이 평가를 실시해야 한다.

공정한 평가를 실시하기 위해 다음과 같은 평가항목들을 구조화해서 활용할 필요가 있다. 각 평가항목마다 또 작은 평가항목들이 분화될 수 있으며, 평가항목별로 중요도에 따라 가중치를 다르게 부여할 수도 있다.

- 제품공급자 평가요소에는 재무건전성, 기술인력 보유현황, 개발경험. 레퍼런스 사이트 등이 포함될 수 있다.
- 기술적 평가요소
- 기능적 평가요소
- 가격 및 기간 평가요소
- 교육 및 서비스 및 사후관리 평가요소

4.3 ERP 구축

ERP 구축 방법론은 ERP업체에 따라 다양한 방법론들이 있다. 주요 ERP업체들인 SAP과 Oracle의 구축단계는 다음과 같다. 각 단계의 내용이 거의 비슷하며 Oracle의 2, 3단계가 SAP의 2단계 비즈니스 상세 계획으로 축약되어 있으며, 최종준비와 전환 단계가 유사하다.

■ SAP의 ASAP(Accelerated SAP)

1단계: 프로젝트 준비(Project Preparation)
2단계: 비wm니스 상세 계획(Business Blueprint)
3단계: 시스템구현(Realization)
4단계: 최종준비(Final Preparation)
5단계: 시스템 개통 및 지원(Go Live and Support)

■ Oracle의 AIM(Applications Implementation Methodology)

1단계: 프로젝트 정의(Definition)

2단계: 업무분석(Operation Analysis)
3단계: 솔루션 설계(Solution Design)
4단계: 구현(Build)
5단계: 전환(Tansition)
6단계: 완성(Production)

ERP 추진조직

ERP 프로젝트는 대규모 투자, 경영혁신, 조직전체에 미치는 영향 등을 고려할 때 독립된 추진조직체가 필요하다. 특히 조직의 미션과 역할, 권한, 책임 및 구성원 확보에 대해 공식적 문서에 분명하게 명시할 필요가 있다. 하부 조직 및 구성원의 역할, 권한 및 책임에 대해서도 명시하는 것이 필요하다.

4.4 ERP 구축의 성공요인

프로젝트 전체차원의 성공요인은 다음과 같다.

- 최고경영자의 ERP 프로젝트에 대한 관심과 참여적 리더십
- 조직구성원의 ERP에 대한 올바른 이해
- 프로젝트 관리자의 존재와 역할 수행
- 적정 투자자원의 확보
- 우수한 파트너(ERP 패키지 공급자, 컨설팅 기업, 기타 공급자)의 확보
- 철저한 프로젝트 실행관리
- 변화관리 방안과 실천

프로젝트 실행단계별 성공요인: ERP 도입준비 및 ERP 구축단계

ERP도입준비단계에서 현황분석(As-Is분석)과 요구사항분석(To-Be분석)을 객관적이며 체계적으로 수행하여야 한다. 현재의 정보서비스의 문제점을 정확하게 파악하고 이를 개선

하기 위한 새로운 시스템을 제안하는 것은 이어지는 ERP의 성공적인 구축과 운영과 직결되기 때문이다. ERP를 구축하기 시작하면 계획한 일정과 범위에 따라 잘 수행되고 있는지 면밀하게 모니터링해야 한다. 효과적인 프로젝트리더는 진행된 프로젝트의 품질을 관리하고 상황에 따라 자원(컨설턴트, 프로그래머 등)의 재분배를 통해 병목현상이 발생할 수 있는 작은 프로젝트의 발생을 최소화한다. 특히 사용자그룹이 ERP구축과정에 적극 참여할 수 있도록 도우며, 이는 향후 ERP의 운영과 유지보수를 보다 효율적으로 하는데 큰 도움이 된다.

단 계	성 공 요 인
ERP 도입준비	• 현황 분석 및 요구사항 분석의 철저성 • 제안서 평가 팀 평가항목 구성의 타당성 • 제안서 평가의 공정성 • ERP 도입 전담팀 구성
ERP 구축	• 일정 및 범위 준수 • 프로젝트 실행 품질관리 • 우수한 프로젝트 참여 인력 • 프로젝트 참여인력의 역할 분담 및 의사소통 • 적용 기술의 표준화 및 개방형 환경 • 문서화

프로젝트 실행단계별 성공요인: 운영 및 유지보수 및 강화 단계

이 단계의 성공요인은 크게 운영과 유지보수로 나눌 수 있다. ERP를 운영할 때 새로운 시스템에 사용자가 잘 적응할 수 있도록 충분한 교육과 훈련이 시행되어야 하고 그 효과를 평가할 필요가 있다. 그리고 ERP를 통해 조직 및 업무방식의 변화가 있었는지를 객관적인 기준으로 측정할 필요가 있다. 예를 들어, 고객요청에 응대하는데 걸리는 시간, 재고비용의 증감 등을 측정할 수 있을 것이다. ERP를 운영함에 따라 발생하는 문제는 즉시 문서화되어 공식적인 절차를 거쳐 시스템을 개선하는 목적으로 적극 활용되어야 한다.

단 계	성공요인
운 영	• ERP 사용자 교육 훈련 및 사용 능력 평가 • 조직 및 업무방식의 변화 • ERP 성과 평가
유지보수 및 강화	• 문제점 및 변화사항 • 지속적 해결 노력 • 시스템 향상계획 수립

4.5 실패의 원인

ERP를 도입하지만 ERP 모듈들이 가진 모든 기능을 성공적으로 활용하여 경영에 적용하는 일은 결코 쉽지 않다. 실패의 원인으로는 최고경영진의 지원의 미흡, 조직차원의 준비 부족, ERP 패키지의 문제, 프로젝트 관리의 문제 등이 있다. 국내의 경우, 정부의 기업정보화지원프로그램을 통해 많은 중소기업들이 ERP를 도입하였지만 사용이 생산관리, 재고관리, 회계에 한정되는 경우가 많다. 가장 큰 이유는 기업의 기존 프로세스를 제대로 분석한 후 ERP의 베스트 프렉티스(practice)에 맞도록 비즈니스 프로세스 리엔지니어링하는 부분이 취약하기 때문이다. 이를 위해서는 더 많은 컨설팅이 필요하지만 고비용 때문에 포기하는 경우가 많다.

[사례 연구] 삼성전자의 글로벌 전사적 자원관리(G-ERP) 시스템

기업은 전사적자원관리(ERP) 시스템을 도입하면서 성공적인 경영혁신 모델이나 기업이 창안한 독특한 비즈니스 프로세스를 신속하게 다른 계열사나 프랜차이즈로 확산·고착시킬 수 있다. 따라서 ERP는 강력한 경영혁신 전파 도구로 사용될 수 있다.

삼성전자도 이러한 효과를 보기 위해 G-ERP를 도입했다는 관측이 있다. "삼성전자 성공을 다른 계열사로"라는 이건희 회장의 반복적인 주문에 따라 그룹 전체가 삼성전자 ERP(G-ERP)를 계열기업에 이식하고 있으며, 이 사업을 오픈타이드가 도맡아 함에 따라 매출이 급신장하였다.

"다른 계열사들도 삼성전자처럼 글로벌 기업이 돼야 한다." 이건희 삼성전자 회장이 2010년 경영복귀 뒤 이런 주문을 반복적으로 한 덕분에, 이재용 삼성전자 사장이 사업 실패 전력을 만회할 기회를 얻고 있다. 비상장사인 오픈타이드코리아가 급부상하고 있어서다. 최근 증권시장이 맥을 못 추고 있는 가운데, 장외시장에서 오픈타이드의 주가는 2년 전에 견줘 6배 넘게 올라 8만원까지 뛰어올랐다.

오픈타이드 급성장의 배경은 '삼성그룹 일류화 프로젝트'다. 삼성은 "삼성전자의 성공을 다른 계열사로 확산시키라"는 이건희 회장의 지시에 따라, 삼성전자의 글로벌 전사적 자원관리(G-ERP) 시스템을 다른 계열사들로 확산시키기 시작했기 때문이다. 이 작업은 지난해 삼성 미래전략실의 주관 아래 삼성SDS가 실행하기 시작했고, 오픈타이드가 컨설팅을 맡았다. 지난해부터 삼성정밀화학·삼성코닝정밀소재·삼성에버랜드·삼성물산 건설부문에 1차로 접목하고, 올 연말까지 단계적으로 금융 계열사로 확대할 계획인 것으로 알려졌다.

덕분에 오픈타이드 매출은 2008~2010년 800억원대에 머물다 지난해 1457억원으로 급등했다. 직원도 2010년 700여명에서 지난해 1000명을 넘었고, 올해도 신입·경력직을 대거 모집하면서 몸집을 키우고 있다. 오픈타이드가 삼성SDS로 합병될 것이라는 소문도 있다. 정보기술 업계 관계자는 "오픈타이드의 매출을 2000억~3000억원대로 키운 뒤 삼성SDS로 합병할 것이라는 전망이 나오고 있다"고 전했다.

이재용 사장을 따라다니는 '이(e)삼성 실패' 족쇄를 오픈타이드로 만회하려 한다는 분석도 나온다. 이 사장은 2000년대 초 e-삼성인터내셔널과 오픈타이드를 양대축으로 e-삼성을 구축하려 시도했지만, 결과는 처참했다. 그 이후로 오픈타이드는 웹에이전시 사업에서 아이티(IT)컨설팅 쪽으로 방향을 틀었다.

오픈타이드의 사업적 성공과 더불어, 이를 가능하게 한 ERP 작업 자체도 이 사장의 그룹 승계 작업과 관련이 깊은 것으로 분석되고 있다. 삼성그룹 전체의 ERP가 완성되면, 이재용 사장이 전 계열사를 장악하는 데 매우 유리해진다. 삼성 계열사의 한 관계자는 "계열사별로 따로 보고가 올라오고 형식도 달라서 전체 그룹을 파악하는 데 어려움이 있을 수밖에 없다"며 "ERP가 완성되면, 한눈에 삼성 전 계열사의 움직임을 볼 수 있게 된다"고 말했다. 그는 "그래서 제조업과 금융업을 같은 시스템 안에 넣기 어려운데도 통합 ERP를 추진하고 있는 것"이라고 덧붙였다.

아울러 이 작업을 벌이는 과정에서 개인주주로는 이재용 사장이 최대 지분(8.81%)을 가진 삼성SDS가 사업적 이익을 얻게 된다. 이 사장의 지분 가치와 무관치 않다는 얘기다. 오픈타이드가 급성장하면서, 삼성SDS 등 그룹 계열사에 대한 매출 의존도도 점차 높아지고 있다. 오픈타이드의 전체 매출 중 삼성그룹 계열사 관련 매출 비중은 2007년 86.8%에서 지난해 99.0%까지 올라갔다.

이학수 전 삼성 전략기획실장과 김인주 삼성선물 사장(전 전략기획실 사장)이 오픈타이드 지분을 각각 1.04%와 0.21% 보유하고 있는 것도 눈길을 끈다. 이 전 실장과 김 사장은 과거 이재용 사장이 지분을 보유한 삼성SDS 등 비상장사 지분을 함께 보유해왔다. 재계 관계자는 "이 사장과 이 전 실장 등이 기업의 지분을 함께 보유한 것은 일종의 운명 공동체임을 보여주려는 것이었다"며 "그런 기업들을 통해 이 사장의 승계 작업을 했던 것인데, 현재는 상황이 많이 달라졌는데도 그대로 보유 지분이 유지되고 있는 것"이라고 말했다.

최지성 삼성전자 대표이사(부회장)가 삼성 미래전략실장으로 이동한 것도, 오픈타이드의 부각과 관련지어 볼 수 있다. 최 실장은 특히 ERP와 공급망관리(SCM) 등 경영관리 시스템의 신봉자로 알려져 있다. 최 실장이 이재용 사장의 '경영 교사'로 일컬어지는 만큼, 이 사장의 승계 마무리를 위해 최 실장이 앞장서서 ERP 시스템 등을 완비하는 역할을 하게 되리란 것이다. 삼성 계열사의 한 임원은 "최 실장 주도로, 삼성전자 이외의 다른 계열사들이 적지 않은 변화를 겪게 될 것"이라고 말했다. 또 다른 삼성 관계자는 "삼성전자의 노하우를 계열사에 전파하고, 동시에 3세 승계 작업을 마무리하는 것이 최 실장의 임무인 것으로 안다"고 말했다.

오픈타이드코리아

2000년 이재용 삼성전자 사장이 지주회사 e-삼성을 세울 때, 국내 투자와 마케팅 실무를 맡는 오픈타이드코리아가 세워졌다. 이재용 사장이 최대주주인 e-삼성은 e-삼성인터내셔널과 오픈타이드유에스에이(USA)를 거쳐 오픈타이드코리아를 지배했는데, 이후 e-삼성의 사업이 실패하면서 삼성SDS가 오픈타이드유에스에이가 보유한 오픈타이드코리아 지분을 넘겨받았다. 오픈타이드코리아는 웹에이전시 사업을 지속하다가 2004년 아이티(IT) 컨설팅 사업에 진출하면서 삼성전자의 글로벌 전사적 자원관리(G-ERP)를 구축하는 구실을 했다.

[자료원] 한겨레신문, 2012.07.25

CHAPTER

08

CRM (고객관계관리)

CRM의 의미와 등장배경을 이해하고 어떻게 실현할 것인지를 이해한다.

제8장

CRM(고객관계관리)

Key Point

- CRM의 의미와 등장배경을 이해하고 어떻게 실현할 것인지를 이해한다.

주요 내용 (나중에 다시 정리)

- CRM의 개념, 등장배경, 도입효과
- CRM 구축 프로세스
- CRM 성공요인
- [사례 연구] 영업은 과학이다... 고객을 분류하고 분석하라
- [사례 연구] 롯데닷컴의 스마트 비즈니스 전략

제1절 CRM의 개념, 등장배경, 도입효과

고객의 중요성을 모르는 기업은 없을 것이다. 기업이 고객의 평생가치를 인정하고, 고객이 만족할 수 있는 상품과 서비스를 제공하는 노력은 계속되었지만 조직과 기술의 한계로 성과는 늘 불만족스러웠다. 이에 구체적인 성과가 있는 고객중심의 경영을 실천하기 위해 기업들이 CRM(Customer Relationship Management)에 관심을 가지고 적극 구축하게 되었다.

1.1 CRM의 개념

고객 데이터로 부터 추출한 고객에 대한 정확한 이해를 바탕으로, 고객이 원하는 제품과 서비스를 지속적으로 제공함으로써, '한번 고객이면 영원한 고객' 이 되도록 하여, 결과적으로 고객의 평생가치(life time value: LTV)를 추구함으로써 기업의 수익성을 극대화하는 통합된 고객관리 프로세스로 정의할 수 있다.

고객과 단순하고 정지된 관계에 머무르지 않기 위해서는 다양한 고객접점(contact point)에서 신규 및 기존고객에 대한 데이터를 취득, 분류, 분석, 저장하여 마케팅 관련 의사결정에 활용하는 것이 출발점이다. 이를 지원하기 위해서 다양한 분석모형, 하부 정보인프라, 업무프로세스 그리고 고객중심 마인드가 갖추어져 있어야 한다.

그렇지만 CRM을 마케팅 관련 의사결정을 위해 단순한 정보제공이나 분석소프트웨어로만 이해해서는 한계가 있다. 〈그림 8-1〉에서 보듯이 올바른 CRM은 고객중심의 경영철학 정립, 직원들의 고객 중시 마인드 함양, 고객관계관리를 위한 최적의 프로세스 확립, 관련 정보기술 인프라 구축 등 기업 전반에 걸친 혁신을 동반한다. 이러한 혁신을 통해 고객을 더 정확하게 이해함으로써 고객의 평생가치의 극대화를 목표로 조직 및 기술적 자원을 활용하는 지속적인(on-going) 경영 프로세스의 하나로 이해해야 한다.

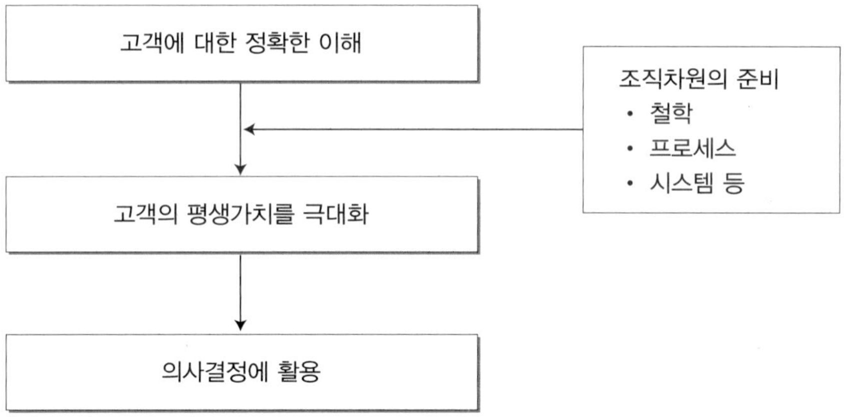

〈그림 8-1〉 CRM의 올바른 이해 프로세스

1.2 CRM의 등장 배경

CRM이 등장하게 된 것은 〈그림 8-2〉와 같이 6가지의 기업 내외부의 환경적 변화에 기인한 것이다.

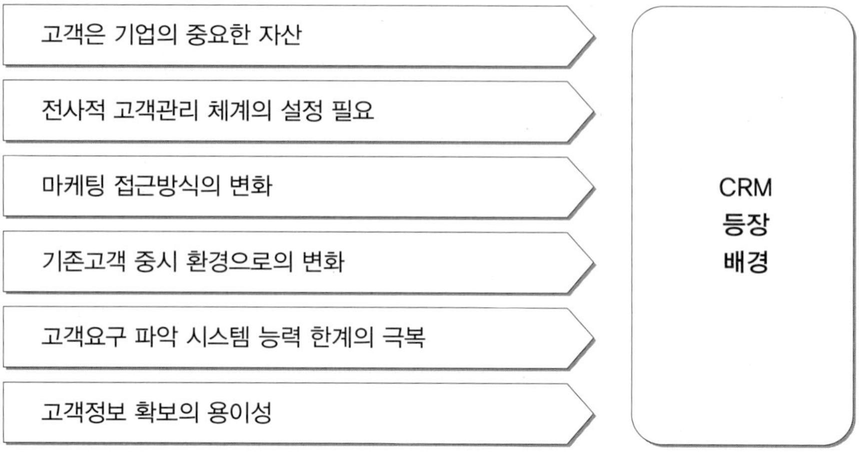

〈그림 8-2〉 CRM의 등장배경

첫째, 기업들은 고객과 쌓은 관계가 자본이나 물리적 자산처럼 중요한 자산이라는 점을 깨닫기 시작하였다. 특히 신규 고객을 확보하는 일 보다 기존 고객이 계속 머물러 있으며 평생가치를 계속 실현할 수 있도록 하는 것이 더 큰 가치가 있음을 알게 되었다.

둘째, 고객을 보다 잘 이해하기 위해서는 고객정보를 수집하여 체계적으로 분석·활용하는 것이 필요하였지만 그간 고객관리는 시스템적 접근이 부족하였다. 그렇지만 CRM은 새로운 분석모형을 개발하고 이를 구현할 수 있는 정보 인프라를 구축함으로써 고객정보를 효과적으로 관리하여 고객요구에 부합하는 서비스와 상품설계를 돕는 전사적 고객관리 체계를 구축하는데 꼭 필요하였다.

즉 고객의 요구사항, 불만, 고객의 특징, 취향 그리고 분포 등의 정보를 마케팅부서만 활용하고 타 부서가 공유하지 못한다면 시장과 고객의 변화에 전사적으로 대응할 수 없다. 즉 R&D, 생산, 품질관리, 영업부서 등 조직 전체가 고객을 중심에 두는 고객중심경영을 위해 CRM이 필요하였다.

셋째, 전통적으로 마케팅부서는 불특정다수인 대중을 향해 마케팅 활동을 하는 대중 중심적 접근이 주를 이루었지만 이러한 방법의 성과가 때로 기대 이하라는 것을 차츰 알게 되었다. 이제 기업은 고객 개개인의 가치와 중요성을 보다 세밀하게 분석하여 고개관계를 보다 정밀하게 1:1로 관리할 필요가 있었고 이에 CRM이 더욱 부각될 수 있었다.

넷째, 앞서 설명하였듯이 많은 기업들은 기존 고객 유지보다는 신규고객의 확보에 더 초점을 맞추고 있었다. '회사를 떠나는 고객의 5%만 줄이더라도 기본 수익의 2배를 얻을 수 있다' '우수 고객 10%가 전체 매출의 80%에 기여한다'라는 말이 있듯이 때로 신규고객의 확보도 중요하지만 그것 못지않게 기존 고객의 가치가 더 중요하다는 사실을 인식하게 되었다. 이를 위해 기존 고객을 더 정확히 분석하고 이 분석결과에 근거하여 고객관리전략의 수립을 돕는 CRM이 필요하게 되었다.

다섯째, 인터넷 전자상거래, 모바일 비즈니스, 웹 애플리케이션이 보편화되면서 고객 정보의 양과 종류가 급속히 증가하였을 뿐만 아니라 그것을 확보하는 일도 매우 용이해졌다. 그러나 기존의 정보인프라와 기술은 이러한 변화에 적절히 대응할 수 없었다. CRM은 이러한 변화에 보다 효율적으로 대응할 수 있는 인프라와 기술을 갖추고 있었다. 특히 빅데이터 분석은 단순히 수치데이터의 분석에 머물지 않고 고객의 행동과 의견에 대한 데이터(위치정보, SNS메시지, 웹로그 등)까지 분석하여 고객을 깊이 이해하는데 도움을 주고 있다.

1.3 CRM 도입 효과

많은 기업들이 CRM을 도입했거나 또는 도입을 적극 고려하는 것은 〈그림 8-3〉과 같은 기대효과를 생각하기 때문이다.

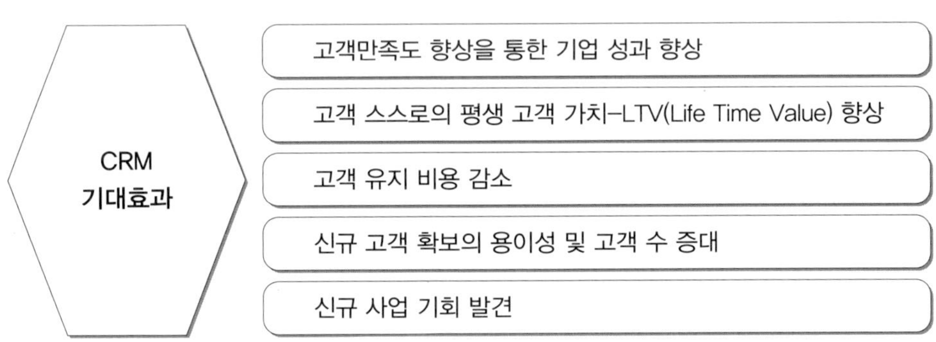

〈그림 8-3〉 CRM 기대효과

■ 고객만족도 향상을 통한 기업 성과 향상

- 고객의 요구에 부합되는 제품과 서비스를 제공하면 고객만족도는 당연히 향상된다. CRM의 구축을 통해 고객의 소리를 신속하게 파악하고 즉시 대응할 수 있는 체계를 갖추면 기업에 대한 고객의 신뢰가 구축되고 계속적인 거래가 이루어져 이는 매출증대, 시장점유율의 증가와 같은 외형적 성과향상으로 이어진다. 아울러 CRM은 고객과 만나는 접점에서부터 고객이 서비스를 받고 떠날 때까지 정보의 흐름을 효율적으로 관리하기 위해 업무 프로세스의 혁신을 추구한다. 롯데시네마와 CGV는 새로운 영화를 상영관에 내보내는 순간부터 관객수와 예배율을 계속 모니터링하면서 상영 스크린을 늘릴지 아니며 줄일지를 매우 신속하게 결정한다.

■ 고객스스로의 평생 고객 가치(Life Time Value) 향상

- 평생고객가치란 사람이 태어나서 죽을 때까지 특정 제품이나 서비스를 소비하면서 창출하는 만족도를 말한다. CRM은 단기적 성과향상(매출액, 시장점유율 등)에 집착하기 이전에 고객의 평생가치를 극대화하는 것을 목표로 한다. 백화점의 고객은 때로 실직하거나 소득이 감소하여 매출액이 감소할 수 있지만 그 고객의 전 생애에 걸쳐 창출할 수 있는 고객가치를 염두에 고객관리를 해야 할 것이다.

■ 고객유지비용의 감소

- 인터넷을 비롯한 다양한 매체를 통해 고객의 다양한 자료를 수집하고, 이것을 통합 DB에 저장한 후 첨단분석도구(데이터마이닝, OLAP 등)를 이용하여 분석한다면 보다 비용 효과적으로 가능성이 높은 고객에게 집중적으로 접근할 수 있다. 따라서 가능성이 낮은 소비자를 배제하고 높은 잠재고객에 집중하므로 전체 고객유지비용을 절감할 수 있다.

■ 신규고객확보가 용이해지고 고객수가 증대된다.

- CRM은 불특정 다수의 고객에게 무작정 다가가는 것이 아니라 정확히 분석에 근거하여 고객이 원하는 제품과 서비스를 고객이 원하는 방법으로 제공한다. 즉 기업과 제품에 대한 고객의 현실적 공헌도와 잠재적 공헌도를 따져 우량고객을 중심으로 마케팅을 하므로 신규고객 확보성공률이 높아지며 이로 인해 고객 수가 증가될 수 있다.

■ 신규 사업 기회 발견

• CRM을 기반으로 고객과의 소통을 증진하고 고객과의 관계를 다면적으로 분석하다보면 고객으로부터 신규사업 아이디어(연관제품, 대체제품 등)나 새로운 영업기회를 얻을 수 있다. 아울러 신규사업에 대한 진출과 성공가능성을 고객으로부터 검증받을 수도 있어 사업의 위험과 불확실성을 최소화할 수 있다.

제2절
CRM 구축 프로세스

CRM의 의미와 필요성에 대한 개념적 이해보다는 조직에서 실제로 구현해서 성과를 얻는 것이 중요하므로 기업의 전사적 노력이 중요하다. 기업에서 CRM이 스마트 비즈니스 환경에서 필수적 실행유형이라고 본다면 CRM을 구축하는 것은 〈그림 8-4〉와 같이 경영전략 및 스마트 비즈니스 전략에서부터 출발하는 것이 타당하다. 즉 스마트 비즈니스 전략에서 CRM을 새로운 기회로 인식하고 실제로 추진하기로 결정한 후 실제 CRM 구축과정을 따라 진행할 수 있다.

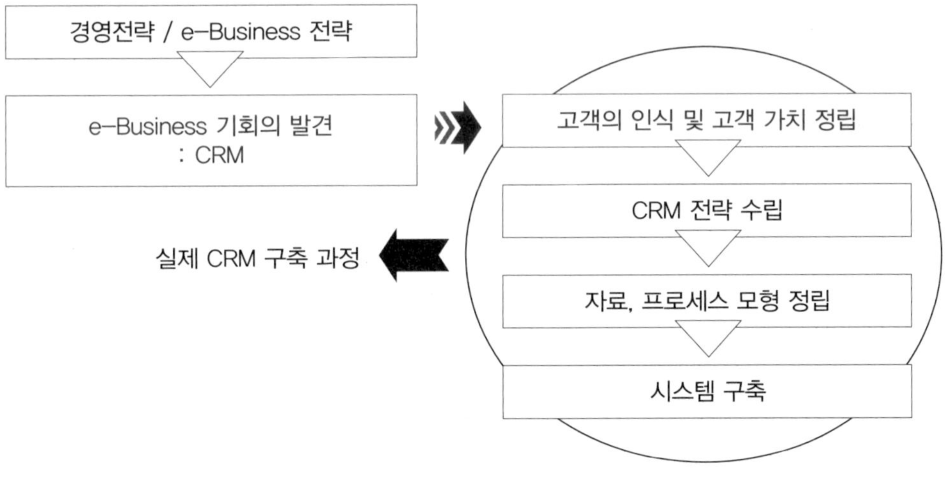

〈그림 8-4〉 CRM 구축 프로세스

2.1 고객의 인식 및 고객 가치 정립

우리 기업에게 가치를 가져다주는 개별고객을 정확하게 인식하기 위해서는 고객의 인구적 통계특성(성별, 생년월일), 기타 특성(직업, 소득수준, 거주지, 거래내역 등)그리고 평생가치(Lifetime Value)가 무엇인지를 정확히 이해함으로써 고객을 인지한다.

2.2 CRM 전략 수립

고객관리의 현황에 대한 올바른 인식을 근거로 고객관리 목표와 목표 달성을 위한 방안을 수립하는 일이다. 백화점의 목표는 매출액, 방문고객수, 월평균방문횟수, 방문당 평균구매액 등이 될 수 있을 것이다. 온-오프라인의 고객정보를 통합함으로써 시너지확대를 꾀할 수도 있을 것이며, 고객과의 다양한 소통채널의 통합도 목표로 잡을 수 있다. 현장대화, 콜센터, 전화, 웹사이트 게시판, 이메일 등 기업이 고객과 소통하는 채널은 매우 다양한데, 여러 소스로부터 나오는 고객의 의견과 불만 등을 추적관리하고 이를 전사적으로 공유하는 시스템을 구축하는 일도 훌륭한 목표가 될 수 있을 것이다.

이어 시장환경분석-경쟁업체분석-내부현황분석(강점, 약점, 기회, 위협 등)-기술분석을 통해 수립하며, 일정, 예산, 역할분담 등이 포함될 것이다.

2.3 자료, 프로세스 모형 정립

CRM 데이터 모형 정립

CRM을 위해 필요한 데이터 항목과 이들의 관계를 정의함으로써 고객관리에 필요한 의사결정에 활용할 수 있는 모형을 설계하는 것이다. 이러한 모형을 근거로 시스템 구축과정에서 고객 통합 데이터베이스를 구축하게 되는 것이다. 오프라인 매장에서 확보한 고객정보, 온라인 전자상거래, 통합 콜/콘텍센터를 통해 확보한 다양한 유형의 고객정보를 통합하는 일도 염두에 두어야 한다. 고객의 가치를 식별하는데 유용한 데이터는 RFM(recency, frequency, monetary value)공식과 관련되는 것들일 것이다.

공개된 전문정보나 제휴정보를 편입할 수도 있다. 정부기관의 정보공개법이 시행되고 있어 정부기관, 지자체, 통계청의 홈페이지를 방문하면 고객관리와 마케팅전략 수립에 필요한 많은 고급정보를 저렴한 비용으로 획득할 수 있다. 기업들은 전략적 제휴를 통하여 서로가 가진 고객정보를 공유할 수 있다. 다만 개인정보보호법이 시행되고 있기에 고객을 개별적으로 인식할 수 있는 개인정보의 보안 관리는 철저해야 하며, 고객정보를 공유하기 위해서는 고객의 동의절차가 필요하다.

CRM 프로세스 모형 정립

고객과 접촉하는 부서부터 고객관계 관리와 직·간접적으로 관계되는 전 부서들을 포함하는 최적의 업무프로세스 모형을 도출하는 것이다. 통합콜센터, 영업, 마케팅, 캠페인(판촉활동) 관련 부서와 같이 고객과 직접적으로 접촉하는 부서들과 IS 및 데이터분석, R&D, 생산, 상품기획 등 간접적 고객 접점 부서까지를 포함 고객관련 자료수집, 자료의 분석과 공유, 고객관련 업무에의 반영에 이르는 모든 프로세스를 설계하는 것이다.

CRM 프로세스는 기본적으로 운영CRM과 분석CRM으로 나눌 수 있다. 운영CRM은 고객과 직접 거래를 하거나 접촉하는 현장 부서(영업사원, 콜센터직원, 현장직원 등)의 운영과 시스템을 지원하는 것이며, 분석CRM은 후방에서 현장부서의 운영, 영업 및 마케팅 전략을 수립하는데 필요한 각종 분석업무(거래고객분석, 캠페인지원 등)를 수행한다. 데이터의 종류와 양이 계속 늘고 있는 빅데이터 시대에 분석CRM의 역량은 더욱 중요해지고 있다.

2.4 시스템 구축

오늘날 CRM은 ERP와 마찬가지로 패키지형(예: Salesforce, Oracle, Microsoft 등)으로 많이 출시되어 있어 이것을 도입하는 것도 한 방법이다. 그러나 만일 직접 시스템을 구축한다면 앞서 언급한 데이터 모형과 프로세스 모형을 근거로 최신정보기술을 이용하여 CRM 시스템을 구현해야 할 것이다.

고객데이터베이스의 구축과 분석

첫째, 일반적으로 CRM의 구축은 기업이 보유하고 있는 고객정보를 포괄하는 통합DB의 구축에서 출발한다. 거래자료, 서비스자료, 웹사이트, 콜센터 그리고 캠페인 실행 후 반응과 같은 고객 반응 정보와 인구통계적 자료를 데이터베이스로 만든 후 데이터웨어하우스 기술 등을 이용하여 의사결정자들이 쉽게 접근하여 쓸 수 있도록 만드는 일이다.

둘째, 현장직원, 마케팅기획자 등이 쉽게 쓸 수 있는 고객정보 검색 및 분석도구를 갖추어야 한다. 데이터마이닝은 다양한 데이터 항목들의 상관관계를 분석함으로써 고객의 행동을 분석하고 예측할 수 있으며, 점수화와 그룹화를 할 수 있는 도구이다. 예를 들어, 분석CRM은 연관성이 높은 상품에 대한 정보를 제공함으로써 현장직원과 영업사원의 판매활동을 도울 수 있을 것이다. 이 외에도 마케팅 및 캠페인 기획자나 마케팅담당 중역들이 쉽게 접근할 수 있는 고객 또는 캠페인을 분석한 데이터마트(datamart)를 제공할 수도 있을 것이다. 한편 OLAP(On-line Analytical Process)는 최근 자료 및 과거자료를 활용하여 제품, 영업, 유통 등 다양한 경영활동 차원에서의 동향과 다차원 비교분석을 수행할 수 있다. 사용자가 직접 DB에 접근하여 실시간으로 분석한다는 특징이 있다.

응용시스템의 구축

첫째, 영업관리시스템(sales force automation)을 개발할 수도 있다. 영업관리시스템은 판매 전 과정을 추적관리하며 영업(판매) 관련 직원들을 돕는 시스템이다. 영업사원들의 각종 활동(스케줄기능, 주문서작성, 제품소개 등)을 지원하는 기능은 기본이며, 고객정보를 관리하는 기능(고객에 대한 기초정보, 과거 미팅기록 등), 판매와 관련된 중요한 의사결정(판매기회의 포착, 영업기획지원 등)을 지원하는 기능들로 구성된다.

둘째, 고객서비스를 위해 웹기반 통합 콜/콘텍센터를 구축할 수 있다. 콜/콘텍센터에서 게시판, 이메일, 전화로 물어온 각종 질문에 응답하고 다양한 고객접점을 통해 문제를 해결해 주는 곳이다. 웹사이트와 연계하면 고객들이 직접 사이트를 방문하여 정보를 얻고 문제를 해결할 수도 있다. 요즈음 고객은 웹사이트를 방문하여 직접 자신의 주문처리정보를 얻을 수 있으며, SNS를 통하여 택배정보를 직접 받을 수 있다. AI기술이 접목되면 반복적인 질문이나 문제를 상담원을 통하지 않고 AI프로그램을 통해 해결 받을 수도 있다.

콜/콘텍센터는 고객이 접근하여 향후 제품과 서비스의 개선에 필요한 유용한 정보를 많이 남기는 지점이므로 정보를 수집하고 기록함으로써 분석CRM이 활용하고 관련 부서들이 공유할 수 있도록 해야 할 것이다.

제3절
CRM 성공요인

CRM의 성공요인들은 〈그림 8-5〉처럼 다섯 개의 축으로 설명할 수 있다.

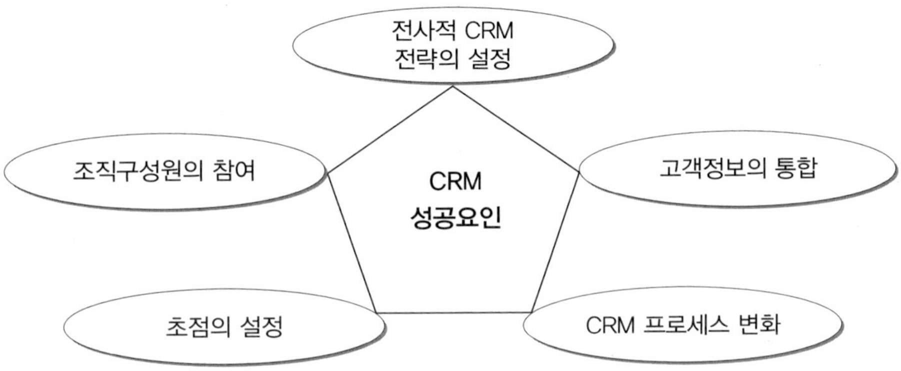

〈그림 8-5〉 CRM 성공요인

전사적 CRM 전략의 설정

전사적 CRM 전략이 명확히 정의되어 이것이 전 조직에 확실하게 전달되고 전 구성원이 이해하고 있어야 한다. '불만제로'라는 고객서비스를 지향한다면 이러한 목표가 제품개발팀, 영업팀, A/S팀, 마케팅팀, 데이터분석팀의 모든 구성원들이 이를 인지하고 체화하여 자신의 경영활동에 적용할 수 있어야 한다.

조직구성원의 참여

ERP의 도입과 마찬가지로 내부 구성원이 CRM 구축 프로젝트의 초기 때부터 적극 참여해야 한다. 조직구성원이 변화된 CRM 프로세스에 쉽게 적응하기 위해서는 프로젝트 처음부터 끝까지 참여하는 것이 중요하다.

·))) 초점의 설정

고객수익성, 고객충성도, 고객가치 등 다양한 고객관리성과의 측도가 있는데 기업의 스마트 비즈니스 실행 측면에서 어떤 것이 더 의미가 있고, 어떤 것이 더 중요한지 구분하여 명확히 정의를 내려 핵심역량을 강화할 수 있는 부분에 초점을 맞출 필요가 있다. 예를 들면, CRM의 목표를 시장점유율이라는 양적 목표에 둘 때와 고객점유율(구매빈도수, 평균구매액)이라는 질적 목표에 두는 경우에 따라 CRM이 지향하는 방향은 달라질 것이다.

·))) 고객정보의 통합

회사 내에 통합되지 않은 2개 이상의 DB가 유지된다면 동일 고객에 대한 서로 다른 내용이 저장되어 있어 고객을 이해하는데 혼선을 줄 수 있다. 고객을 하나의 창으로 보기 위해서는 고객의 정보가 통합되어야 한다. A라는 고객을 고객지원 부서는 일반 고객으로 마케팅부서는 우량고객으로 분류한다면 일관성이 없다.

·))) CRM 프로세스 변화

CRM을 구축하면서 고객관리 관련 프로세스가 혁신되지 않으면 그 효과는 미미하다. 과거에 관행적으로 실행하던 고객관계관리 프로세스가 아니라 새로운 인터넷 기반 기술, 전통적인 디지털 정보기술, 4차 산업혁명 기술 그리고 새로운 요구사항이 반영된 최적의 프로세스로 변화되어야 한다. 고객이 늘 가지고 다니는 스마트폰, 위치정보, 모바일결제시스템, 다양한 실용적 앱(app), 사물인터넷(IoT) 등은 고객의 정보를 확보하고 이를 고객관리를 위해 활용하는 방법과 CRM 프로세스를 획기적으로 변화시키고 있기 때문이다.

[사례 연구] 영업은 과학이다... 고객을 분류하고 분석하라

과학적 영업관리 도입 시스코 영업목표치 정확도가 99%에 달해
최고의 영업비결은 외부사례를 찾지말고 내부서 벤치마킹해야

'GE(제너럴일렉트릭)' 소비자금융 장비리스팀은 지난 2005년 영업망을 늘리지 않고도 3억 달러(약 2800억원)가량의 추가 매출을 올렸다. 새로운 목표고객 선정기법을 도입해 1만 곳의 잠재고객을 새로 발굴하고, 고객 분포에 따라 기존 영업사원과 지점을 재배치한 '과학적 영업'의 성과였다.

GE 장비리스팀은 원래 과거 거래실적에 따라 고객등급을 나눴었다. 거래실적이 많은 고객이 최우선고객이었다. 하지만 2004년부터 과거 실적뿐 아니라 미래의 거래가능성까지 고려해 고객 우선순위를 재분류했다. 그 결과 고객기업의 성장가능성과 고객기업이 속한 지역과 산업의 동향, 장비리스에 대한 수요 및 투자예측금액 등이 실제 매출과 상관관계가 높은 것으로 나타났다. GE는 상위 30%의 최우선 잠재(potential) 고객을 선발하고, 잠재고객의 위치와 매출액 추정치에 따라 영업지점과 영업사원을 재배치했다.

■ 시스템으로 무장한 과학적 영업

선진 기업들의 영업은 철저히 시스템과 팀워크에 따라 이루어진다. 목표고객에게 전화하는 법, 방문하는 법, 거래를 종결하는 법 등 영업의 전체 과정을 상황별로 매뉴얼로 자세히 정리해놓고, 영업사원들에게 반복해서 교육시킨다. 또 영업사원들이 현장에서 더 나은 성과를 낼 수 있도록 본사의 전산·기획 등 스태프부서들이 팀워크를 발휘해 지원한다. 영업사원의 '개인기'에 의존하던 아날로그식 영업이 사라진 빈 자리를 시스템으로 무장한 과학적 영업이 메워가고 있는 것이다.

영업에 쓰이는 분석기법이나 도구도 점점 정교해지고 있다. 네트워크 장비업체 '시스코'는 영업사원들을 위한 전용 웹사이트에 각 지역·지점·영업사원별 과거 영업실적뿐 아니라 잠재고객의 분포와 성향 등 영업확대에 필요한 정보들을 수록해 놓고 있다. 또 현장 영업사원과 본사 영업지원팀이 수집·분석한 정보를 매주 업데이트한다. 시스코 영업목표치의 정확도가 99%에 달하는 것도 과학적 영업관리 때문이다. 영업사원들은 휴대용 PDA 단말기를 통해 어디서든 손쉽게 본사 웹사이트 정보를 활용할 수 있다. 특히 PDA 단말기에는 고객들의 주문·결제내역 등 최신 정보가 자동 업데이트될 뿐 아니라, 영업사원 개인이 추가로 영업실적을 올릴 때 받을 수 있는 연말 성과급 액수까지 실시간으로 표시된다.

■ 아날로그식 영업에 의존하는 한국 기업

대부분 한국기업에서 영업은 아직까지 주먹구구식이며, 개인기 위주다. 매출액 목표는 정밀한 자료분석 과정을 거치지 않고, 상위 관리자의 지시에 의해 임기응변으로 만들어 지는 게 보통이다. 또 지역·고객·영업사원별 차이에 관계없이 모든 지점과 영업사원에 똑같은 목표치가 부여된다. 개인차를 고려하지 않은 일률적인 목표치는 영업사원에 따라 지나치게 높거나 반대로 지나치게 낮게 느껴질 수 있다. 당연히 영업성과도 큰 차이를 낳을 수밖에 없다.

회사는 구체적으로 영업사원이 어떤 행동을 했길래 영업 성과가 좋게 나왔는지 알 수가 없다. 영업사원이 영업을 잘 한 덕분인지, 아니면 담당 지역과 고객을 운 좋게 잘 만난 건지도 모른다. 내년에 어떤 영업사원이 얼마나 더 잘 할 수 있을지 정확히 예측할 도리도 없다. 영업이 주먹구구식인 만큼, 내년에도 운이 좋기를 바랄 뿐이다. 한마디로 영업의 핵심 노하우가 속을 들여다볼 수 없는 블랙박스 속에 감추어진 것이다.

한국 기업들은 "우리도 훌륭한 CRM(Customer Relationship Management·고객관계관리) 시스템을 구축하고 있다"고 반박할 것이다. 글로벌 기업에 못지않게 CRM 하드웨어에 상당한 투자를 해 온 때문이다. 하지만 IT 투자액이 많다고 영업성과가 향상되는 것은 아니다. CRM 하드웨어보다 중요한 것은 전략적 사고와 이를 뒷받침할 조직, 인력에 대한 투자다. 한국기업들 대부분은 비용만 투입했지 CRM 시스템을 수시로 업데이트하지 않을 뿐더러 취합된 고객정보를 영업전략 수립에 제대로 활용하지도 않는다. 베인의 연구결과, 외국기업들의 CRM 정보 활용도를 100으로 볼 때 한국기업들의 활용도는 절반에도 못 미친다.

■ 목표 고객군을 우선 세분화해야

영업에는 전략이 필요하다. 새로운 신규고객에 집중할 것인지 아니면, 기존 고객에 더 많이 파는 데 집중할 것인지, 대면(對面) 세일즈에 집중할 것인지 아니면 전화나 카탈로그 같은 간접 세일즈에 집중할 것인지, 영업사원을 내부 정규직으로 가져갈 것인지 전문 계약직으로 가져갈 것인지, 영업 조직과 일반 관리 조직의 역할은 어떻게 규정할 것인지 등에 대해 전략적으로 접근해야 하는 것이다.

영업전략을 세우기 위해서는 무엇보다 고객을 깊이 이해하고 각 고객별 경제성과 수익성 등을 분석해 목표 고객군을 세분화하는 작업이 우선돼야 한다. 미국 신용카드업계에서 차별화된 비즈니스모델로 주목받는 캐피털원은 무려 2만개 항목으로 고객을 구분한다. 연령과 성별·직업·기혼여부 등 기본적인 인구통계적 변수뿐 아니라, 고객의 태도·성향 등 계량화하기 힘든 항목도 포함된다. 캐피털원은 회원가입 신청을 받을 때 "당신이 앞으로 돈을 더 많이 벌 것이라고 생각하느냐, 아니면 지금보다 못 벌 것이라 보느냐", "한 달에 저축은 얼마나 하는가", "주말에는 주로 무엇을 하며 시간을 보내느냐", "주로 구독하는 잡지는 무엇인가" 등을 묻는다. 캐피털원은 분석결과 당장은 소득이 높지 않지만 앞으로 발전가능성이 있다고 판단되는 고객에게는 다소 리스크가 있더라도 대출액을 늘려준다.

씨티은행 PB는 부동산개발업자·변호사·의사·운동선수·연예인 등 목표고객군별로 맞춤화된 서비스를 제공하고 있다. 예컨대 거액의 대출을 필요로 하는 부동산 개발업자에 대해서는 금융리스크 관리전문가를 붙여줘 자금관리를 돕는다. 또 평생 모은 재산 중 일부를 장학금으로 내놓으려는 고객에게는 장학재단 설립과 관련된 노하우를 제공해준다.

■ 사내 영업고수들 노하우를 매뉴얼로

똑같은 영업전략과 매뉴얼대로 움직이더라도 영업사원 개인별로 성과차이가 발생한다. 베인이 한국의 5개 증권사 브로커들의 영업성과를 분석한 결과, 증권사별 지점 평균 매출액은 최고 3배 차이가 났다. 같은 증권사에서도 상위 20%와 하위 20% 브로커 간의 1인당 매출액 격차가 10배까지 벌어졌다. 이같은 내부 격차는 영업사원에 대한 체계적 관리 없이 오로지 개별 영업사원들의 개인기에 의존한 영업방식을 고수하기 때문이다.

영업사원별 성과차이를 좁히려면 어떻게 해야 할까? 한국 기업들은 '외부 우수사례 벤치마킹'을 좋아한다. 하지만 영업에서만큼은 외부가 아니라 내부 우수사례 벤치마킹이 정답이다. 가장 쉬운 방법은 상위 20%에 드는 사내 영업 고수들의 노하우를 체계적으로 정리해 매뉴얼로 만드는 것이다. 매뉴얼에는 영업고수들이 매일 일상적으로 하는 업무와 상황별 대처법 등 자세한 영업활동 지침이 포함돼야 한다. "며느리에게도 안 가르쳐준다는 영업의 고급 비밀을 과연 동료와 공유하려 할까?" 걱정하는 것은 기우다. 고수는 고수를 알아본다. 국내 한 은행의 경우, 사내 영업 모범사례 전파 프로젝트를 실행한 지점의 주간 영업

매출이 평균 44% 상승했다. 특히 성과가 저조한 영업사원과 신입사원의 성과가 대폭 개선됐다. 상위 25%의 영업사원들의 성과는 6% 증가한 반면, 하위 25% 영업사원들의 성과는 무려 144% 증가했다.

영업을 결과로만 측정하던 영업성과 평가방식도 바뀌어야 한다. 즉 영업성과뿐 아니라 잠재고객수, 전화횟수, 방문횟수, 제안서 작성횟수 등 영업활동 전 과정을 측정하고 보상해줘야 한다. 본인의 영업활동뿐 아니라, 후배 영업 사원들을 가르치고 조언하는 코치 역할에 대해서도 따로 보상을 해 주어야 한다. 외국의 한 제약회사는 영업사원 본인과 후배의 성과를 연동시키는 보상시스템을 도입한 결과, 2년 만에 영업성과가 낮았던 직원들의 성과가 평균 30%가량 개선됐다. 공동기획 : BAIN & COMPANY (조선일보 2007.1.12.)

[사례 연구] 롯데닷컴의 스마트 비즈니스 전략

2013년 롯데닷컴에 접속하면 7개의 유통기업이 연합하여 한 사이트에 공존하고 있다. 롯데백화점, 영플라자, 롯데아이몰, 엘롯데, 롯데면세점, 롯데마트, 롯데슈퍼. 대한민국을 사는 대부분의 소비자들이 한 번은 들러봤을 유통기업들이 모두 집합해 있다. 롯데닷컴은 이 모든 유통기업들을 인터넷환경으로 묶어 e-비즈니스의 시너지를 추구하고 있다.

닷컴회사의 몰락

롯데닷컴은 2월 1일 롯데닷컴(http://www.lotte.com)이라는 별도의 회사를 설립해 인터넷 사업에 본격적으로 진출하였다. 롯데는 국내 인터넷 시장의 초창기인 지난 96년 국내최초로 롯데인터넷 백화점을 오픈하였으며, 이와 동시에 대홍기획에서 HELLO SEOUL 사이트를 운영함으로써 우리나라 인터넷 전자상거래의 선도적 역할을 수행해 왔다. 따라서 이번 롯데닷컴의 설립은 롯데의 인터넷 상거래에 대한 새로운 전략의 수립으로 이해될 수 있다.

롯데닷컴의 인터넷 비즈니스에 대한 시각 – Click & Mortar

롯데닷컴은 기존의 인터넷 비즈니스가 소규모 업체들의 경쟁이었다면, 앞으로의 전자상거래는 대규모 자금 및 오프라인 자산을 무기로 한 대기업들의 경쟁 환경으로 변화할 것으로 전망하고 있다. 많은 전자상거래 업체들의 닷컴회사 위기론은 비록 회원확보, 주문접수 등에서는 성공하였더라도, 물류, 유통 등 실물공간에서의 경쟁우위를 확보하지 못하였기 때문에 발생하였다는 시각이다. 즉 기업의 인트라넷과 익스트라넷의 적절한 통합이 없으면 e-비즈니스는 실패할 수밖에 없다. 앞으로의 전자상거래 환경은 유통과 물류의 노하우를 갖고 있고, 이를 유기적으로 통합할 수 있는 조직적 역량을 갖춘 대형 기업들의 격전장이 될 것이라는 것이다. 롯데가 올해 초 기존 사업부들의 인터넷 조직망을 통합하여 롯데닷컴을 설립한 것도 이러한 맥락에서 이해할 수 있다.

롯데닷컴의 전략은 크게 클릭 앤 모르타르(Click and Mortar) 전략으로 정의될 수 있다. 클릭 앤 모르타르 패러다임은 브릭 앤 모르타르(Brick and Mortar)의 상대적 개념으로 나온 개념이다. 브릭 앤 모르타르가 기존의 오프라인에서의 영업을 의미한다면, 클릭 앤 모르타르 패러다임은 온라인과 오프라인의 통합을 의미한다. 거래는 온라인 상에서 이루어지지만 거래를 지원해주는 것은 오프라인의 역할이라는 점이다. 최근 국내외의 온라인, 오프라인의 제휴, 합병 열풍 역시 클릭 앤 모르타르 패러다임의 일환으로 롯데닷컴은 보고 있다.

이러한 롯데닷컴의 전자상거래 사업 전략은 고객관리·마케팅 강화, 오프라인상의 풍부한 유통·물류망, 브랜드파워 등의 온라인-오프라인 통합, 콘텐츠·커뮤니티 확장 및 관련 업체와의 적극적인 제휴 등으로 정리될 수 있다.

고객만족 강화 정책 – 가능한 모든 수단으로 고객을 만족시켜라!

기존 인터넷 기업들의 비즈니스 모델의 가장 큰 취약점은, 회원확보에만 주력했을 뿐 이들 회원에 대한 고객만족 정책과 이를 활용한 안정적인 수익모델을 제대로 추진하지 못했다는 점을 들 수 있다. 롯데닷컴은 이러한 점을 극복하기 위해 보다 다양한 고객만족강화 정책을 추진하고 있다.

우선 롯데닷컴은 기존의 회원고객들의 통합을 추진하고 있다. 이러한 회원통합은 비단 온라인 회원뿐만 아니라 오프라인 회원에 대해서도 동일하게 적용된다. 즉, 롯데백화점이라는 업계 1위의 브랜드파워를 바탕으로 할인점인 롯데마트, 패스트푸드점인 롯데리아, 놀이기구 시설인 롯데월드, 숙박시설인 호텔, 편의점인 세븐일레븐이라는 계열사를 엮는 프로그램이다. 이러한 제 작업은 롯데닷컴을 중심으로 추진되고, 롯데닷컴이 운영 중인 사이트의 모든 파트너사의 회원들 역시 그 대상이 된다. 이러한 회원통합정책과 더불어, 멤버쉽카드를 이용하는 회원들의 파트너사 및 제휴업체 제품 구매시 통합적으로 적립금을 부여하고 이를 인터넷과 매장에서 자유롭게 사용할 수 있게 함으로써 고객구매효과를 극대화할 전략을 갖고 있다. 기존 인터넷 비즈니스 기업들이 온라인 구매고객을 확보하기 위해 노력하는 동안, 롯데닷컴은 온라인, 오프라인 회원 모두에 대한 서비스를 제공함으로써 궁극적으로 고객만족을 달성한다고 보고 있다.

이러한 회원관리 정책과 더불어 통합장바구니, 배송추적시스템, 집배송센터 확보 등 고객의 불만사항을 최소화하기 위한 정책들을 아울러 추진하고 있다.

온라인, 오프라인 통합 정책 – 기존의 Off Line을 적극적으로 통합하라!

롯데닷컴은 온라인 전자상거래 사업을 추진하기 위해서는 롯데가 오프라인 사업에서 가지고 있는 우월성을 적극적으로 활용해야 한다는 기본 정책을 가지고 있다. 이는 클릭 앤 모르타르전략의 핵심 부분이라고 할 수 있다. 롯데그룹 신동빈 부회장은 앞으로 롯데그룹은 세븐일레븐의 첨단물류 시스템과 백화점, 할인점, 롯데리아 등 전국 점포망을 활용해 국내 전자상거래 부문을 선도해 나가겠다고 포부를 밝힌 바 있다.

우선, 이를 위해 롯데 세븐일레븐은 이미 덩치가 배인 편의점업체 로손을 인수해 편의점 수를 500개 이상으로 늘렸으며, 향후 1, 2년 내로 1000개 이상으로 늘린다는 계획을 갖고 있다. 롯데의 이러한 전략은 일본 세븐일레븐이 올 2월 세븐드림닷컴이란 회사를 설립하여 전자상거래에 뛰어든 것과 궤를 같이한다. 기존의 인터넷 업체들은 주문 처리 및 지불 처리만을 담당하고, 상품 선정 및 물류배송을 아웃소싱하다시피 했지만, 롯데는 기존 유통 및 물류의 노하우를 바탕으로 이를 모두 통합적으로 관리하겠다는 점이 특징이다. 롯데닷컴은 롯데백화점, 롯데마트, 세븐일레븐 등 롯데의 유통부문 회사들의 노하우와 결합하여, 롯데닷컴이라는 공간상에서 종합적으로 이루어지게 되는 것을 의미한다.

한 가지 사례로서, 롯데닷컴은 4월 17일부터 송파·강동구를 중심으로 세븐일레븐과 롯데리아에서 직접 고객이 상품을 찾아갈 수 있는 시범 배송서비스를 시행하고 있다. 고객의 주문시 고객의 집과 근접한 세븐일레븐 또는 롯데리아의 매장으로의 배달신청을 하게 되면, 배송확인메일을 받은 후 고객이 편리한 시간에 상품을 인수해갈 수 있도록 하는 것이다. 고객의 입장에서는 시간절약 및 고객서비스를 받을 수 있고, 롯데닷컴의 입장에서는 비용 절감 및 대고객 서비스 및 매장 방문을 유도할 수 있는 장점이 있다. 향후에는 이를 더욱 발전시켜, 세븐일레븐 및 롯데리아에서 대금결제 및 반품까지 가능하도록 하고 서비스 지역을 전국으로 확대할 계획이다. 또한 롯데닷컴은 온라인, 오프라인 통합을 통한 시너지 효과를 바탕으로, 향후 소매상점, 여행관련 사이트, 금융 사이트 등의 아이템을 지속적으로 확장함으로써 전체 매출을 확대해서 국내 최대의 사이버 쇼핑몰을 구현하겠다는 계획이다.

컨텐츠 · 커뮤니티 확장 및 제휴 정책 – 사이버 쇼핑몰을 바다에 둘러싸인 외딴 섬으로 만들지 말라!

전자상거래 업체들의 가치는 고객들이 사이버상에서 최고의 경험(optimal experience)을 가질 수 있도록 함과 더불어, 전자상거래의 신속성과 편리함을 오프라인의 유통망에서 얼마나 지원해 줄 수 있느냐에 의해 좌우된다고 볼 수 있다. 따라서 전자상거래를 지원해 주기 위한 최고의 유통망, 배달시간의 최소화, 상품의 신뢰성 등과 함께, 고객들의 롯데닷컴과의 상호작용을 극대화시킬 수 있는 콘텐츠·커뮤니티 확장 및 이를 위한 전략적 제휴 활동 등이 중요하다.

이미 지난해 12월에 주부들을 대상으로 한 마루 사이트를 롯데닷컴 내에 개설했으며, 올해 5월에는 어린이를 대상으로 하는 꼬마루를 개설하여, 롯데닷컴 고객의 개념을 개개인이 아닌 가족단위의 참여대상으로서 확대하는 효과를 거두고 있다. 롯데닷컴은 앞으로도 젊은이를 대상으로 하는 영플라자 등 생활 형태별로 다양한 콘텐츠를 제공하는 사이트를 계속 오픈해 나갈 계획이며, 이러한 전략에 따라 롯데닷컴은 일반 사이버고객들이 찾는 모든 상품과 서비스를 제공하는 풍요롭고 편리한 쇼핑공간으로 변화하고 있다.

롯데닷컴의 제휴 모델은, EC와 관련된 모든 분야, 예컨대 접속서비스(ISP)분야, 검색포탈(Portal)분야, 콘텐츠제공(CP)분야, 물류택배 분야 업체들과의 협력제휴관계를 통해서 보다 풍부하고 편리한 서비스를 고객에게 제공해주겠다는 것이다.

결론 – 남들이 가지고 있지 못한 Off Line상의 강점을 최대한 활용, Click & Mortar !

전술한 사례에서 살펴본 바와 같이, 롯데닷컴의 전자상거래 경영전략은 철저하게 클릭 앤 모르타르 패러다임에 따라 추진되고 있다. 이는 기존 전자상거래 업체들이 간과하고 있었던 오프라인 부분을 온라인 부분과 통합하여 상호 시너지효과를 극대화하고, 국내 유통업계에서 롯데가 가지고 있는 브랜드파워 및 풍부한 경험을 전자상거래 분야에서 적극 활용하여 타업체와의 경쟁에서 우위를 확보한다는 전략이다. 롯데닷컴은 향후 전자상거래 분야의 환경을, 향후 브릭 앤 모르타르 형태의 순수한 물리적 업체도 존재하지 않고, 순수한 인터넷 업체도 설 땅을 잃게 될 것으로 보고 있다. 롯데닷컴의 클릭 앤 모르타르 전략의 성공 여부는, 롯데그룹 내의 온라인, 오프라인 자원을 얼마나 잘 통합할 수 있느냐의 여부가 핵심이며, 이는 향후 전자상거래 부문에 있어서 가장 큰 이슈가 될 것으로 확신하고 있다. (출처: 월간 마케팅, 정은범/롯데닷컴IT전략팀 BPR담당자)

CHAPTER

09

SCM (공급망 관리)

SCM의 필요성과 의미를 이해하고
어떻게 실현할 것인지를 이해한다.

제9장
SCM(공급망 관리)

Key Point

- SCM의 필요성과 의미를 이해하고 어떻게 실현할 것인지를 이해한다.

주요 내용

- 공급망의 개념
- SCM의 이해
- SCM의 실행방식
- SCM 실행의 핵심사항과 효과
- SCM 실행 전략
- ERP, CRM, SCM과 스마트 비즈니스경영과의 관계
- [사례 연구] 셋톱박스 제조업체 휴멕스의 SCM
- [사례: 전문가 인터뷰] '공급망관리의 석학' 나라심한 교수 인터뷰

제1절 공급망의 개념

1.1 공급망(supply chain)이란 무엇인가?

기업이 제품을 생산하고 판매하기 위해서는 제조업체만의 노력으로 불가능하다. 생산에 필요한 원자재를 공급하는 업체가 필요하고, 이를 보관하고 배송하는 물류업체와 운송업체 그리고 판매하는 유통업체가 필요하다. 제품이 생산되어 최종소비자에게 전달되기까지는 여러 조직들이 존재하는데 이 모든 조직들은 거래를 위해 서로 정보를 교환하기 위해

연결되어있다. 우리는 이렇게 연결된 관계 즉 고리를 망(chain)으로 부른다.

공급망과 공급망관리(SCM)의 정의와 목적

공급망과 관련해서 가장 많이 인용되는 미국생산관리협회(American Production and Inventory Control Society : APICS)의 규정에 의한 정의는 "공급망이란 원자재로 시작하여 완제품의 최종 소비에 이르는 프로세스로서, 협력업체 및 거래업체와의 상호 연결 및 협력을 포함한 전체 프로세스"를 말한다.

공급망관리(SCM)는 원재료나 부품의 공급자로부터 시작해서 최종 소비자에까지 이르는 가치활동들의 흐름에서, 정보의 공유와 업무 프로세스의 근본적인 변혁을 꾀하여 공급망 전체의 효율성을 극대화하는 경영활동이다. 이를 위해서 기업 내 또는 기업 간의 다양한 경영 활동의 프로세스와 부문간, 부서간에 존재하는 벽을 넘어서, 제품, 서비스, 정보, 자금 등의 흐름을 효과적으로 통합하고 관리함으로써 경쟁우위를 창출하는 것을 목표로 한다.

따라서 SCM은 한 기업의 부분적 최적화를 탈피하며, 공급망을 구성하는 모든 기업들의 공급관련 프로세스의 불확실성과 낭비요소를 제거함으로써 전체 최적화를 달성하는 것을 목표로 한다.

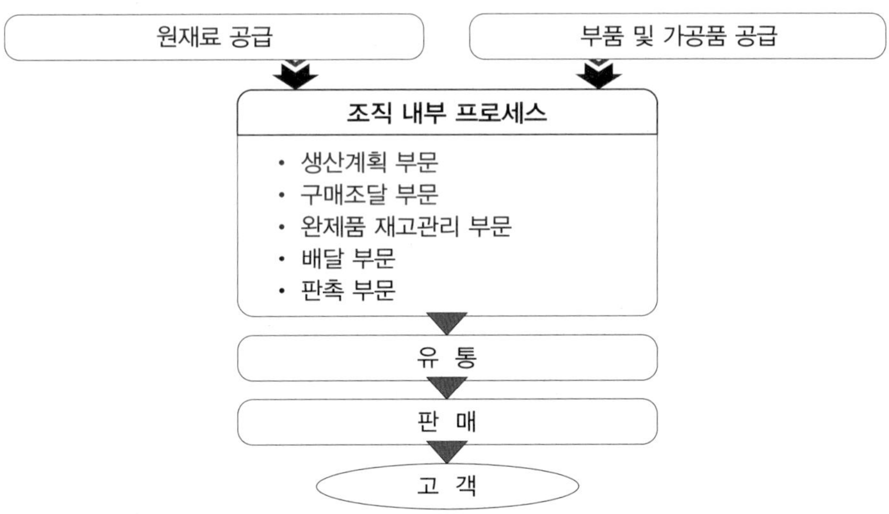

〈그림 9-1〉 공급망의 흐름도

공급망은 구조적으로 조직 내에서 실행하는 프로세스와 조직외부와 관련된 프로세스를 모두 포함한다. 〈그림 9-1〉에 의하면 조직 내부 프로세스는 제품의 기획과 설계, 생산계획에 필요한 원자재의 구매와 조달, 완제품을 보관하고 관리하는 재고관리, 수요자에게 배달하는 배송 및 물류관리, 판촉활동 등을 포함한다. 조직 외부 프로세스는 하청업체 및 협력업체로부터의 원자재나 부품 공급, 완제품을 배달하는 배송 및 물류 그리고 이것을 고객에게 판매하는 유통업체 등이 포함된다.

1.2 공급망의 구성요소

공급망은 어느 특정 기업 중심으로 구성되는 것이 아니라 각 요소가 요구되는 본연의 활동을 수행하고 이들 요소가 상호작용을 원활히 한다는 전제에서 가능한 스마트 비즈니스를 구성하는 한 유형이다. 공급망을 구성하는 대표적 요소들은 공급자(Supplier, Partner), 생산자(Manufacturer), 물류업자(Logistics), 유통업자(Distributor), 판매점(Store), 고객(Customer) 등이다. 기업에 따라 자신의 공급망을 구성하는 요소들은 달라질 것이다.

제2절 SCM의 이해

현대 기업경영에서 SCM(공급망관리)은 스마트 비즈니스의 한 실행유형으로서 분명히 존재한다. 조직 외부와의 긴밀한 협력관계를 중시하는 스마트 비즈니스 환경에서, 제조업이 환경변화에 적응하고 업무 흐름을 유연하게 하고 생산성을 향상시키고자 할 때 SCM은 반드시 실행해야 할 비즈니스 모델이다.

2.1 SCM의 등장배경과 필요성

SCM 등장배경은 5가지로 나누어 생각할 수 있다. 이 중 일부 주제들은 논리적으로 상호 연결되어 있다. 예를 들면, 부가가치의 창출, 내부관리의 한계, 기존 경영혁신의 한계 극복은 궁극적으로 많은 부가가치가 기업의 내부 프로세스를 벗어나 외부에서 많이 발생하는데 내부 프로세스의 혁신만으로는 한계가 있다는 것이다.

부가가치의 창출

고객의 주문을 받은 후 납품하기까지 소요되는 주문 사이클 시간 중에 순수하게 제조하는데 소요되는 시간보다 나머지 공급망, 즉 외부 공급망에서 부가가치의 60-70%가 발생한다. ERP와 스마트팩토리를 통해 내부에서 소요되는 시간을 최대한 단축하고 있는 상황에서 개선할 수 있는 여지는 주문처리, 배송, 구매 조달 등에서 찾을 수 있다. 따라서 내부 공급망을 포함한 외부 공급망을 최적으로 만들 때 보다 많은 부가가치를 창출할 수 있기 때문에 SCM의 필요성이 부각되었다.

세계화에 따른 물류체계의 복잡성

기업이 세계화되면서 전 세계로부터 원자재를 조달하는 과정에서 공급망의 리드타임이 길어지고 적시확보의 불확실성도 높아지고 있다. 부품조달 비용, 인건비, 금융비용, 물류비용 등이 국가마다 다르며, 관세 및 환율 그리고 수출입 절차가 각기 달라 물류체계가 급속히 복잡해지고 있다. 이러한 상황에서 공급망과 물류의 합리적인 계획과 관리 그리고 통제의 필요성이 대두됨에 따라 SCM이 더욱 필요하게 되었다.

내부관리의 한계

내부 프로세스의 효율성 증진을 위해 ERP가 주요한 스마트 비즈니스의 모델임을 앞에서 배웠다. 그러나 외부 고객이 경험하게 되는 기업의 성과는 내부 프로세스의 효율성만으로 정해지는 것은 아니다. 예를 들어, 아무리 기업이 훌륭한 시스템을 갖추고 생산계획과 재고관리를 잘 한다고 하더라도 원자재를 공급하는 외부 협력업체가 협조하지 않으면 전체 프로세스의 속도는 현저히 떨어진다. SCM은 ERP가 추구하는 내부 프로세스의 혁신만으로 부족한 전체적인 프로세스의 혁신을 위해 반드시 필요하다.

···▶ 다양한 고객요구에 대응

경쟁이 치열해 지면서 시장의 변화와 고객의 필요에 즉각적으로 대응하는 것은 매우 중요한 경영과제가 되었다. 기업들은 고객의 필요와 선호도의 변화에 대한 정보를 영업현장에서 획득하여 이를 즉시 생산에 반영할 수 있는 유연한 제조시스템을 구축하지만 자신들의 내부시스템만으로 늘 충분치 않다. 이러한 변화에 빨리 대응하기 위해서는 공급업체와 협력업체도 함께 원자재의 설계와 수량을 유연하게 바꿀 수 있어야 한다. SCM과 같은 협업지원망이 없다면 이러한 노력은 거의 불가능할 것이다.

···▶ 기업간의 경쟁치열

오늘날 기업들은 홀로 경쟁하여 생존하기는 어려워지고 있다. 외부 조직과의 전략적 제휴와 공급업체와의 상호 윈윈(win-win) 할 수 있는 협력시스템과 문화를 만들지 못하면 시장에서 살아남을 수 없다. SCM은 외부조직과의 협력을 보다 원활하게 해 주는 스마트 비즈니스를 위한 중요한 모델이다.

···▶ 기존 경영혁신의 한계 극복

이 항목은 내부관리의 한계와 연결되는 배경이다. 기업 내 여러 부서들이 혁신을 통하여 원가를 절감하고 경쟁력 향상을 꾀하고 있지만 전체적 효율성의 향상에는 한계가 있을 수 있다. 예를 들어, 생산현장에 보관하는 재고는 크게 감축되었지만 유통과정에서 판매현장의 재고가 늘었다면 비용절감효과는 상쇄되고 없을 것이다. 이처럼 기업들이 기업 내 일부 기능만을 최적화하거나, 개별 기업만을 대상으로 혁신을 기했을 때 전체 효과는 제로섬(zero-sum)이 되어버리는 것이다. 따라서 총체적인 경영혁신 도구로써 SCM이 필요해졌다.

2.2 SCM의 효과

SCM의 효과는 다음과 같이 요약될 수 있다.

- 공급망관리 효율화에 의한 제반 비용을 절감할 수 있다.
- 신속한 정보교환에 의한 구매·조달 시간을 단축할 수 있다.
- 조직내 업무의 재설계를 통한 업무 생산성을 향상시킬 수 있다.
- 철저한 납기관리 및 영업관리로 고객 만족도를 향상시킬 수 있다.
- 계획 기능의 강화로 불확실성에 대비한 재고를 감소시킬 수 있다.
- 원자재의 적기 공급에 의한 제조 생산성이 향상될 수 있다.
- 전략적 제휴 기반을 구축함으로써 궁극적으로 경쟁력 강화를 꾀할 수 있다.

제3절 SCM의 실행방식

3.1 제품 특징에 따른 실행방식

SCM을 구성하는 각 기업이 취급하는 제품 특성에 따라 세부 실행유형이 달라진다. 제품 특성을 기능적(Functional), 혁신적(Innovation) 기준으로 분류하고 이에 따라 SCM 실행 방식을 물리적 관점의 효율적(Efficient) SCM과 시장 반응적(Response) SCM으로 구분할 수 있다.

기능적 제품은 식료 잡화(치약, 칫솔 등)나 편의점에서 사람들이 주기적으로 구매하는 물품으로 보통 안정적이고 예측 가능한 수요를 지니며 제품 수명주기가 길다는 특징이 있다. 치약, 칫솔과 같은 일상적인 물품들이 여기에 해당된다.

혁신적 제품은 스마트폰, 디지털 카메라, 가전(TV, 냉장고, 세탁기 등), 패션 또는 기능성 의류 등으로 신기술이 적용되며 유행을 타는 혁신적 제품에 해당된다. 일반적으로 예측 불가능한 수요의 특징이 있으며 제품의 수명주기가 매우 짧다는 특징이 있다.

일반적으로 기능성 제품은 물리적 관점의 효율적 SCM을, 혁신적 제품은 시장 반응적 SCM을 지향한다. 〈그림 9-2〉는 물리적 관점의 효율적 SCM과 시장 반응적 SCM의 목적, 생산초점, 재고전략 등의 차이점을 비교해서 보여주고 있다. 두 가지의 가장 큰 차이점은 기능적 제품은 비교적 안정적인 생산계획을 수립할 수 있지만, 혁신적 제품은 그렇지 못하다는 점이다. 따라서 혁신적 제품의 시장 반응적 SCM은 정확한 수요예측을 위해 보다 정교한 예측시스템의 구축이 필요하다.

구분	물리적 관점의 효율적 SCM	시장 반응적 SCM
주요목적	• 공급량 예상이 가능한 SCM 추구 • 최적 가격으로 효율적 SCM 추구	• 불확실한 시장수요에 신속하게 대처 • 재고부족에 신속하게 대응, 강요된 할인 가격 배제, 불필요한 재고 최소화 추구
생산초점	• 높은 이용률	• 초과 생산능력 배치
재고전략	• 높은 재고회전률 창출 (재고회전률=판매량/재고)	• 버퍼 혹은 안전재고의 배치
리드타임	• 비용이 증가하지 않는 전제하에 단축 추진	• 리드타임 단축을 위한 공격적 투자 실행
공급자 선정	• 비용과 품질 기준	• 스피드, 유연성, 품질 기준
제품디자인 전략	• 비용 최소화	• 모듈 단위 디자인

〈그림 9-2〉 물리적 관점의 효률적 SCM, 시장 반응적 SCM의 비교

3.2 SCM 참가기업의 구성에 따른 분류

SCM 참가기업이 국내 기업으로 한정되어 있는지 혹은 외국 기업도 포함되는지에 따라 국내(Domestic) SCM과 글로벌(Global) SCM으로 구분할 수 있다.

세계화 경영이 확대되면서 기업에서 생산하는 제품의 원자재와 반제품을 국내에서만 조달할 수 없는 환경이 되어가고 있다. 따라서 국내 SCM에 비해 글로벌 SCM의 필요성이 점점 높아지고 있으며, 많은 기업들이 글로벌 SCM에 참가하고 있다.

특히 스마트 비즈니스 환경에서 실행주체와의 협업적 관계가 중요하므로 글로벌 SCM에서는 신중하게 고려해야 할 요소가 많다. 예를 들어, 언어와 문화의 차이로 인해 의사소통이 어려워지며, 참여하는 여러 국가의 환율, 관세, 보조금, 각종 무역협정(예. FTA) 등이 변수로 작용하여 SCM 관련 의사결정이 매우 복잡해지며, 실제로 상호협력을 위한 시스템을 구축할 때 각종 기술적 문제(DB와 프로그램의 호환성, 정보기술 인프라의 수준차이 등)도 발생한다. 이 외에도 다양한 운송수단 중에서 최적의 운송방법을 결정해야 하며, 환율변동으로 인한 손실에 대비하기 위해 환 헷지(Hedge)도 필요할 것이다.

3.3 SCM 참가기업의 역할에 따른 분류

SCM 실행과정의 핵심 기능인 조달(Purchasing Source), 제조(Manufacturing), 유통(Distribution, Deliver)을 담당하는 기업의 역할에 따라 구분할 수 있다. 이는 협상력과 주도력이 어떠한 업체가 가지고 있느냐에 따른 분류라 할 수 있다.

1) 공급자주도 SCM (POSCO, SK하이닉스)

고객수요를 정확히 예측하고 이에 대한 원자재 소요계획의 수립이 핵심이다. 규모가 큰 원자재 공급자와 관련 중소규모의 협력업체들 사이에 구축되는 형태의 SCM이라 할 수 있다.

2) 제조중심 SCM (현대중공업, 삼성전자)

산업기기, 항공, 방위산업과 같은 중공업 부문에서 요구되는 SCM이다. 예를 들면, 전자산업의 경우, 삼성전자와 같은 대기업을 중심으로 1, 2, 3차 하청업체들로 연결하는 SCM이 제조중심 SCM이라 할 수 있다.

3) 유통중심 SCM (대형할인점)

유통중심 SCM은 고객수요를 정확히 예측하여 제조업체나 도매업체들에게 주문을 넣고, 유통단계마다 생성되는 정보와 제조업체의 생산계획 및 재고 정보를 공유함으로써 적시에 물품을 조달할 수 있도록 한다. 대형할인마트나 백화점처럼 협상력이 강한 대규모 유통업체가 주축이 되어 이들에게 물품을 공급하는 제조업체나 도매업체를 중심으로 형성되는 SCM을 말한다.

제4절
SCM 실행의 핵심사항과 효과

SCM 실행의 핵심사항은 공급망의 전체 길이(단계)를 가급적 축소하고, 정보공유를 통한 공급만의 투명성을 확보하는 것이다. 이를 위해서는 공급망 전체를 관리하는데 필요한 체계적인 관리시스템이 필수적이며 공급망 전체에 적절한 정보기술의 적용이 필요하다. 〈그림 9-3〉은 SCM실행의 핵심사항을 요약해서 보여주고 있다.

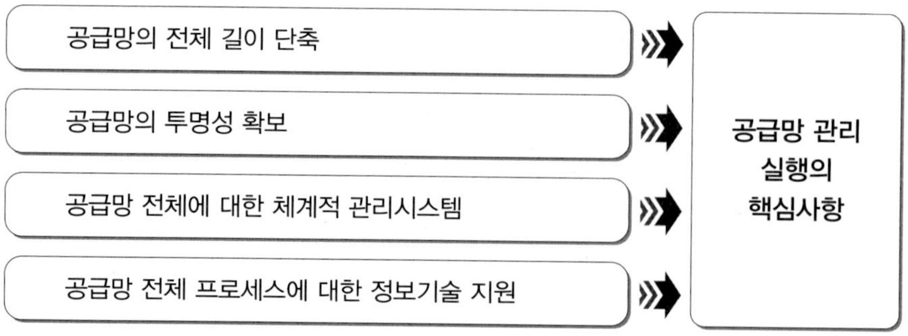

〈그림 9-3〉 SCM실행의 핵심사항

공급망 전체 길이 단축

공급망에 있어 단계가 많다는 것은 각 단계마다 불확실성에 대비한 재고를 많이 비축해야 한다는 것을 말하며, 이는 비용의 증가를 의미한다. 제대로된 SCM을 구축하면서 불필요한 단계는 없는지 확인한 후, 공급만 전체 길이를 단축하는 것이 전체 스마트 비즈니스의 효율성을 높이는 길이다. 예를 들어, 일부 농수산물, 축산물의 가격변동이 심하거나 가격이 너무 비싼 이유는 유통단계가 복잡하기 때문이다. 이러한 경우 유통단계를 줄임으로써 문제를 해결할 수 있을 것이다.

공급망의 투명성 확보

공급망으로 함께 묶여진 조직들(제조기업, 협력업체, 공급업체 등)이 각자 가지고 있는 생산계획정보, 출하계획정보, 재고정보, 품질정보를 상호 공유한다면 각자의 경영활동들을 예측하여 미리 준비할 수 있어 주문과 조달에 소요되는 전체 리드타임을 현저하게 줄일 수 있을 것이다. 이렇게 될 때 공급망의 정보흐름은 보다 투명해진다고 할 수 있다.

이를 위해서는 각 조직들이 협력하여 정보기술의 인프라, 업무 프로세스, 문서양식 등에 대한 표준을 제정하고 이를 철저하게 준수해야 할 필요가 있다. 이때 개방형 인터넷을 기반으로 하는 EDI시스템이 표준이 되어야 할 것이다.

➾ 공급망 전체에 대한 체계적 관리시스템

전체 공급망을 효율적으로 관리하기 위해서는 공급망을 구성하는 각 업무들이 긴밀하게 상호 연동되도록 관리할 수 있는 체계적인 정보시스템(자동 Trigger시스템)이 필요하다. 예를 들어 A 제조업체에 주문이 들어와 확정되면, 생산에 소요되는 원자재 공급업체와 주문정보를 자동으로 공유할 수 있으면 보다 효율적일 것이다.

➾ 공급망 전체 프로세스에 대한 정보기술 지원

전체적인 공급망의 효과적인 관리를 위해서는 인터넷기술, 디지털 정보기술, 4차 산업혁명 기술의 활용이 필연적이다. 적절한 정보기술(하드웨어 및 소프트웨어 등)은 공급망을 통해 각 조직들을 효과적으로 묶는 표준을 제공하는 이점이 있다. 이러한 노력은 공급망 참가기업들이 컨소시엄을 구성하거나 대기업이 협의체를 주도함으로써 효율적으로 도모할 수 있을 것이다.

4.3 스마트 비즈니스 환경과 SCM의 특징

인터넷의 활용이 보편화되고 4차 산업혁명 기술들이 출현하면서 SCM은 공급망 체계 전반에 큰 영향을 미쳤다. 이는 수직적 가치사슬의 해체, 공급망 체계의 변화, 다양한 형태의 공급자 등장으로 설명할 수 있다.

➾ 수직적 가치 사슬의 해체 - Deverticalization

전통적으로 기업들이 수직적 가치 사슬(vertical value chain)을 구축한 이유는 공급자, 유통업체, 고객업체를 폐쇄형 네트워크(예: 대기업이 중심이 된 폐쇄형 EDI망)를 이용하여 묶은 후 서로 정보를 공유하면서 신속하게 비즈니스 활동을 수행하기 위한 것이었다. 이러한 수직적 가치 사슬 내지 수직적 통합(vertical integration)은 매우 중요한 경쟁력의 원천이었다. 그러나 오늘날 개방형 인터넷의 출현으로 기업들은 큰 비용을 들여 인프라를 구축할 필요도 없이 쉽게 다른 기업들과 관계를 맺고 수평적 연결을 꾀할 수 있게 되었다. 즉 저렴한 비용으로 거래처를 검색하고 손쉽게 전자적 통합을 이룰 수 있어 거래처를 쉽게 변경할 수 있게 된 것이다. 따라서 전통적인 수직적 가치 사슬의 결속력과 가치는 약화되고 수평적 확장 현상이 가속화되었다.

공급망 체계의 변화 – Dis- & Re-intermediation

기업들은 전자상거래 사이트를 구축함으로써 고객과 공급업체와 직접적으로 양방향 소통을 할 수 있다. 이는 중간 유통업체의 입지를 약화시켜 공급망을 단순화시키는 결과를 낳았다(Dis-intermediation).

오늘날 인터넷 연결이 보편화되면서 새롭게 입지를 굳히고 있는 업체는 BtoB 전자상거래업체(중국 알리바바, 한국 푸드머스)와 디지털 콘텐츠(예: 음악, 파일, 게임, 애플리케이션 등)의 판매를 중계해 주는 정보유통업체들이다(Re-intermediation). SK텔레컴, KT, 구글(Play 스토어), 애플(iTunes) 등은 단순히 통신업체나 휴대폰 제조회사라기 보다 자신들의 강력한 모바일 플랫폼을 기반으로 각종 디지털 콘텐츠를 중간에서 유통시키는 정보유통업체라 할 수 있다.

다양한 형태의 SCM 서비스 공급자 등장 – Dematerialization

최근 기업들은 비핵심적인 분야를 아웃소싱하거나 전략적 제휴를 통해 해결하려는 경향이 있다. 충분한 규모를 갖추지 못한 중소기업들은 자신만의 SCM을 구축하기보다 전문 스마트 비즈니스 구축업체의 서비스를 빌릴 수 있다. 따라서 기업들은 SCM의 구축에 투입되어야 하는 비용을 핵심적인 부문에 더 많이 투입할 수 있어 보다 효과적으로 경쟁할 수 있다. 예를 들면, 많은 물류전문업체(택배, 창고, 운송 등)들이 외부의 공급망의 운영을 효율적으로 대행해 주고 있다.

제5절
SCM 실행 전략

스마트 비즈니스 환경에서 기업들은 SCM을 전략적 도구로 활용하여 경쟁 우위를 확보할 수 있고, 새로운 사업적 기회를 얻기도 한다.

5.1 SCM 실행 전략의 유형

SCM 실행전략은 대기업 주도형과 시장 포털형으로 대별할 수 있다. 이는 인터넷을 기반으로 한 BtoB(기업간) 전자상거래의 유형과도 유사하다.

➧ 대기업 주도형

자금력이 풍부하고 협상력이 강한 대기업이 공급망 관리를 실행하기 위한 SCM 솔루션을 구축하고 주도적으로 관련 업무와 자료를 통합·관리하는 접근법이다. 관리 기업이 자사의 필요성에 따라 언제나 공급망 관리 항목의 변경이 가능하기 때문에 관리 유연성이 높고, 공급업체에 대한 통제를 쉽게 할 수 있다는 이점이 있다. 대기업 주도형의 SCM은 자격이 부여된 구성기업들만 이용할 수 있는 폐쇄형과 누구에게나 개방된 개방형이 있다.

매우 전문적이고 고도의 기술이 요구되는 제품의 경우 개별 고객들의 요구에 부합하는 전문적인 서비스 제공이 가능하다. 예를 들어, 애플은 자사의 아이 클라우드 시스템을 구축하여 콘텐츠 제공기업들(영화사, 음반사, 개인 앱개발자)과 개인소비자들을 연결해 주고 있다.

➧ 시장 포털형

업종 또는 산업 공통의 온라인 장터(BtoB e-market place)을 구축하여 고객 및 공급자에 대한 접근성 및 효율성을 제고시키는 방법이다. 일반적으로 제3의 업체 또는 컨소시엄이 공급자 및 제조업체의 모든 자료 및 정보를 수집하여 자료구조를 표준화하고, 마스터 카탈로그를 설정한 후 구매자와 판매자를 연결해 주는 서비스를 제공한다.

시장 포털형 SCM은 구매 안내, 지급 보증, 위험 관리, 제품 배송, 지불, 보관 등과 같은 부가서비스를 제공할 수 있으며, 경매, 제품 교환 등 다양한 거래 서비스 제공도 가능하기 때문에 기업 주도형 모델보다 확장된 서비스를 제공할 수 있다. 앞 장에서 사례로 소개된 푸드머스(foodmerce.com)의 경우, 식자재 공급업체들과 급식 및 식당을 연결해 주는 시장포털형 SCM이라 할 수 있다.

5.2 SCM 시스템의 구성요소

- 조직 내부 업무지원 시스템은 공급망 관리와 관련된 의사결정과 계획업무를 지원하는 다음과 같은 기능이 필요하다. 대부분 기능은 ERP, CRM 시스템과 정보를 공유하며 수행하는 기능들이다. ERP시스템이 제공하는 생산계획, 공정계획, 재고계획, CRM시스템이 제공하는 수요계획, 행사계획은 공급업체와 유통업체가 필요로 하는 정보를 제공하는 기능들이다.

  - 수요계획(demand planning)
  - 행사계획(event planning)
  - 재고계획(inventory planning)
  - 자동재고보충계획(automatic replenishment planning)
  - 생산계획(manufacturing planning)
  - 공정계획(processing planning)

- 조직외부와의 연결부분을 지원하는 시스템으로 주문처리나 물류관리를 지원하는 다음과 같은 기능으로 구성된다. 과거에는 독자적으로 운영되었으나 통합의 상승효과를 누리기 위해 통합 구축되고 있다. 이것 역시 ERP와 CRM 시스템과 연동해서 수행되는 기능들이 대부분이다. ERP의 주문시스템과 생산모듈은 선적게시시스템, 창고관리시스템, 수송관리시스템에 필요한 정보를 제공할 것이다. CRM시스템은 수송관리시스템과 고객정보를 공유해야 할 것이다.

- 선적게시시스템(shipment notice system)
- 주문처리시스템(ordering management system)
- 창고관리시스템(warehouse management system)
- 수송관리시스템(transportation management system)

5.3 SCM의 성공요인

SCM이 성공적으로 구축되고 운영되기 위해서는 다음과 요인들을 염두에 두어야 한다.

SCM에 대한 올바른 이해

SCM을 단순한 전산 솔루션으로 생각하고 기술적으로 접근하면 SCM 뿐만 아니라 스마트 비즈니스 전체가 실패할 수 있다. SCM은 조직 내부만의 문제가 아니라 조직 외부와의 연결이라는 스마트 비즈니스의 본질에 충실하여 제도, 프로세스, 조직, 데이터에 대한 최적화된 구조를 설계하는 일을 전제로 해야 한다.

조직 전체 차원의 조직적 대응

SCM은 어느 한 기업의 노력으로 달성될 수 없으며 공급망에 참여하는 모든 기업들의 협력이 전제되어야 하는 혁신적 경영방식이다. 따라서 자본이 풍부하고 협상력이 높은 대기업이 주도할 경우 성공할 확률은 높아진다. 때로 B2B 전자장터(e-마켓플레이스)는 혁신적인 기업가가 주도하여 수많은 중소 공급업자와 구매자들 간의 거래를 혁신적으로 묶어주기도 한다.

조직구성원의 변화

SCM 시스템을 움직이는 것은 결국 구성원이므로 구성원의 변화가 수반되어야 한다. 각 사용자들은 각자의 업무만이 아니라 공급망 전체의 관점에서 각자의 업무를 바라보며 전체 SCM의 성공에 기여할 필요가 있다. 이를 위해서는 변화된 마인드와 지적순발력이 요구되며 이에 필요한 교육이 수반되어야 하는 것은 물론이다.

정보기술 활용 전략이 필요하다.

정보기술이 적극적으로 활용되지 않은 SCM은 한계가 있다. SCM성과를 최대화하기 위해서는 정보인프라, 하드웨어, 소프트웨어, 타 시스템과의 인터페이스, DB구축 등을 포함하는 정보기술의 활용 전략이 동반되어야 한다. 특히 인터넷 기반기술, 4차 산업혁명 기술이 적용된 스마트 환경에서 SCM의 효과를 최대화할 수 있다.

제6절 ERP, CRM, SCM과 스마트 비즈니스경영과의 관계

세(3) 장에 걸쳐 ERP, CRM, SCM의 목적, 개념, 기능, 특징, 성공요인들을 설명하였다. SCM을 끝으로 핵심 통합시스템 구성요소들인 ERP, CRM, SCM과 스마트 비즈니스경영과 관계를 설명하며 세 장의 주제를 일단락하고자 한다.

ERP는 통합시스템을 향한 경영자들의 열망에 부응하여 1990년대 중반부터 출현하였으며, 인터넷 전자상거래는 인터넷 이용자가 폭발적으로 늘어난 2000년대 초반부터 확산되기 시작하였다. 따라서 초반의 ERP는 개방적인 인터넷에 연동되어 있지 않아 기능과 통합의 측면에서 많은 한계가 있었다. 이후 기업들은 인터넷 관련 기술을 전자상거래에만 한정하지 않고 전통적인 정보기술과 결합하여 경영전반에 적용하는 e-비즈니스에 주목하기 시작하였고, 이어 2010년 무렵, 보다 촘촘해진 네트워크의 연결, 보다 빨라진 통신 속도, 4차 산업혁명을 주도하는 기술들의 잇단 출현으로 기업들은 e-비즈니스를 스마트 비즈니스로 업그레이드하기 시작하였다.

앞서 설명하였듯이 e-비즈니스는 전통적인 정보시스템과 개방적인 인터넷 관련기술을 경영활동 전반에 통합 적용하는 것이었다. 이에 내부 정보시스템이라 할 수 있는 ERP가 인터넷환경으로 전환되기 시작하였고 이에 상응하여 고객관계관리(CRM)나 공급망관리(SCM) 등이 각기 출현하면서 통합은 더욱 확장되기 시작하였다. 예를 들어 어떤 기업이 CRM은 시벨(Siebel)의 것을, SCM은 i2를, ERP의 인적자원관리 모듈은 오라클을 도입하였다 하더라도 ERP와 긴밀하게 연동되어야 최고의 효과를 볼 수 있다. 따라서 ERP가 CRM이나 SCM에 의해 대체될 수 없으며, 오히려 ERP를 중심으로 CRM과 SCM이 긴밀하게 연동될 때 통합시스템의 시너지는 더욱 증가할 수 있다.

6.1 ERP, CRM, SCM의 통합으로 스마트 비즈니스의 구현

ERP, CRM, SCM은 스마트 비즈니스를 가능하게 하는 중요한 통합시스템들이다. 다만 기업들마다 산업 또는 업종에 따라 어느 것을 좀 더 필요하여 중시하는가에 차이가 있을 뿐이다. 백화점이나 대형할인점과 같은 기업은 마케팅 및 영업부문에서 해결해야 하는 큰 문제가 있으므로 당연히 통합DB의 구축, 웹기반 EDI, 영업자동화시스템 등을 포함한 CRM을 더 강조할 수 있으며, 유통과 물류부문에 비효율성이 큰 기업은 SCM에 더 많은 주목을 할 수 있다.

스마트 비즈니스를 수행할 때 ERP와 같은 기초적인 내부시스템이 잘 작동되지 않는다면 절름발이 시스템이 되어 효율성이 급격히 떨어져 버린다.

첫째, 예를 들어, 웹기반 전자상거래 시스템을 통해 주문을 받지만 주문접수 후 재고여부를 확인하고 요구배송일을 맞출 수 있을지를 확인하려면 내부시스템인 ERP의 도움이 필요하다. 혹시 반품이 발생하면 이를 ERP에서 처리해야 하고 거래로 발생하는 데이터들(매출, 매입, 거래처, 원가, 재고정보, 반품원인 등) 역시 ERP의 적절한 모듈(예: 회계, 재고관리 등)들이 처리한 후 DB를 갱신해 주어야 할 것이다. ERP가 처리한 정보들은 때로 CRM과 SCM과도 공유해야 할 것이다. 주문자 정보는 SCM을 통해 택배업체와 공유해야 할 것이고, 고객정보와 반품원인은 CRM이 활용할 수 있을 것이다. 만일 이렇게 연결되는 일들을 수작업으로 진행된다면 통합시스템도 아니며 스마트 비즈니스 시스템으로 볼 수도 없을 것이다.

둘째, 여기에서 끝나는 것이 아니다. 제대로된 ERP가 있을 때 비로소 다음과 같은 의사결정에 필요한 정보를 산출할 수 있다.

- 고객이 가장 많이 구매한 제품은?
- 고객 불만이 가장 많이 발생하는 상품은? 부서는?
- 금리변동이 자사에 미치는 영향은?

• 전년대비 매출신장률은?

전자상거래 시스템을 통해 발생한 매출과 고객과 관련된 정보는 모두 적절하게 처리되고 분류된 후 향후 판매예측, 제품개발, 영업계획, 마케팅, 배송 등의 일을 처리하는데 활용되어야 한다. 즉 전자상거래 시스템에서 처리된 거래 데이터는 ERP, CRM, SCM이 공유하여야 하므로 통합시스템들은 서로 잘 연동되어야 한다.

6.2 ERP, CRM, SCM의 기술적 진화

스마트 비즈니스는 인터넷 기반 기술 외에도 전통적 디지털 정보기술 그리고 4차 산업혁명 주도기술까지 모두 적용됨을 앞서 설명하였다. 제대로 된 스마트 비즈니스 시스템을 구현하기 위해서 그 기초가 되는 ERP가 인터넷 환경의 전자상거래시스템과도 연동되어야 하며, 새로운 4차 산업혁명 기술들과도 연동될 수 있어야 한다. 예를 들어, RFID기술기반 물류시스템에서 입고되는 물건들의 전자태그를 읽은 후 바로 재고관리에 연동할 수 있는 인터페이스가 필요할 것이며, 로봇기반 물류창고의 경우, 주문을 받은 후 출고명령을 로봇에게 무선으로 바로 날릴 수 있도록 ERP, 출고시스템이 연동되어야 할 것이다.

ERP가 1990년대에 처음 출현하였을 때 인터넷이 활성화 되어 있지 않았고 생산관리부문에 집중되었기 때문에 공급망관리(SCM), 고객관계관리(CRM), 전략적 기업경영(SEM) 등과 유기적으로 통합되어 있지 않았으며, 클라이언트/서버 환경을 기반으로 프로그래밍 되었기에 개방적인 인터넷 환경도 고려되지 않은 한계가 있었다. 따라서 초기의 ERP는 최적의 프로세스를 기반으로 한 최적으로 솔루션을 제공할 수 없었다.

한편 많은 소프트웨어와 DB 솔루션 전문업체들은 경쟁적으로 ERP가 결여하고 있는 기능들을 보완하고 기업들 간의 연결을 지원하기 위해 CRM, SCM 솔루션들을 다양한 이름으로 출시하면서 기존의 ERP와 차별화하려는 독립지향성을 보였다. 또 다른 한편 전문 ERP솔루션 업체들은 자신들의 ERP 패키지에 CRM, SCM을 가능하게 하는 모듈들을 추가한 확장형 ERP를 내세우며 자신들의 제품만이 유일하게 ERP, SCM, CRM 기능들을 통합하고 있다고 광고하였다. 이러한 과정에서 ERP, SCM, CRM 등은 별개로 돌아가는 시스템들이라는 오해가 발생하였다.

정리하자면 스마트 비즈니스를 위해 CRM, SCM 등이 내부시스템인 ERP와 독자적으로 가동될 수는 없다. 서로는 조직 내 여러 부서와 경영계층들의 관리자들이 경영활동을 하면서 산출한 정보들을 공유함으로써 통합된 시너지를 얻을 수 있다. 모든 기업들은 기본적인 내부 정보시스템인 ERP가 구축되어야 CRM, SCM이 필요로 하는 기본 데이터를 확보할 수 있기 때문이다. 따라서 스마트 비즈니스의 현실화를 위해 CRM. SCM은 최적의 프로세스와 최적의 기술 그리고 최적의 조직을 근거로 설계된 후 ERP에 통합되어야 하는 것이 올바른스마트 비즈니스의 진화방향이다. 그렇다고 모든 기업들의 통합시스템이 ERP -> CRM -> SCM의 순서로 발전해갈 필요는 없을 것이다. CRM이 보다 중요한 기업은 CRM이 중심이 되는 시스템을 시작으로 ERP와 SCM으로 확장·통합할 수도 있을 것이다.

[사례 연구] 셋톱박스 제조업체 휴멕스의 SCM

본 사례는 비록 오래되었지만 기업이 환경변화에 적절하게 대응하지 않으면 큰 손실을 보고 경쟁력을 잃게 되어 심하면 망할 수도 있다는 사실을 잘 보여준다.

셋톱박스 제조업체 휴맥스의 변대규 사장(48)은 대표적인 벤처기업인이다. 2000년대 초반 반짝했던 수많은 벤처 스타들이 사라졌지만 그는 여전히 자리를 지키고 있다. 그런 변사장도 지난 1년 6개월 동안 힘든 시기를 보냈다. 세계 셋톱박스 시장의 경쟁 격화로 수익률이 급격히 하락하고 신(新)사업도 여의치 않았다. 그러나 그는 힘든 시기를 그냥 보내지 않았다. 그는 최근 서울 강남 팔래스 호텔에서 가진 인터뷰에서 "그 동안 대외 활동을 일절 중단하고 내부 역량을 강화하는 데 집중했다"면서 "지금 목표의 절반 정도까지 왔으며, 1년 뒤에는 효율적인 경영체제가 뿌리를 내릴 것"이라고 말했다. 그는 "올해부터 신규 사업인 LCD(액정표시장치) TV가 본격적인 성장궤도에 오를 것이며, 내년에는 연결기준 매출이 1조원을 넘을 것"이라고 말했다.

▲ 작년 회사가 상당히 어려웠다고 들었다. 어떤 어려움이 있었나.

"매출 3000억원이었던 회사가 2005년 매출 6000억원으로 넘어서면서 생각지 않은 어려움에 봉착했다. 열정과 주인의식이 강한 벤처도 아니고 시스템 경영이 제대로 구축된 대기업도 아닌 어정쩡한 상황에서 엄청난 비효율이 발생하기 시작했다."

—구체적으로 어떤 비효율이 나타났는가.

"SCM(Supply Chain Management)이 왜 중요한 지 미처 몰랐다. 벤처시절에는 재고나 영업관리를 대부분 수작업으로 했다. 하지만 생산기지가 유럽·중국·인도·폴란드 등으로 다변화하고 매출이 크게 늘어나면서 기존 방식에 한계가 드러났다. 장부상 재고와 실제 사이에 엄청난 차이가 나는 것은 물론, 배로 가야 할 자재가 비행기로 가든지 하는 사례가 비일비재했다. 어렵게 번 돈을 이처럼 눈 뜨고 날리는 경우가 허다했다."

—단기간에 시스템 경영을 구축하는 게 쉽지 않았을 텐데.

"해외 성공사례를 배우기 위해 노력을 많이 했다. 한번은 일본의 '후나이'라는 작은 회사를 방문한 적도 있다. DVD 플레이어 같은 소형 가전제품을 만드는 회사인데, 놀랍게도 영업이익이 샤프나 소니를 훨씬 능가했다. 올해 87세가 된 회장을 만났더니 이미 20년 전부터 도요타 방식을 생산에 접목시키고 있다고 했다. 그에게서 많이 배웠다."

—인터뷰에 응한 것을 보니 올해는 실적이 좋을 것 같다.

"인터넷(스마트) TV와 고화질(HD) 디지털 TV 시장이 본격적으로 열림에 따라 셋톱박스 수요도 크게 늘어날 것이다. 중국 올림픽 특수도 있고, 인도·러시아 같은 신흥시장도 전망이 좋다. 새로 시작한 LCD TV는 생산 규모를 늘리기 위해 올해부터는 ODM(Original Development Manufacturing·생산자개발방식)으로도 수출을 할 생각이다. 얼마 전 약 5000만 달러 규모의 일본 수출 계약을 발표했는데, 지금 비슷한 규모의 다른 계약도 진행 중이다. 올해 전체적으로는 매출이 8500억~9000억원 정도 될 전망이다."

—벤처로 출발해 20년 만에 매출 1조원을 넘겠다.

"내년 정도면 가능할 것 같다. 하지만 최근 어려움을 겪으면서 매출 1조원이 넘기 위해서는 내부 역량이 중요하다는 점을 절실히 느꼈다. 우리나라는 벤처로 창업해 세계 시장에서 성공한 기업이 거의 없는데, 휴맥스가 좋은 실험을 하는 셈이다. 휴맥스는 처음부터 수출 위주로 사업을 했고 현재도 국내 매출이 5%에 불과하다."

—대기업처럼 내수 중심으로 사업 다각화를 하면 매출 증대가 쉽지 않은가.

"대기업처럼 업종다각화를 하는 일은 없을 것이다. 돈을 더 벌고, 계열사를 늘리는 것보다는 내가 아니면 안 되는 사업을 하고 싶고 사회적으로 의미가 있는 시도를 하고 싶다."

—최근에는 벤처 열기가 시들하다.

"한국은 더 이상 IT 제조업이 힘들다. 고임금에 부품 산업 인프라도 중국에 비해 뒤쳐지기 시작했다. 가장 문제가 뛰어난 인력이 벤처 같은 신생 기업 쪽으로 잘 오지 않는다는 점이다. 게다가 중소벤처가 대기업과의 협력관계를 통해 성장하기도 힘들다. 우리는 갑을(甲乙) 관계가 너무 분명하다."

변대규 사장의 이력

서울대 제어계측공학 박사 출신으로 연구실 동료, 선후배들과 함께 건인시스템이라는 벤처를 창업했다. 자본금 5000만원으로 서울대 캠퍼스 근처에 작은 사무실을 얻어 창업을 했지만 지금은 세계 셋톱박스 시장에서 기술력을 인정받고 있다. 어떤 문제에 매우 논리적으로 접근하는 스타일이다. 2002년 세계경제포럼 아시아 차세대 지도자로 선정된 데 이어 2005년에는 한국공학한림원의 최연소 정회원이 됐다.

[자료원] 조선일보 2008.03.27)

Questions

1) 기업이 성장하며 겪은 경영상의 문제는 무엇인가?
2) 이 문제를 어떻게 극복하였는가?
3) 문제에 대해 '조직, 즉 시스템'을 통해 해결해야 하는 것을 시사하는 구절은?
4) SCM의 개념은 무엇인가?
5) 대기업과 중소기업의 관계에 있어 고질적인 문제를 언급한 구절은?

[사례: 전문가 인터뷰] '공급망관리의 석학' 나라심한 교수 인터뷰

글로벌 소싱 확산… 개별기업 아닌 기업群간 경쟁

최초 부품공급업체에서 소비자까지 통합 운영해야

한국을 대표하는 벤처기업인인 변대규 휴맥스 사장이 최근 이렇게 토로한 적이 있다.

"매출이 갑자기 커지면서 생각지도 못한 어려움에 봉착했습니다. 엄청난 비효율이 발생하기 시작한 것이죠. 어렵게 번 돈을 눈 뜨고 날리는 경우가 허다했습니다." 벤처 시절에는 재고나 영업관리를 대부분 수작업으로 했다. 하지만 생산 기지가 유럽·중국·인도·폴란드 등으로 다변화하고 매출이 크게 늘어나면서 기존 방식에 한계가 드러났다. 장부상 재고와 실제 사이에 엄청난 차이가 나는 것은 물론, 배로 가야 할 자재가 비행기로 가는 사례가 비일비재했다. 변 사장은 이 같은 문제의 원인을 "'공급사슬관리(supply chain management·SCM)'의 중요성을 미처 몰랐기 때문"이라고 스스로 진단했다. 〈조선일보, 2008년 3월 28일자 D1면 참조〉

▲ 램 나라심한 미시간 주립대 교수는 서울대 LG 경영관에서 가진 Weekly BIZ와의 인터뷰에서 "한국이 좀 더 개방된다 면 동북아시아 물류 허브가 될 잠재력이 충분히 있다"고 말했다. 변 사장을 울린 공급망관리란 도대체 무엇이며, 성공의 열쇠는 무엇일까? 최근 방한한 이 분야의 세계적 석학 램 나라심한(Narasimhan) 교수를 만나 들어 보았다. 그는 인도 출신으로, 공급망 및 물류 분야 연구로 유명한 미국 미시간 주립대학 경영대학원에서 석좌 교수로 활약하고 있다. 자동차 제조업체 롤스로이스의 공급망관리 컨설팅도 맡고 있다.

—공급사슬관리를 한 마디로 표현하면 무엇입니까?

"최초의 부품 공급업체에서부터 최종 소비자에 이르기까지 비즈니스 프로세스를 통합적으로 운영하는 전략입니다. 흔히 단순히 부품을 구하고 부품 협력업체를 관리하는 것으로 생각하는데, 실은 이보다 훨씬 더 큰 개념입니다. 제품 디자인과 개발, 글로벌 운영, 통합 물류, 글로벌 소싱(global sourcing·해외 조달) 등을 모두 포함합니다."

공급사슬관리에서 실패하면 어떤 일이 벌어질까? 나라심한 교수는 '황소채찍효과(bullwhip effect)'를 대표적 사례로 꼽았다. "황소채찍효과란 마치 채찍처럼 손잡이(시장)에서 멀리 떨어질수록 정보가 왜곡돼 나타나는 현상을 일컫습니다. 이를테면 어떤 제품에 대한 고객 소비가 10% 늘어나 소매점이 주문을 10% 늘렸다고 합시다. 그러면 도매업체는 넉넉하게 재고를 확보한다는 차원에서 생산업체에 주문을 20% 늘립니다. 생산업체는 만약을 대비해서 30% 더 만들고요. 결국 이 같은 정보 왜곡으로 인해 불필요하게 재고가 늘어나게 되죠."

이런 문제에서 벗어나기 위해서는 생산자와 도매점, 소매점이 정보를 공유하는 것이 최선이다. HP나 보잉, 델 등이 이런 방식으로 황소채찍효과를 줄인 대표적인 기업으로 꼽힌다고 나라심한 교수는 말했다.

■ 기업 경쟁력의 원천은 협력업체

나라심한 교수는 "오늘날의 산업 현장은 개별 기업 간 경쟁이 아닌 '기업 생태계(business ecosystem)'간의 경쟁"이라고 말했다. 기업 생태계란 부품을 공급하는 협력업체는 물론, 금융기관, 컨설팅 회사, 기술 제공 기관 등 이해관계자를 모두 포함하는 기업 군(群)을 말한다. 일부에서는 '기업 간 연합'을 뜻하는 '인터펌 코퍼레이션(inter-firm corporation)'이라고도 부른다.

이를테면 글로벌 LCD TV 시장에서 삼성전자와 소니가 치열한 시장 쟁탈전을 벌이고 있는 것처럼 보이지만, 보다 정확히 표현하자면 부품업체·디자인컨설팅회사·마케팅 아웃소싱 업체·물류시스템 등을 포함한 '삼성전자 LCD TV 연합'과 '소니 LCD TV 연합'이 일전을 벌이고 있다는 것이다.

따라서 기업의 경쟁력을 내부가 아니라 외부 협력업체와의 관계에서 찾는 '인식의 전환(paradigm shift)'이 절실해졌다고 나라심한 교수는 역설한다. 일본 자동차 산업이 세계적인 수준의 부품업체들의 힘으로 경쟁력을 유지해 온 것처럼, 요즘 전 세계 기업들은 좋은 공급업자를 구하고 그들과의 관계 개선에 힘을 쏟고 있다고 그는 전했다.

—협력업체와의 관계가 더욱 중요해진 이유는 무엇입니까?

"세계화는 기업들에 압박을 가하고 있습니다. 생산을 보다 유연하고, 민첩하게 할 것을 요구합니다. 결국 경쟁력을 갖추기 위해서는 시장 전략에 꼭 맞는 경쟁력을 지닌 공급업자에 의존할 수밖에 없습니다. 이때 협력이란 수동적인 공급업자와 대기업 간의 관계가 아니라, 서로를 파트너로서 존중하는 적극적인 공조체제를 말합니다." 적극적인 공조체제란 "협력의 범위가 단순한 생산관리뿐 아니라 전략적 동맹, 지식 경영, 전략적 자산 경영 등으로 넓어진 것을 말한다"고 나라심한 교수는 설명했다. 공급망관리는 이런 모든 가치 창조 활동을 포함하는 개념이라는 설명이다.

—월마트, 타깃(Target) 등 세계적 유통기업들이 이른바 PL(Private Label · 자체 브랜드) 제품을 쏟아내고 있습니다. 제조업체에서 유통업체로 권력이 넘어오고 있다고도 합니다. 앞으로 전망은 어떻습니까?

"어느 정도 맞습니다. 월마트의 힘은 저가 전략에서 나옵니다. 월마트는 제조업체에게 저가의 물건을 대량 주문한 뒤 월마트 브랜드를 붙여 소비자에게 팔고 있습니다. 이걸 보면 유통업체로 권력이 쏠리는 듯 보입니다.

하지만 품질과 브랜드가 뛰어난 상품의 경우 이러한 권력 관계가 통하지 않습니다. 예를 들어 전자용품 전문점 베스트 바이(Best Buy)가 소니나 필립스를 맘대로 할 수 없습니다. 월마트라고 해도 세계적인 장난감 브랜드 레고에게 큰소리 칠 수는 없습니다. 이들 유명 제조 브랜드는 높은 인지도와 좋은 품질을 갖추고 있기 때문입니다."

■ "내가 다 하려 하지 마라"

나라심한 교수는 아웃소싱(outsourcing)의 적극적 옹호자이다. 그는 "기업이 모든 지식을 다 가지고 있을 필요가 없고, 제조에 필요한 공장·종업원을 갖추고 있을 필요도 없다"고 말했다. 잘하는 기업에 맡기면 된다는 것이다. 미국 크라이슬러의 경우 아웃소싱 비율이 70%에 이른다고 나라심한 교수는 설명했다.

"델컴퓨터는 물류조차 자체적으로 하지 않습니다. 경쟁력 있는 회사가 있다면 그곳에 해당 부문을 맡기고 정말 핵심적인 일만 하는 것입니다. 잘하는 기업들을 모아 하나의 제조체계를 만들어내는 셈입니다. 그래서 공급망이 중요합니다. 한 기업이 모든 제조과정의 부가가치를 담당할 필요가 없습니다. 서너 개의 공급망이 조합돼 하나의 좋은 제품이 나온다고 보면 됩니다."

—글로벌 소싱이 확산되면서 국내 산업의 공동화(空洞化)와 같은 여러 우려가 제기되고 있는 것도 사실입니다.

"글로벌 소싱의 물줄기는 이제 와서 다시 되돌리지 못할 정도로 진전돼 있습니다. 최근 인도와 중국의 인건비가 상승하고 있어 이들 국가로의 글로벌 소싱이 줄어들지도 모릅니다. 하지만 그건 코스트 절감 차원에서 보는 관점일 뿐입니다. 요즘 기업들은 코스트 절감 외에 혁신, 디자인 능력, 특화된 경영지식, 비즈니스 프로세스 통합 등 여러 가지 이유로 글로벌 소싱을 선택하는 것입니다. 한국의 삼성, 현대가 아웃소싱, 그것도 글로벌 소싱을 추구하는 마당에 제조업 공동화를 걱정하면 안 됩니다. 글로벌 소싱을 하지 않으면 경쟁력이 떨어집니다. 궁극적으로 좋은 협력 공급사를 찾아 세계로 갈수록 한국의 경쟁력은 더욱 좋아지는 것입니다.”

—글로벌 아웃소싱은 확대될 수밖에 없다는 얘긴가요?

“도요타나 GM이 똑같은 인도 회사에 아웃소싱을 하는 경우가 있습니다. 그건 그 회사가 그 분야에서 가장 좋은 품질의 서비스를 가졌기 때문입니다.

혁신 때문에 추구하는 아웃소싱도 있습니다. 새로운 아이디어를 얻기 위해서입니다. 대표적인 예가 팜(Palm) 사(社)의 스마트폰(휴대폰에 컴퓨터 지원 기능을 추가한 지능형 휴대폰)입니다. 그들은 아웃소싱 파트너와 손잡고 파일럿 제품을 내놓았습니다.” 팜이 스마트폰의 일종인 트레오(Treo)650 개발 과정에서 대만 HTC사와 협업적 아웃소싱 방법을 적용한 일을 두고 한 말이다. 그전까지 팜은 자사 내에 디자인 팀을 뒀고, 아웃소싱 업체는 단순 조립 기능만을 담당했다. 그러나 2001년부터 팜은 자사 역량을 소프트웨어 개발에만 집중하기로 하고, 기기 생산과 관련된 모든 업무를 대만 업체에 맡겼다. 그 결과 제품 개발 기간을 혁신적으로 단축하고, 불량률도 50% 감소시킬 수 있었다.

한국에 대해 한마디

공급망관리라는 용어는 경영을 전공하지 않은 일반인들에게는 매우 생소할 것이다. 하지만 일반인들도 ‘물류(物流)’라고 하면 고개를 끄덕일 것이다. 공급망관리는 협의(狹義)로는 물류라고도 한다. 이 분야의 세계적 석학인 나라심한 교수에게 한국이 추진하는 동북아 물류 허브 정책에 대한 조언을 구했다.

—한국 정부는 동북아 물류허브를 지향하고 있습니다. 동남아시아 물류 중심지 싱가포르와 비교해서 한국의 경쟁력을 평가한다면 어떻습니까?

“외형상 한국의 물류 허브 가능성을 매우 높게 봅니다. 지정학적으로 한국은 일본·중국·대만·홍콩 등 강력한 경제권들과 매우 가깝고 그 가운데 위치하고 있습니다. 물론 한국 스스로도 중요한 경제 국가이고요. 하지만 한국을 싱가포르와 비교해 보겠습니다. 인력 수준·지정학적 위치·IT·교통 등에서 싱가포르에 뒤질 게 없습니다. 그런데 싱가포르는 한국에는 없는 무언가를 더 가지고 있습니다." "미국인이 싱가포르를 방문하면 매우 편안함을 느낍니다. 아무데나 들러 점심과 저녁을 해결하려고 해도 편안하게 식사할 수 있습니다. 이에 반해 서울은 너무 '한국적'입니다. 만약 제가 김 교수에게 줄 선물을 사려고 서울의 백화점에 들어가서 사려는 물건이 어디 있느냐고 물으면 아무도 대답을 못합니다. (영어를 못하니까.) 그게 현실입니다.

—대부분 선진국은 서비스 산업의 비율이 70%가 넘습니다. 한국 GDP에서 서비스 산업의 비율은 55%에 불과합니다. 향후 서비스 부문의 방향과 역할에 대해 말씀해 주십시오.

"매우 흥미로운 주제입니다. 엄청난 성장을 구가하는 인도의 예를 들어볼까요. 인도의 경우 IT를 기반으로 하는 소프트웨어, 엔지니어링, 디자인 등 서비스 비즈니스가 괄목할 만한 성장을 이뤄내고 있습니다. 다국적 기업들이 뛰어난 소싱(sourcing) 기지를 찾고 있는 덕입니다. 특히 지식을 기반으로 한 산업 부문에서 글로벌 소싱이 급격히 확산되고 있습니다.

한국은 삼성, 현대, LG 등을 주축으로 한 제조업 경제입니다. 제가 볼 때는 한국은 '제조업 거인(manufacturing giant)'을 추구하는 듯 보입니다. 하지만 한국도 인도처럼 서비스 부문 세계화를 추구할 수 있습니다. 삼성은 소프트웨어, IT 분야의 월드 리더입니다. 따라서 마이크로소프트의 글로벌 소싱 기지로도 활발히 커나갈 수 있는 잠재력이 있습니다. 하지만 한국이 얼마나 이 분야에 집중적인 투자를 할 수 있을지 모르겠습니다.

CHAPTER

10

인터넷 마케팅

인터넷 마케팅의 필요성을 이해하고 인터넷 마케팅과 전통적 마케팅의 차이를 이해한다.

제10장

인터넷 마케팅

Key Point

- 인터넷 마케팅의 필요성을 이해하고 인터넷 마케팅과 전통적 마케팅의 차이를 이해한다.

주요 내용

- 인터넷 마케팅의 등장
- 인터넷 마케팅 전략
- [사례 연구] 디지털 양방향 광고

제1절 인터넷 마케팅의 등장

초연결사회를 맞아 인터넷은 인간과 인간, 인간과 사물, 사물과 사물을 보다 더 촘촘히 묶고 있다. 유무선 인터넷망, 사물인터넷, 인공지능, 첨단센싱기술, 가상현실(VR), 증강현실(AR)과 같은 4차 산업혁명 기술의 적용이 현실화됨에 따라 마케팅 분야에서도 엄청난 변화를 겪고 있다.

1.1 마케팅의 변화

마케팅 의미는 경영 및 기술환경에 따라 꾸준하게 변화되어 왔다. 1935년 미국 마케팅학회(National Association of Marketing : NAMT)는 마케팅을 "생산에서 소비에 이르는 재화와 서비스의 흐름과 관련된 여러 가지 기업 활동을 포함하는 것"으로 정의하였다.

이후 1960년 미국 마케팅학회(American Marketing Association : AMA)는 마케팅을 "생산자로부터 소비자 또는 사용자에게로 이르기까지의 재화 및 서비스의 흐름이 원활이 될 수 있도록 관리하는 기업활동" 이라고 정의하였다. 이 시기의 마케팅은 생산자와 소비자 사이의 제품과 서비스의 연결, 즉 소유권의 이전과 물리적 유통을 수행하는 것을 마케팅으로 간주하였으며, 생산활동 이후의 기업활동만을 대상으로 하며, 생산자로부터 출발하여 소비자에게로 진행되는, 제품과 서비스만을 대상으로 하였다. 이러한 정의에서 우리는 생산자 위주의 개념이 고객위주의 개념으로 바뀌고 있음을 알 수 있다.

1985년 미국 마케팅학회(AMA)는 마케팅을 "개인이나 조직의 목적을 만족시켜주는 교환을 성립시키기 위하여 아이디어, 재화 및 서비스를 정립하는 활동과 가격결정, 촉진, 유통을 계획하고 수행하는 과정"으로 재정의하였다. 이때부터 마케팅의 적용대상이 비영리 조직체와 개인의 활동에 까지 확장되었으며 기술, 정보, 디자인 등과 같이 지적소유권의 범주에 포함되는 교환 대상들도 아이디어에 포함되었다. 아울러 마케팅믹스 요소로써 제품(Product), 가격(Price), 유통경로(Place), 촉진(Promotion)이 부각되었다.

비교적 최근인 2004년, 미국 마케팅학회(AMA)는 마케팅을 "고객들에게 필요한 가치를 창출하고, 소통하고, 전달하며, 조직과 그 이해당사자들에게 혜택이 돌아가도록 고객관계를 관리하는 기능부서와 프로세스"로 정의하였다.

이를 요약하면 마케팅의 주요 초점은 〈그림 10-1〉과 같이 대중마케팅, 표적마케팅, 일대일 마케팅으로 변화하였다. 일대일 마케팅으로 다가갈수록 데이터베이스, 웹기반 인터넷 기술, 웹프로그래밍, 모바일 디바이스, 4G·5G통신 등과 같은 첨단 정보기술이 적극 활용되었고 음성통신이 아닌 디지털 양방향 소통 매체(이메일, 게시판, 클라우드, SNS 등)가 기본으로 자리 잡게 되었다.

오늘날 인터넷 마케팅은 스마트 비즈니스 환경에 맞는 새로운 마케팅 패러다임으로 볼 수 있다. 즉 유무선 인터넷, 스마트기기 그리고 4차 산업혁명 기술을 종합적으로 활용하여 새로운 차원의 고객가치를 추구하는 디지털 마케팅 접근법이다. 인터넷 마케팅은 앞서 배운 CRM과도 매우 밀접한 관계를 가질 수밖에 없다. CRM을 통해 고객에 대한 보다 정확한 이해를 할 수 있으며, 파악된 잠재고객과 기존고객을 대상으로 인터넷을 통해 1:1 정보와 광고를 제공하고, 고객의 의견을 청취하고 즉각적으로 피드백을 제공할 수 있기 때문이다.

	대중 마케팅	표적 마케팅	일대일 마케팅
대상	대중	표적 집단	개인
시장접근방법	비차별적 마케팅	차별적 마케팅 집중 마케팅	데이터베이스 활용
마케팅 목표	시장 점유율, 매출액, 고객만족도		고객 점유율(Customer Share) 고객 만족도, 매출액
경제 원리	규모의 경제		범위의 경제
관리	제품 관리(Product Management)		고객 관리 (Customer Management)
커뮤니케이션	단방향(One–Way)		양방향(Two–Way)

〈그림 10–1〉 마케팅 초점의 변화

1.2 인터넷 마케팅의 정의와 특징

전 세계를 연결하는 네트워크인 인터넷, 특히 World Wide Web을 기반으로 하는 새로운 마케팅 방법이다. 인터넷이라는 가상공간에서 인터넷 기술, 디지털 정보기술, 4차 산업혁명 기술을 이용해서 고객과 관계를 형성하고 실시간으로 상호작용할 수 있는 양방향 커뮤니케이션을 통한 마케팅 활동을 지칭한다.

따라서 마케팅 활동 공간은 기존의 물리적 공간에서 인터넷 가상공간으로 변화하는 것을 의미하며 전통적 마케팅을 대체하는 개념이라기보다 이를 보완하는 방법으로 이해해야 한다.

인터넷 마케팅의 특징–1

인터넷 마케팅은 직접 상호작용을 하며, 1:1 개인화된 서비스를 제공할 수 있다. 시간적 제약을 뛰어넘어 24시간 365일 내내 마케팅활동을 수행할 수 있으며, 인터넷으로 연결된 곳이라면 국경도 초월하여 접근할 수 있다. 상대적으로 저렴한 광고비로 특정 고객집단에 쉽게 접근하여 메시지를 전할 수 있는 장점이 있다.

비교관점	전통적 마케팅	인터넷 마케팅
상호작용	• 기존 매체를 통한 간접 연결	• 직접연결
시간성	• 시간적 제약	• 시간 제약 극복 • any time
지역성, 공간성	• 국가나 지역에 한정	• 경계가 사라짐 • any where
마케팅 주도	• 기업이 주도하는 마케팅이 지배적	• 고객이 주도하는 마케팅이 지배적
광고비	• 높은 광고비	• 상대적으로 저렴한 광고비

인터넷 마케팅의 특징-2

인터넷 마케팅은 인터넷이 마케팅 채널 또는 고객과의 소통채널의 하나로 추가된 것을 의미한다. 발전하는 정보기술을 잘 이용하면 과거에는 상상할 수 없었던 서비스를 필요로 하는 고객을 찾아 Just-in-time 제공할 수 있으며, 다양한 틈새시장을 찾아 새로운 비즈니스 기회를 보다 쉽게 창출할 수 있다. 스마트폰을 가지고 위치정보를 허용한 고객에게는 특정 장소에서 고객에게 꼭 필요한 서비스(할인정보, 쿠폰 등)를 쉽게 제공할 수 있다. 푸드트럭 점주는 서빙장소를 이동할 때 마다 위치 및 메뉴정보를 과거 방문 고객에게 보낼 수도 있다.

비교관점	전통적 마케팅	인터넷 마케팅
채널	• TV, 라디어, 신문, 잡지, 이벤트 등	• 채널의 확대
마케팅 규칙	• 시대적으로 명확 • 잘 정의되어 있으며, 일정한 모습을 보임	• 기술발전에 따라 지속적으로 발전
틈새시장	• 틈새시장을 정의하기 어려움	• 다양한 틈새시장 • 새로운 비즈니스 기회 창출
정보기술과의 관계	• 정보기술이 마케팅을 수행하는 데 큰 도움이 되지는 못함	• 마케팅 활동에서 정보 기술의 역할이 절대적 • 마케팅 부서와 정보 시스템 부서간의 통합적 활동이 중요

제2절 인터넷 마케팅 전략

2.1 인터넷 마케팅 전략 수립의 특성

전통적으로 마케팅 전략은 4P라는 수단을 활용하여 어떻게 하면 효율적으로 마케팅 활동을 수행할 것인가를 결정하지만, 스마트 비즈니스 환경에서 인터넷 마케팅은 4A가 추가된다. 4A는 방법, 제품, 시간, 장소 측면에서 'Any'라는 광범위하고 무조건적인 성격이 부가된다. 예를 들어 Any 제품이란 물리적인 제품만이 아닌 디지털로 표현되고 유통될 수 있는 모든 서비스를 의미하며, 장소와 시간을 가리지 않고 제공된다는 의미가 있다.

활용수단	전통적 마케팅	인터넷 마케팅
4P	제품(Product)	제품(Product)
	가격(Price)	가격(Price)
	유통(Place)	유통(Place)
	촉진(Promotion)	촉진(Promotion)
4A		방법(Any way)
		제품(Any product)
		시간(Any time)
		장소(Any where)

2.2 인터넷 마케팅 전략 수립

목표고객(target market)의 확정

목표고객을 구체화 하는 것은 마케팅 전략 수립에서 핵심적인 고려사항이다. 인터넷 마케팅 전략에서는 인터넷, 전통적 정보기술, 4차 산업혁명기술의 특성을 고려해서 목표고객

구체화를 시도하는 것 필요하다. 특히 일대일 마케팅이 가능하고 맞춤형 마케팅의 필요성이 높이 대두되면서 고객을 정확히 인식하는 것이 중요하다.

때로 위치기반 마케팅 및 판매촉진 서비스는 등록된 위치에 오는 불특정 다수 고객(위치정보제공을 허용한)을 대상으로 진행될 수도 있다.

목표고객 또는 시장 인식을 위한 핵심 질문

- 스마트 비즈니스 실행의 대상이 되는 전체 시장은 어떻게 세분화되어 있는가?
- 세분화된 시장별로 현재의 수익성 또는 미래의 잠재적 공헌도는 어느 정도인가?
- 인터넷 마케팅 실행의 주요 목표 고객은 누구인가?
- 인터넷 마케팅 실행자원을 집중할 우선순위가 있는가?
- 주요 목표고객의 특성과 지리적 위치는?
- 목표고객에게 어떠한 기술과 메체로 접근해야 하는가?

시장의 세분화, 표적화, 포지셔닝

시장 세분화(Market Segmentation)

↓

시장 표적화(Market Targeting)

↓

시장 포지셔닝(Market Positioning)

- 시장 세분화

시장세분화란 효과적 마케팅 전략을 수립하기 위해 전체 시장을 상품 및 서비스에 대한 욕구가 비슷한 작은 시장으로 나누는 작업을 의미한다. 기준은 지리적 변수(지역, 인구밀도, 기후 등), 인구통계적 변수(성별, 나이, 소득, 직업, 교육수준, 종교 등), 심리분석적 변수(생활스타일, 개성 등), 행동분석적 변수(추구하는 가치, 취미, 리스크 부담 정도)를 들 수 있다. 시장세분화는 다음의 3가지 수준으로 세분화된다.

- 브랜드시장 수준(Brand Segment Level)은 어떤 시장 안에서 동질성이 높은 집단을 말한다. 브랜드시장 내에서 고객들은 유사한 욕구, 구매력, 지리적 위치, 구매태도와 습

관을 보인다.

- 틈새시장수준(Niche Segment Level)은 브랜드시장보다 더욱 좁게 정의된 시장을 말한다. 기존의 제품과 서비스로 충족될 수 없는 보다 상세한 욕구를 지닌 소비자 집단이다.
- 세포시장수준(Market Cell Level)은 가장 세분화된 특별한 욕구를 지닌 소비자 집단이다.

예를 들면, 해외여행을 자주 즐기는 소비자 그룹이 있다면 이는 여행을 통해 삶의 가치를 추구하는 라이프 스타일을 지닌 소비자 그룹으로 브랜드 시장이라 할 수 있다. 그 중에서 유럽지역을 자주 여행하는 그룹은 틈새 시장이라 할 수 있고, 여기에서 더 나아가 이태리나 스위스와 같이 특정 지역을 집중적으로 배낭 여행을 하는 그룹이 있다면 이는 세포시장이라고 할 수 있을 것이다.

■ 시장 표적화

제한된 자원으로 모든 시장을 공략할 수 없으므로 세분화된 시장은 평가되어야 한다. 평가기준은 시장의 규모, 성장성, 수익성, 규모의 경제의 실현 여부, 위험도 그리고 세분 시장에 대한 투자가 기업이 보유하고 있는 핵심역량과 일치하는 지 여부 등이다.

두 개 이상의 세분 시장을 표적으로 하면 복수시장마케팅(Multi-Segment Marketing)이며 하나의 세분 시장에 집중하면 집중마케팅(Concentration Marketing)이라 할 수 있다.

인터넷 및 모바일 환경에서는 동질성이 조금만 있어서 쉽게 가상 커뮤니티가 형성되는 등 세포시장이 빈번히 나타나므로 복수시장마케팅이 필요하다. 특히 스마트폰의 활동도가 매우 높은 10~30대 고객들은 스마트 비즈니스 기술과 매체로 접근하는 것이 보다 효과적일 것이다.

■ 시장 포지셔닝

표적시장이 선정되고 나면 해당 시장의 고객들에게 자사의 상품과 서비스를 부각시키는 문제가 대두된다. 시장 포지셔닝이란 고객들의 마음속에 제품과 서비스를 가격, 품격, 실용성 등의 다차원에서 원하는 위치에 인식시키는 노력을 의미한다. 예를 들면, 고가이면서 고급스런 상품으로, 가격은 적절하며 실용적인 상품으로, 독특한 취향을 충족시켜주는 상품 등으로 고객의 마음에 자리 잡게 하는 것이다. 특히 무선 인터넷 환경에서는 고객이 다양한 상품과 서비스에 대한 광범위한 정보를 확보할 수 있다는 전제 하에 포지셔닝을 해야 하므로 더욱 어렵다. 그러나 빅데이터분석을 통해 시장 포지셔닝에 필요한 정밀 정보를 확보할 수 있으므로 보다 정확하게 시장 포지셔닝을 할 수도 있을 것이다.

2.3 인터넷 마케팅 전략의 기본 요소

인터넷 마케팅 전략은 콘텐츠, 의사소통, 차별화, 연결, 공동체로 구성된다.

콘텐츠(contents)

고객이 당면한 문제를 신속하고 쉽게 해결하는데 필요한 다양한 정보를 상품과 함께 제공할 수 있어야 한다. 고객이 접근할 수 있는 콘텐츠를 정확히 정의하는 일이 인터넷 마케팅 전략수립의 기본요소이다.

의사소통(communication)

모바일 인터넷 환경에서 고객의 만족과 불만족의 전파속도가 매우 빠르고 광범위할 수 있다. 따라서 고객과의 소통방식과 채널을 주도면밀하게 설계하여 고객의 요구와 불만에 신속하게 대응할 수 있어야 한다. 고객이 접근하는 스마트폰 앱과 홈페이지의 인터페이스, 편리성, 의사소통채널의 다양성(SNS, 게시판, 1:1온라인 상담, 이메일 등)을 추구하여야 한다.

차별화(customization)와 개인화(personalization)

유무선 인터넷을 기반으로 한 웹 환경은 고객과의 1:1 관계를 형성하고 유지하는데 매우 적합한 기술이다. 고객의 개인정보와 취향에 근거하여 개인에게 적합한 콘텐츠나 상품정보를 능동적으로 제공하여 고객의 호응을 얻어낼 수 있다.

연결(connection)

고객과 고객을 연결해주는 기능도 제공할 수 있다. 사람들은 자신과 비슷한 사람들이 구매한 품목과 조언에 더 관심을 가지기 마련이다. 아마존은 특정 책을 구매한 사람들이 구매한 또 다른 책의 리스트를 제공하여 동일한 취향을 가진 고객들을 연결해주기도 한다. 옥션(Auction)과 G마켓는 물건을 팔고 사기를 원하는 사람들을 연결해주는 오픈마켓 비즈니스 모델을 제공하고 있다.

현재 각종 규제로 인해 활성화의 길을 찾지 못하는 공유경제 비즈니스 모델들도 서비스 공급자와 수요자를 편리하게 연결해 주고 있다. 개인차를 출퇴근용으로 공유하거나 여유 있는 주거공간을 숙박시설로 내놓는 서비스들이 가능하다.

공동체(community)

동일한 취향과 강한 유대감을 가진 소비자 공동체가 인터넷에는 수없이 많이 만들어지고 있다. 특히 기업의 상품과 서비스와 관계된 인터넷, SNS 공동체는 해당 기업이 지원하고 관리해야 하는 대상일 수도 있다. 이러한 공동체의 운영자와 단골 고객들은 불만사항을 확산시키는 역할도 하지만 때로 고객이 문제를 해결하는데 필요한 고급 콘텐츠를 만들어 기업으로 하여금 비용을 절감할 수 있도록 한다.

2.4 인터넷 마케팅 프로그램

가격 프로그램

- 가격결정정책과 결제방법 등이 포함된다.
- 기본적으로 직거래를 통한 유통단계가 축소되어 경쟁업체에 비해 가격을 인하할 수 있을 것이다.
- 고객이 인터넷쇼핑을 많이 하는 주말과 같은 특정시간대에 할인쿠폰을 발행하는 방식으로 가격을 인하하여 구매하도록 유도할 수 있다.
- 배달지역에 따라 배송비를 반영하여 가격을 차별화할 수 있다.

- 공동구매처럼 구매수량이 많거나 잘 팔리지 않는 제품의 재고처분을 할 때도 가격을 하락할 수 있다.
- 스마트폰 앱으로 구매할 시 가격할인을 해준다.

인터넷 제품 프로그램

모바일 인터넷 환경에서 거래하기에 가장 적합한 상품은 음악, 영화, 게임, e-Book, 애플리케이션 등 디지털 형태로 생산, 유통, 소비되는 것들이다. 하지만 그러나 오늘날에는 배송 및 배달 인프라가 잘 구축되어 있어 인터넷에서 구매할 수 없는 물리적 제품은 거의 없을 정도로 대부분의 상품이 판매되고 있다.

인터넷 유통/물류 프로그램

스마트 비즈니스 환경에서 물리적 상품에 대한 유통 및 물류인프라의 효율성은 매우 중요한 이슈이다. 산업차원에서 유통과 물류가 원활하게 될 수 있도록 포장상자나 운반차량에 대한 표준규격을 제정하고 SCM 관련 기업들은 이를 준수하고 활용할 필요가 있다. 규모가 작은 회사는 물류전문회사와 택배회사 등과 제휴를 하여 저장 및 배달 부분을 해결할 수 있을 것이다. 특히 드론이 도시에서 운송과 배달에 활용된다면 규격과 포장의 표준화와 안전에 필요한 여러 가지 조치가 필요할 것이다.

인터넷 판매촉진(promotion) 프로그램

유무선 인터넷과 모바일 기기를 매체로 한 모든 판매촉진 프로그램을 말한다. 이제 이메일광고, 배너광고, 검색광고, 팝업 광고 등은 고전적인 방법에 속한다. 웹프로그래밍의 기술이 고도화되고 하드웨어의 성능이 좋아지면서 정교하고 효과성이 높은 촉진 프로그램이 개발되고 있다. 예를 들어, 위치기반서비스는 고객의 위치정보를 파악하여 현장에서 필요할 수 있는 서비스를 Just-in-time 방식으로 제공할 수 있다.

[사례 연구] 디지털 양방향 광고

디지털 양방향 광고는 최신 기술들의 집합체이다. 사람 행동과 체형을 인식할 수 있는 인공지능 소프트웨어, 최신 디스플레이기술, 무선통신(위치기반) 기술, 멀티미디어 콘텐츠 등이 조합이 되어 소비자들에게 맞춤형 광고를 제공하고 있다.

2054년의 미래를 배경으로 한 영화 '마이너리티 리포트'에는 사람의 홍채를 인식해 광고를 내보내는 광고판이 나온다. 맞춤형 광고를 통해 광고 효과를 높이고 소비자에게 필요한 정보를 전달하는 미래의 광고판이다.

먼 미래의 일일 것만 같았던 마이너리티 리포트의 광고판이 2012년 대한민국에 등장했다. 지난달 말 개장한 여의도 서울국제금융센터(IFC) 빌딩 지하에는 특별한 광고판이 있다. 사람 키 크기만 한 이 광고판은 사람이 지나갈 때마다 다른 광고를 내보냈다. 30대 남성이 지나가자 면도기 광고가 나오고 20대 여성이 지나갈 때는 화장품 광고가 나왔다. 광고판에 설치된 풀(Full) HD급 카메라에 촬영된 주변 10m 이내의 사람들의 얼굴을 분석해 성별과 연령대에 맞는 광고를 내보내는 것이다.

▲ 서울 홍대입구역 버스 정류장에 설치된 KT의 디지털사이니지.
버스 운행 정보와 광고 등을 보여준다. /KT 제공

◇ 옥외광고의 디지털 변신

불필요한 공해처럼 여겨지던 옥외광고가 디지털을 받아들이면서 새로 태어나고 있다. 길가나 공공시설에 무분별하게 붙어 있던 포스터 대신 LCD나 LED 디스플레이가 그 자리를 대체하고 있다. 디지털사이니지(Digital Signage)의 시대가 열린 것이다. 디지털사이니지는 상업공간이나 공공장소에서 다양한 정보와 광고 등의 메시지를 디스플레이 장치를 통해 전달하는 것이다.

건물 외벽에 붙어 있는 디스플레이에 광고를 내보내는 것이나 지하철역에서 쉽게 볼 수 있는 LED 디스플레이가 대표적인 사례다. 일반적인 옥외광고는 일일이 사람이 교체해야 하지만 디지털사이니지는 네트워크로 연결된 관제센터에서 손쉽게 광고 내용을 교체할 수 있다.

최근에는 IFC몰의 사례에서 볼 수 있듯이 실시간으로 이용자들과 소통할 수 있는 디지털사이니지가 대세가 되고 있다. IFC몰에 설치된 얼굴 인식 광고판은 SK텔레콤과 SK마케팅앤컴퍼니가 함께 개발했다. 이 광고판은 카메라에 촬영된 얼굴을 수백 개의 특징점으로 분석해 성별과 연령대를 구분한다. 연령대는 유아·어린이·청년·중년·노년의 5단계까지 구분해낼 수 있다. LG전자도 인천공항 무빙워크를 따라 높이 1.4m, 길이 14m의 대형 디지털사이니지 광고판을 세웠다. 휘센 에어컨을 알리기 위한 이 광고판은 무빙워크에 올라탄 이들의 눈을 즐겁게 해 주고 있다.

멀티플렉스 영화관 CGV도 SK마케팅앤컴퍼니와 함께 작년 9월부터 400인치 크기의 대형 디스플레이 'CGV 클라우드'를 영화관 10곳에 설치해서 운영하고 있다. CGV 클라우드는 디스플레이에 설치된 터치스크린을 이용자가 만지면 전체 디스플레이가 반응해서 새로운 영상을 보여준다.

◇ 통신업체-포털업체, 디지털사이니지 위해 연합

국내 이동통신사와 포털업체들은 망 중립성 문제 등 여러 이슈에서 갈등을 빚고 있지만, 디지털사이니지에서만큼은 함께 손을 잡고 있다. 전국에 유무선 네트워크를 보유한 통신사 인프라와 포털업체의 콘텐츠가 디지털사이니지 확산을 위해 손을 잡은 것이다.

KT는 2005년부터 아파트 엘리베이터와 대학교, 대형 병원에 디지털사이니지를 설치했고, 최근에는 버스정류장·지하철 등으로 사업 영역을 넓히고 있다. 4만 여개에 이르는 KT 디지털사이니지를 채워주는 역할은 국내 최대 포털 네이버를 운영하는 NHN이 맡고 있다. NHN은 지난해 12월부터 KT 디지털사이니지에 실시간 급상승 검색어, 포토뉴스, 스타 미투데이 등의 정보를 제공하고 있다.

다음커뮤니케이션과 디지털사이니지 협력을 맺은 LG유플러스는 좀 더 생활에 밀착한 서비스를 제공한다. 특히 아파트 1층 로비에 설치하는 23인치 터치형 LED 모니터링 'U+미디어라이프'는 자동심장제세동기(AED)의 보관함 역할도 한다. 심근경색 등 응급환자가 발생하면 미디어라이프 모니터를 통해 사용방법을 보고 자동심장제세동기를 이용하면 된다. LG유플러스는 올해 상반기까지 3000여대의 자동심장제세동기를 보급했다. SK텔레콤과 SK마케팅앤컴퍼니는 하나은행·CGV 등과 함께 디지털사이니지 사업을 진행하고 있다.

최근에는 IT 서비스 기업들의 진출도 활발하다. 이들 기업은 통신사들과 달리 기업고객(B2B)과 수출을 목적으로 하고 있다. 삼성SDS는 지하철 스크린도어와 연계한 디지털사이니지를 서울대입구·혜화·신촌 등에 설치했다. LG엔시스와 동부CNI도 B2B를 대상으로 한 디지털사이니지 사업에 뛰어들었다.

KT · LG유플러스 디지털 사이니지 스크린 설치 대수

	2010년 4분기	2011년 1분기	2011년 2분기	2011년 3분기	2011년 4분기	2012년 1분기	2012년 2분기	2012년 3분기	2012년 4분기
KT	2만5000				3만8000				4만4000 (예상)
LG 유플러스	1230	3247	5888	8977	1만1960	1만5085	1만8776	2만1904 (예상)	2만5244 (예상)

▲ KT · LG유플러스 제공

◇전 세계 디지털사이니지 시장 2년 후 10조원 육박

디지털사이니지가 디스플레이 산업과 광고·콘텐츠 업계의 새로운 활로로 떠오르면서 시장도 빠르게 커지고 있다. 방송통신위원회에 따르면 전 세계 디지털사이니지 시장 규모는 2010년 22억9000만달러(약 2조5590억원)에서 2014년에는 82억4000만달러(약 9조2082억원)까지 성장할 전망이다. 이미 일본은 철도에 디지털사이니지를 전략적으로 설치하고, 통신사인 NTT도코모는 향기가 나는 광고판까지 선보이는 등 다양한 시도를 하고 있다. 미국과 유럽에서도 디지털사이니지를 쉽게 찾아볼 수 있다.

디지털사이니지 세계시장 · 국내시장 규모

	2010년	2014년(전망치)
세계시장	22억9000만달러 (약 2조5590억원)	82억4000만달러 (약 9조2082억원)
국내시장	1150억원	2207억원

▲ 자료=방송통신위원회

국내 디지털사이니지 시장 규모도 2014년에 2207억원까지 늘어날 전망이다. 시장 규모가 커지면서 정부와 민간기업들이 중심이 돼 협회를 만들고 시장 활성화를 위한 방안도 마련하고 있다. 한국텔레스크린협회장을 맡고 있는 한원식 KT 기업상품본부장은 "한국은 하드웨어 분야에서는 이미 세계적인 수준의 기술력을 인정받고 있다. 발달한 네트워크를 기반으로 한 소프트웨어 경쟁력과 뛰어난 인적자원, 글로벌 마케팅 능력은 국내 디지털사이니지 산업의 글로벌 시장 진출에 큰 도움이 될 것"이라고 말했다.

[자료원] 조선일보

CHAPTER

11

전자상거래 (Electronic Commerce)

전자상거래의 기본 개념을 이해하고 전통적 상거래와 비교했을 때, 전자상거래만의 특징, 장점과 단점을 이해한다.

제11장

전자상거래(Electronic Commerce)

Key Point

- 전자상거래의 기본 개념을 이해하고 전통적 상거래와 비교했을 때, 전자상거래만의 특징, 장점과 단점을 이해한다.

주요 내용

- 전자상거래의 개념
- 전자상거래 특징과 장점
- 전자상거래의 유형
- BtoB e-마켓플레이스
- [사례] 인터넷종합쇼핑몰 ㈜패션홀릭

유무선 인터넷, 모바일 디바이스, 4차 산업혁명 기술들의 등장과 확산은 새로운 시장과 고객을 창출하고, 이를 경영성과로 연결할 수 있는 좋은 기회가 되고 있다. 기업은 유무선 인터넷 기술을 적용한 전자상거래를 새로운 사업기회로 중시하고 있으며, 보다 편리하고 효율적인 상거래시스템을 구현하기 위해 현존하는 모든 기술을 적용하기 위해 노력하고 있다.

제1절
전자상거래 (Electronic Commerce)의 개념

전자상거래란 용어는 1989년 미국의 Lawrence Livermore National Laboratory에서 미국 국방부 프로젝트를 수행하면서 처음 사용하였다. 이후 1993년 미국의 연방정부 조달부문에 정형화된 자료의 교환인 EDI 및 비정형화된 문서의 전자적인 교환방식의 도입을 추진하면서부터 광범위하게 사용되었다.

본 저서에서는 전자상거래를 개인, 기업, 정부와 같은 경제주체 간에 인터넷기술, 디지털 정보기술, 4차 산업혁명 기술을 전자적으로 통합 활용하여 상품, 서비스, 정보를 판매하고 구매하는 행위로서 상거래 비용의 절감 및 거래 효용성을 극대화하는 경영방식으로 정의하고자 한다.

특히 개방형의 인터넷이 확산되기 이전에도 대기업, 정부를 중심으로 폐쇄적인 전용 네트워크 기반 EDI시스템을 통해 전자상거래를 수행하고 있었다. 다만 최근 전자상거래는 전용 네트워크 기반에서 실시되기보다는 표준화된 네트워크 아키텍처인 인터넷 기반에서 진행되기 때문에 인터넷 기술, 디지털 정보기술, 모바일 기술, 4차 산업혁명 기술요소들을 전자적 통합 적용한다는 특징이 있다(Picolli, 2012).

[돌아보기] CALS

한 때 CALS(Commerce at Light Speed)라는 용어를 전자상거래의 의미로 사용하기도 하였다. 그러나 처음부터 인터넷 기반의 전자상거래를 접한 사람들은 CALS에 대해 관심도 없고, 궁금해 하지도 않았다.

CALS는 미국 국방성(DoD-Department of Depense)의 컴퓨터를 활용한 후방보급지원 프로젝트인 CALS(Computer Aided Logistics Support) 프로젝트에서 시작하여 무기 시스템의 자동화, 전자화, 고도화에 따른 미국방부(Dapartment of Defense:DoD)의 인프라 근대화 시책의 일환으로서 1980년대 중반부터 추진되어온 국방자원의 고도화를 위한 정보화 프로그램이었다. CALS의 이러한 취지는 점차 발전되고 민간으로 확산되었으며, 현재의 CALS는 통신과 정보기술의 통합 활용되는 결과로 확장 발전되었다. 지금은 CALS를 전자상거래와는 같은 의미로 사용하고 있으나 CALS의 개념과 업무범위는 많은 변화가 있어 CALS의 초기 의미는 현재에 거의 찾아 볼 수 없다.

현재 가장 보편적인 의미로 이해되는 광속상거래(Commerce At Light Speed)는 전자상거래와 동일한 의미로 사용되어도 무방하다. 다만 전자상거래는 일반 고객을 대상으로 거래가 형성되지만, CALS(Commerce At Light Speed)는 일반 고객보다는 기업을 대상으로 거래가 형성되기 때문에 BtoB 유형이 보편적이다.

제2절 전자상거래의 특징과 장점

2.1 전자상거래의 특징

전자상거래는 판매자 또는 생산자를 고객(최종 소비자)과 직접 연결해 줌으로써 유통단계를 축소하기도 하며, 때로 언어를 극복할 경우에 지역과 국경을 넘어 고객에게 접근할 수도 있다. 판매자와 생산자는 자신의 물건을 소비한 고객과 직접적으로 양방향 의사소통을 할 수 있으며, 전자카타로그를 이용하여 매우 다양한 정보를 손쉽게 전달할 수 있다.

전자상거래의 특징-1

특징	설명
판매자와 고객간의 직접연결	• 도매상, 소매상과 같은 중간 유통업자가 배제된 상태에서 네트워크를 통한 직접 연결 • 유통비용 절감 • 상호간의 이익 극대화 기회
유통구조의 단축	• 기존 유통구조상 중간매체 제거에 따른 유통경로의 단축 • 거대한 판매망과 유통구조 확보 • 비용절감 효과 발생 가능
지역, 국경을 관통	• 특정지역 중심이 아니라 전세계 시장을 대상으로 한 상거래 실시 • 광범위한 고객확보 가능 • 매출확대의 기회

전자상거래의 특징-2

기업들은 24시간 운영되는 전자상거래시스템을 통해 고객과 긴밀한 양방향 소통을 할 수 있으며, 전통적인 비즈니스 시간의 장벽을 초월할 수도 있다. 고객에게 더 잘 어필하기 위해 다양한 정보를 제공할 수 있으며, 환경 변화에 맞춰 신속하게 정보를 업데이트 할 수도 있다. ERP, CRM, SCM과 연계되면 주문을 통해 획득되는 모든 데이터를 비즈니스 파트너들과 공유할 수 있어 경영의 시너지를 극대화할 수 있다.

2.2 전자상거래의 장점

전자상거래의 장점을 구매자의 관점에서 열거하자면 다음과 같다.

- 다양한 상품을 쉽게 비교할 수 있다.
- 상대적으로 정보 탐색 비용이 저렴하다.
- 시간적, 지리적 제약을 극복할 수 있다.
- 고객의 참여와 유통경로의 단축에 따라 가격이 저렴하다.
- 지속적 상품 정보를 받을 수 있다.

전자상거래의 장점을 판매자 관점에서 열거하자면 다음과 같다.

- 공간적, 지리적 시장 확대
- 마케팅 비용 절감
- 고객분석을 통한 고객과의 관계 증진
- 유통 및 물류비용 절감
- 거래시간 단축
- 정보처리 정확성 증가

제3절
전자상거래의 유형

전자상거래를 분류하는 가장 일반적인 방법은 실행 주체들의 관계에 따른 것이다. 여기에서는 기업과 기업간 상거래(BtoB), 기업과 고객간 상거래 (BtoC), 개인과 개인간 상거래(CtoC), 정부와 기업/시민 간 상거래(GtoB, GtoC)를 설명하고자 한다. 이는 4장에서 설명한 '스마트 비즈니스 실행 주체들의 관계 형성에 따른 비즈니스 모델'에 연장해서 이해하기 바란다.

1) 기업과 기업간 상거래: BtoB(Business to Business)

매출액 기준으로 B2B가 전체 전자상거래 중 가장 큰 비중을 차지한다. 기업과 기업 간 전자상거래관계에서 당연히 기업들이 전자상거래를 주도한다. 예를 들어, 원자재와 부품을 필요로 하는 기업과 공급하는 업체 간의 거래, 배송서비스를 필요로 하는 전자상거래업체와 택배업체 간의 거래 등 그 형태는 무수히 많다. 전자거래장터(e-marketplace)라 불리는 B2B사이트는 원자재를 공급하는 업체와 그것을 필요로 하는 제조업들이 만나 주문하고 결제할 수 있는 사이버공간이다. 기업과 기업끼리 생산 및 재고정보를 공유하며 주문시스템을 통해 신속한 구매·조달을 할 수도 있다. B2B를 구체화시킨 스마트 비즈니스모델 중에 하나는 SCM(공급망관리)이다. 가치를 공유하는 기업들이 모여 스스로를 네트워크로 묶어 필요한 정보를 공유하며 신속하게 서로 필요한 서비스를 제공할 수 있다.

원활한 B2B를 위해서는 기업들이 각자 자신의 내부 정보시스템(인트라넷)을 쉽게 인터넷으로 연결할 수 있는 개방형으로 구축해 두어야 한다. 오늘날 TCP/IP를 근간으로 한 개방형 인터넷 환경은 B2B 비즈니스의 실행을 매우 저렴하고 용이하게 한다.

2) 기업과 고객간 전자상거래: BtoC(Business to Customer)

기업과 고객 간 거래관계에서 공급의 주체는 기업이고 고객은 수요의 주체가 된다. 일반 소비자가 가장 자주 접하고 그 비중이 날로 늘어가는 비즈니스모델이 바로 BtoC이다. 각종 인터넷 쇼핑몰, 인터넷 뱅킹 등이 여기에 해당된다(Picolli, 2012).

BtoC 모델에서는 고객이 기업의 경영활동에 깊이 관여하는데 이를 '고객컴퓨팅(customer computing)'이라 부른다. 인터넷 쇼핑몰에서 고객은 기업의 주문프로세스에 직접 참여하고, 직접 결제를 수행하고 배송에 필요한 주소를 제공해야 한다. 이렇듯 고객의 참여도가 높아질수록 기업은 별도의 업무 담당자를 두는 부담을 줄일 수 있으므로 그런 고객들에게는 절감되는 비용(가치)을 돌려주는 전략도 필요하다.

이마트, 신세계백화점과 같은 대규모 오프라인 유통업체들이 Click-and-Mortar전략의 일환으로 BtoC 전자상거래 사이트를 운영하는 것이 큰 흐름이다. 한편 오늘날 인터넷쇼핑몰은 중소규모의 제조업체나 소상인들이 임대료를 내고 입점하는 형태인 오픈마켓이 대세를 이루고 있다. 목션과 G마켓과 같은 인터넷쇼핑몰은 영세상인들이 저렴한 비용으로 상거래를 할 수 있도록 전자카타로그를 생성할 수 있도록 지원하고, 안전한 결제시스템을 제공하고 있다.

3) 고객과 기업간 전자상거래: CtoB(Customer to Business)

BtoC와 정 반대가 된 고객과 기업 간 거래관계(CtoB)는 인터넷으로 인해 생겨난 독특한 전자상거래방식이다. 인터넷을 통해 비슷한 취향과 목적을 가진 개인들이 모이게 되고 이런 그룹은 자신의 강화된 협상력을 상품이나 서비스를 구매할 때 지렛대로 활용할 수 있다. 즉 인터넷이라는 양방향 소통매체를 통해 사람들은 특정 물건이나 서비스를 공동구매하기를 원하는 사람을 모아 판매자와 협상하여 저렴한 가격으로 구매하는 것이다. 즉 거래의 주체가 다수의 소비자(고객)가 되는 형태이다.

이러한 공동구매의 이점을 처음 비즈니스 모델로 채택한 전자상거래업체가 쿠팡, 포켓몽, 위메프 같은 소셜커머스(social commerce)업체들이다. 그러나 최근 이런 업체들도 공동구매 보다는 일반적인 BtoC 거래의 비중을 계속 높여가고 있어 BtoC와 크게 다르지 않다.

4) 개인과 개인간 e-Business 실행: CtoC(Customer to Customer), PtoP(Peer to Peer)

인터넷 공간에서 개인과 개인은 쉽게 만날 수 있으므로 거래관계가 성립하는 것도 자연스런 현상이다. CtoC모델은 과거 '벼룩시장'이라는 오프라인 매체를 통해 가능했던 개인과 개인 간의 거래가 인터넷으로 옮겨갔다고 보면 된다.

오늘날 대다수의 인터넷쇼핑몰은 본업인 BtoC외에도 CtoC를 위한 서비스를 제공하고 있다. 전문판매자가 아니라도 소정의 수수료만 지불하면 중고제품을 올려 팔 수 있고 안전하게 판매대금을 받을 수 있다. 한 때 일부 파일공유사이트는 개인과 개인을 네트워크로 연결해 줘 개인이 가진 디지털콘텐츠를 타인과 공유할 수 있도록 돕는 브로커 역할을 하기도 하였지만 모두 적법하지 않은 비즈니스 모델로 지금은 사라지고 없다. 오늘날 다수의 화일공유사이트와 엡스토어(모바일폰 애플리케이션 판매 사이트) 등은 사이트가 개인 또는 기업이 창작한 컨텐츠나 애플리케이션을 받아 합리적인 가격을 책정하여 판매를 위탁해 주기 때문에 B2C 전자상거래로 봐야 하는 측면도 있으면서, 개인과 개인끼리 디지털 컨텐츠를 파는 부분도 있어 B2C와 C2C가 다소 혼재되어 있다고 볼 수 있다.

(5) 정부와 기업, 시민(개인) 간 e-Business 실행: GtoB, GtoC

오늘날 정부는 기업들과 보다 원활하고 공정한 거래를 하기 위해 GtoB 모델을 실행하고 있다. 대표적인 예로 조달청(나라장터: sarok.go.kr)은 정부가 필요로 하는 공공물자 또는 행정물품의 조달을 위해 전자입찰시스템을 운영하고 있으며, 국세청은 기업이 수행해야 하는 모든 세무업무를 볼 수 있는 국세청 홈텍스라는 사이트를 운영하고 있다. 정부는 또한 국민 개개인이 편리하게 민원업무를 볼 수 있도록 '민원24'를 운영함으로써 시민들이 최대한 자신이 있는 곳에서 대민업무를 볼 수 있도록 돕고 있다.

제4절 BtoB e-마켓플레이스 (전자장터)

앞서 설명한 BtoB 전자상거래 모델 중 큰 비중을 차지하는 e-마켓플레이스 (e-Marketplace)가 기업과 기업 간 전자상거래의 표준으로 인식되면서 구축 경쟁이 가속화되고 있다. 따라서 이 절에서 좀 더 상세히 언급하고자 한다.

4.1 e-마켓플레이스(e-Marketplace)의 개념과 이점

e-마켓플레이스(e-marketplace)는 인터넷 등 네트워크에서 다수의 공급자와 다수의 구매자간에 거래를 할 수 있도록 구축된 온라인 시장이다. 전통적으로 기업들이 거래를 할 때 1:1 혹은 1:N의 거래관계를 갖는 것이 보편적이지만, 많은 경우 N:N의 복잡한 거래관계를 보이기도 한다. 즉 기존의 물리적 시장(혹은 장터)처럼 다수의 판매자와 구매자가 같은 시간에 동일 장소에 모여 거래하는 개념에서 탈피하여 시간과 공간의 제약을 넘어 언제라도 사이버공간에서 판매자와 구매자들이 만나 상대측의 정보를 얻고 주문을 하고 주문에 대한 확인과 결제를 할 수 있는 새로운 형태의 온라인 시장이 e-마켓플레이스라 할 수 있다.

e-마켓플레이스는 시공간의 제약을 극복할 수 있어 다양한 업종에 걸쳐 다양한 품목의 국제적 거래도 쉽게 할 수 있다는 장점이 있다. 뿐만 아니라 e-마켓플레이스는 기업과 기업 간 비즈니스 프로세스를 근본적으로 변화시키는 특징도 있다. 즉 오프라인 상에서 이루어지던 불필요하고 복잡한 거래과정들을 합리적이고 효율적인 프로세스로 변모시키기 때문이다. 팩스를 이용하여 주문서를 보내고 주문내역을 다시 시스템에 입력하는 비효율성을 상상할 수 있을 것이다. 이러한 프로세스의 혁신으로 거래는 더욱 투명하여지고 거래에 드는 소요시간과 비용을 획기적으로 절감할 수 있다.

e-마켓플레이스는 또한 앞서 다루었던 SCM(공급망관리) 기능의 일부 또는 전부를 담당하는 전자적 시스템으로 볼 수 있다. SCM 역시 원자재의 공급자와 수요자(제조업체)를 네트워크로 묶어 줌으로써 공급만의 효율성을 기할 수 있기 때문이다.

4.2 e-마켓플레이스의 분류

e-마켓플레이스를 운영주체에 따라 아래와 같이 분류할 수 있다. 그렇지만 새로운 형태의 e-마켓플레이스가 계속 등장하고 있기 때문에 획일적 분류보다는 e-마켓플레이스의 본질적 내용을 이해하는 것이 중요하다.

운영주체에 따른 분류는 e-마켓플레이스를 개발하고 이를 운영하는 주도권이 누구에게 있는가에 따라 결정된다.

판매자중심의 e-마켓플레이스는 거대한 유통기업(백화점, 대형할인점 등)이 e-마켓플레이스를 구축하고, 물품을 납품하는 다수의 공급자들이 참여하는 형태를 말한다.

구매자중심의 e-마켓플레이스는 구매량이 많아 협상력이 큰 기업(예: 대기업 제조업체 포스코, 삼성전자 등)이 e-마켓플레이스를 구축하고, 이 회사에 원자재를 납품하고자 하는 다수의 공급자들이 참여하는 형태를 말한다.

중개자중심의 e-마켓플레이스는 구매자나 판매자가 아닌 제3의 기업(주로 솔루션공급업체들)이 e-마켓플레이스를 구축하고, 다수의 공급자와 다수의 구매자가 참여하는 형태를 말한다. 중국의 알리바바가 대표적인 예이다.

우리나라의 경우 대기업 종합상사들이 e-마켓플레이스를 구축하여 운영하고 있다. SK상사의 e메디칼스(의료), Isteelasia(철강), 삼성물산의 Tradesteel(철강), Carecamp(의료), Chemcross(화학), LG상사의 Steelround(철강), 현대상사의 Steelnmetal(철강), 그리고 현대상사, LG상사, SK상사 연합의 Chemround(화학) 등이 있다.

외국의 경우 경쟁업체들이 협력하기 위해 e-마켓플레이스를 구축하는 경우가 많다. 예를 들면, 미국과 프랑스의 대형 유통업체인 시어즈(Sears)와 까르푸(Carrefour)는 전자상거래 관련 소프트웨어 공급업체인 오라클(Oracle)과 공동으로 전 세계 생산업체와 유통업체간의 도매거래를 중개해주는 온라인 상점인 글로벌넷익스체인지(GlobalNetXchange)를 개설하였다. 미국 자동차산업의 빅3인 GM, Ford, 크라이슬러는 각자 독자적으로 구축한 e-마켓플레이스(Ford의 Auto-Exchange, GM의 TradeXchange)를 통합하여 전 세계 자동차회사와 부품업체, 딜러들이 참여하는 자동차 거래 포탈사이트(에이넥스) 구축하기도 하였다.

제5절
전자상거래 사이트의 성공적 운영

전자상거래에서 고객의 구매 의사결정과 가장 관련 있는 요소는 쇼핑몰과 전자상거래를 실행하는 기업에 대한 신뢰이다. 따라서 고객의 신뢰가 부족하면 당연히 구매가 발생하지 않는다. 신뢰는 보안과 같은 기술상의 문제뿐만 아니라 실제적이고 장기적인 문제로서, 고객이 구매 행위와 직결되는 심리적 요소까지 포함한다.

고객 신뢰는 고객의 심리적 특성에 관한 것이므로 단기적 접근보다는 장기적 측면에서 접근해야한다. 즉 단기적 관점에서 기술적 과제로서 접근하기 보다는 행위에 영향을 미치는 행위의도 및 행위의도에 영향을 미치는 고객의 태도관점에서 접근해야함을 의미한다.

대형 인터넷쇼핑몰들은 고객 신뢰를 얻기 위해 다양한 노력을 한다. 오늘날 인터넷쇼핑몰은 브랜드 자체가 신뢰와 연결되고 있다. 그 브랜드는 다양한 마케팅과 광고활동을 통해 확보되는 부분도 있지만, 발생할 수 있는 고객의 불만을 최소화하기 위한 기술적 장치를 구현함으로써 가능해졌다. G마켓이나 옥션과 같은 오픈마켓 기반 대형쇼핑몰은 입주점포와 고객 간의 거래과정에 사기와 불신이 개입할 수 없도록 엄격한 주문 및 결제시스템을 구축해 제공하고 있다. 셀러(seller)들에 대한 만족도를 조사하고 이를 방문하는 고객들에게 제공함으로써 문제를 일으키는 셀러들이 스스로 도태될 수 있도록 하고 있다.

제6절
전자상거래 서비스와 4차 산업혁명 기술

AI(인공지능), 음성인식기술, 빅데이터, 3D 프린팅, 가상현실(VR), 사물인터넷 등 4차 산업혁명을 이끄는 대표적인 IT들이 전자상거래에 적용될 경우 보다 효율적이고 만족스런 상거래를 창출할 가능성은 무한하다. 전자상거래에서 쇼핑몰을 방문하는 고객의 특성을 분석하여 고객의 요구와 성향에 맞는 상품과 서비스 및 정보 추천 기능을 수행할 수 있는 구매 에이전트(인공지능형 소프트웨어)의 1:1 개인화서비스가 현실화되고 있다. 고객의 개별 성향에 맞는 상품과 서비스 추천 기능을 수행함으로써 고객 만족도의 극대화를 기대할 수 있으며, 각종 인터넷 서비스의 고객관리 지원시스템에 활용함으로써 분석된 고객정보를 바탕으로 다양한 서비스 제공의 기회를 파악할 수 있다. 구매 에이전트는 판매자와 구매자 모두에게 이점을 제공하고 있다.

[사례: BtoC] 인터넷 남성의류 종합쇼핑몰 ㈜패션홀릭

'젊음과 열정'

권명일(28) ㈜패션홀릭 대표의 대명사다. 6년 전 단칸방에서 낡은 컴퓨터와 싸구려 디지털 카메라 한 대로 출발한 패션홀릭은 지난해 수백억 원대의 매출을 기록하며 200여 명의 직원이 일하는 중견기업으로 성장했다.

권 대표는 사업 초창기 얘기를 꺼내자 손사래를 쳤다. 2년 동안 하루에 3시간씩 자면서 산전수전을 경험했던 고된 시절을 떠올리고 싶지 않기 때문이다. 그는 "진정한 젊음과 열정 그리고 패기가 무엇인지를 깨닫는 시간이긴 했지만 그래도 다시 돌아가고 싶지는 않은 시절"이라고 회상했다. 하지만 권 대표는 사업초기의 수차례 어려움을 이겨냈기 때문에 패션홀릭이 인터넷 남성의류 쇼핑몰 분야에서 최고의 자리에 오를 수 있었다고 설명한다.

의류 및 패션잡화 제조 판매업체인 패션홀릭은 2006년 쇼핑몰 '키작은 남자'(www.smallman.co.kr)로 출발했다. 시중에 판매되는 옷이 너무 커서 쉽게 옷을 살 수도, 마음껏 멋을 낼 수도 없는 남성들을 위한 맞춤의류를 판매하는 쇼핑몰이었다. 성장기의 중·고교생과 성인 평균 신장·체중에 미치지 못하는 왜소한 체형의 남성들이 몰려들었다. 특히 40만 명의 회원들 가운데 80% 이상이 중·고교생이었다. 젊은 고객들과의 눈높이에 맞추다보니 기업도 젊어졌다. 이젠 성장호르몬이 넘치는 기업이 됐다. 직원 모두가 20, 30대 청년들이다. 매출을 나타내는 그래프의 키는 나날이 커지고 있다. '키작은 남자'들이 작은 고추의 매서운 맛을 보여주고 있다.

국내 온라인 남성 쇼핑몰 점유율 1위를 기록한 '키작은 남자'의 성공을 바탕으로 2007년 12월 패션홀릭이 설립됐다. 종합쇼핑 오픈마켓 '패션홀릭'(www.fashion-holic.co.kr)을 오픈했다. 법인 설립 이후 1년 만에 매출은 두 배로 늘었다. 하루 평균 홈페이지 방문자 4만 명, 평균 매출 7천만원을 기록하면서 단숨에 종합쇼핑몰 상위 6위에 랭크되는 기염을 토했다. 지난해 하반기에는 신발을 중심으로 하는 자체 토털브랜드 'BSQT'(www.bsqt.

kr)를 출시하고 대구시 중구 동성로에 1호 직영점을 냈다. 현재 BSQT는 온라인 멀티숍과 유명 개인쇼핑몰 등 40여 개의 공식판매처를 보유하고 있다.

이 회사는 '키작은 남자'와 '패션홀릭' 'BSQT' 등 3개 분야의 주력 사업을 통해 올해는 300억~400억원의 매출을 기대한다. 지난해 42명의 신규 인력(계약직 포함)도 채용하고 올해 상반기 10명의 직원을 더 고용했다. 올 하반기 중에 20~30명을 추가로 선발할 예정이다.

◆ CEO와 열정(PASSION)

권 대표는 키가 작다. 그래서 키 작은 이들의 설움을 누구보다 잘 안다. 하지만 열정만큼은 누구보다 크다. 작은 고추가 매운 법. 열정으로 젊음을 불태우고 있다. 그는 지난 2006년 6월 영진전문대 패션디자인과 복학을 앞두고 온라인 쇼핑몰 '키작은 남자'를 오픈했다. 옷 몇 벌과 컴퓨터 한 대가 전부였다. 사이트를 오픈한지 두 달 만에 월 매출이 1천만원을 넘어섰다. 대박이 터졌다. 비결이 있을 터. 창업 초기에는 자본금이 넉넉하지 않았다. 그래서 광고도 제대로 하지 못할 형편이었다. 대안을 찾았다. 권 대표는 머리가 벗겨질 각오를 하고 하루 두 시간 새우잠 자면서 인터넷 사이트 댓글에 공짜 광고를 실었다. 독수리 타법을 보이던 그의 타이핑 실력은 어느새 달인 수준이 됐다. 그리고 그 무렵 교통사고가 났다. 사고는 오히려 축복이었다. 보험금을 탔고 그 돈으로 카메라 등 시설투자(?)를 했다. 광고 효과가 서서히 나타나기 시작했다. 철저히 신비주의 전략을 폈기 때문이다. 쇼핑몰 오픈 전 벌써부터 가입 회원이 생겨나기 시작했고, 문의 메일이 폭주했다. 특히 한 여대생의 루저(180㎝이하 남성은 패배자) 발언 이후 노이즈 마케팅 효과를 톡톡히 봤다. 권 대표는 "철저한 시장조사를 바탕으로 한 정확한 타깃이 성공의 비결"이라고 설명했다.

◆ 성공 비결

누구나 도전은 해볼 수 있으나 아무나 성공하지는 못하는 패션시장, 그 감각의 전쟁터에서 살아남을 수 있었던 '키작은 남자' 성공 요인은 무엇일까. 권 대표는 "키 작은 남자들을 위한 맞춤사이즈의 패션들, 이제껏 시판되는 옷들이 사이즈가 커서 제대로 된 코디를 할 수 없었던 이들을 위한 다양한 감각을 내세우는 것이 우리의 무기"라고 전한다.

설립 이후 지금까지 연간 20~30명씩의 신규인력을 채용했을 정도로 성장에 성장을 거듭했다. 특히 이들 각각의 사이트들은 다른 매력을 발산하는 콘셉트를 가지고 있어 남성의류뿐만 아닌 폭 넓은 소비자층을 확보함으로써 앞으로 국내최대의 기업으로 도약 할 것을 기대하고 있다.

권 대표는 "번듯한 학력이나 스펙보다는 도전정신과 성실함을 가진 사람을 원한다"고 말했다. 권 대표는 "초봉은 많지 않지만 능력과 직급에 따라 매년 연봉을 높여주고 있어, 입사 2, 3년만 지나면 업계 평균치를 훨씬 상회한다"면서 "회사와 함께 커간다는 생각으로 회사의 비전과 가치를 평가해야 한다"고 말했다. 권 대표는 "매일 20분씩 사원 전체가 티타임을 갖고 있으며 건강검진, 동호회 지원은 물론, 직원 대출지원 등 사원 복지 향상에도 주력하고 있다"면서 "토털브랜드 BSQT의 론칭과 여성전문 온라인 종합몰 인수 등을 통해 아시아 최고의 패션쇼핑몰로 키워나가겠다"고 강조했다.

자료원: 임상준기자(news@msnet.co.kr), 2011년

참고문헌

고일상 외, 스마트시대의 정보시스템, 2판, 이프레스, 2017.

기업정보화지원센터, 2003년 기업정보화 수준 평가, ITR Report, RR200402_1, March, 2004.

김성태, 최경성, 유양호, 김혜정, NCS기반의 공급망관리, 경문사, 2017.

김영렬, 강태구, 박진서, SAP R/3 MM모듈 활용 ERP 구매관리 시스템, 경문사, 2014.

김정섭, 유한주, 김수욱, 김승철, 공급사슬관리, 3판, 한경사, 2012.

노형진, 이애경, 제4차 산업혁명의 핵심동력: 장수기업의 소프트파워, 한올출판사, 2018.

박명호, 박종무, 윤만희, 마케팅원론, 경문사, 2016.

백광현, 정보통신기술 경영, 경문사, 2018.

변지석, ERP를 통한 경영혁신, 라이트북닷컴, 2003.

서영호 외, 4차산업혁명시대의 경영정보시스템, 한경사, 2017.

신문식, 김효정, 고객관계관리의 이해, 범한, 2015.

이소희, 중견·중소기업 ERP 성공모델 연구, Knowledge Research Group, 2004.

임세헌, 박연우, SCM과 유통정보관리, 한올출판사, 2018.

정석환 외, 디지털 경영의 뉴 패러다임 - e-비즈니스의 이해, 생능출판사, 2010.

최무진, e-비즈니스의 이해: 이론과 사례, 계명대학교출판부, 2013.

한국금융연구원, Fintech 3.0: 핀테크혁명과 금융의 미래, 2016.

한국정보처리학회, 인터넷활용과 홈페이지 만들기, 이한출판사, 2007.

Baltzan, P., Business Driven Information Systems, 비즈니스정보시스템(고석화 외 역, 생능출판사), McGraw-Hill & Irwin, 2012.

Barney, J. B. and Hesterly, W. S., Strategic Management and Competitive Advantage: Concepts and Cases, 신형덕 역, Pearson, 2013.

Druker, P., “The Theory of Busienss,” Harvard Business Review, (Sept/Oct, 1994), 75, 95-105.

Frank, R. H. and Cook, P. J., Winner-take-all Society, Penguin Books, 1996.

McAfee, A. and Brynjolfsson, E., "Investing in the IT that Makes a Competitive Difference," Harvard Business Review, July-Aug 2008, pp. 98-107.

McNurlin, R. H., Barbara, C., Sprague, R. H. Jr. and Bui, T., Information Systems Management in Practice, 8th ed., Pearson, 2009.

Nakamoto, Satoshi, Bitcoin: A Peer-to-Peer Electronic Cash System, 2008.

Piccoli, G., Information Systems for Managers: Text and Cases, John Wiley & Sons, 2012.

Rainer, R. K. Jr. & Prince, B., Introduction to Information Systems, 경영과 정보시스템 (양정식, 함유근, 김대호 역, 한경사), Wiley, 2017.

Rittinghouse & Ransom, Cloud Computing: Implementation, Management, and Security, 클라우드 컴퓨팅 (김태극 외 역), 한경사, 2011.

Schwab, K. et al., The Fourth Industrial Revolution, Foreign Affairs, 2016 (한글판: 4차 산업혁명의 충격, 흐름출판).

Turban, et al., Information Technology for Management: Transforming Organizations in the Digital Economy, 6th ed., Wiley, 2008.

색인

ㄱ

ㄴ

ㄷ

ㄹ

ㅁ

ㅂ

ㅅ

ㅇ

ㅈ

ㅊ

ㅋ

ㅌ

ㅍ

ㅎ

A

B

C

D

E

F

G

저자소개

최무진

- 고려대학교 경제학 학사
- 미 조지아주립대 경영학 석 · 박사
- 한국정보시스템학회 회장 역임
- 한국로고스경영학회 회장 역임
- 현재 계명대학교 경영대학 경영정보학전공 교수